# ИССЛЕДОВАНИЕ СОВРЕМЕННЫХ РУССКОЯЗЫЧНЫХ КОРЕЙЦЕВ 9

## Центр России : Москва и Европейская часть России

**Сон Жанна Григорьевна**

Кандидат исторических наук
Доцент Школы востоковедения
Национального исследовательского университета «Высшая школа экономики»

**ИССЛЕДОВАНИЕ СОВРЕМЕННЫХ РУССКОЯЗЫЧНЫХ КОРЕЙЦЕВ 9**

Центр России : Москва и Европейская часть России

First published  2022. 2. 18.

First paperback edition  2022. 2. 25.

| | |
|---|---|
| Author | Сон Жанна Григорьевна |
| Publisher | Yoon Gwanbaek |
| Publishing House | 도서출판 선인 |

Business registration number  # 5-77 (1998.11.4)

| | |
|---|---|
| Address | 1, Nambusunhwan-ro 48-gil, Yangcheon-gu, Seoul, Republic of Korea |
| Phone | +82-2-718-6252/6257 |
| Fax | +82-2-718-6253 |
| E-mail | sunin72@chol.com |

₩ 46,000

ISBN 979-11-6068-685-2  94900
ISBN 979-11-6068-676-0  (set number)

This work was supported by the Program for studies of Koreans abroad through the Ministry of Education of the Republic of Korea and Korean Studies Promotion Service of the Academy of Korean Studies (AKS-2016-SRK-1230003)

Корейский институт международных отношений университета Донгук Исследовательские книг 16
Центр исследований человека и будущего университета Донгук Исследовательские книг 14

# ИССЛЕДОВАНИЕ СОВРЕМЕННЫХ РУССКОЯЗЫЧНЫХ КОРЕЙЦЕВ 9

## Центр России : Москва и Европейская часть России

Сон Жанна Григорьевна

# Предисловие

Настоящее исследование – результат трёхлетней работы, проведённой при поддержке Академии корееведения, в 2016 г. утвердившей данный проект в рамках секции «Планирование исследований в отдельных областях корееведения. Исследования зарубежных корейцев». В данной работе была предпринята попытка всесторонне рассмотреть, где и как живут корейцы России и стран Центральной Азии.

Более 160 лет назад корейцы, спасаясь от бедности и произвола местных чиновников, стали переселяться в приморские области России, переходя через реку Туманган (Туманная). Ныне живущие корёины (корё-сарам) – потомки этих переселенцев в четвёртом, пятом и даже шестом и седьмом поколениях. Первыми через Туманган переправились всего 13 дворов, чуть больше сорока человек, сейчас же диаспора корёинов насчитывает более 500 тысяч человек.

Сообщество корёинов, сформировавшее собственную идентичность как граждан Советского Союза, после распада СССР столкнулось с масштабным кризисом, когда страна оказалась разделена на 15 государств, а бывшие граждане СССР стали гражданами России, Казахстана, Узбекистана и так далее. Условия жизни в процессе перехода от социалистического общественного уклада к капиталистическому значительно изменились. Корёинам необходимо было приспособиться к новым реалиям независимых государств и изменившегося общества. Распад СССР породил масштабную этническую миграцию. Корёины оставляли позади колхозы и городские предприятия, с которыми привыкли себя ассоциировать, и отправлялись на поиски новой жизни.

Это было тяжёлое для всех время. Россия, страна-приемник распавшегося Советского Союза, вскоре объявила технический дефолт, российская экономика оказалась в затяжной рецессии. В независимых странах Центральной Азии начала подниматься волна национализма. Это время особенно тяжелым стало для корёинов, которые не были исконными жителями этих земель. Холодная война закончилась, но её влияние всё ещё ощущалось, поэтому рассчитывать на достаточную помощь от исторической родины также не приходилось.

Но перемены и трудности могут открывать и новые возможности. К тому же у корёинов был опыт принудительного переселения, тягости которого они смогли с достоинством преодолеть. С течением времени корёины постепенно стали находить своё место в России и странах Центральной Азии, начали проявлять себя во всех сферах общественной жизни. Они смогли войти в политические круги и занять официальные посты, приспособиться к капиталистической системе и показать впечатляющие экономические результаты силами собственных навыков и умений. Больших успехов достигли корёины и в сферах культуры и искусства, среди них появились выдающиеся олимпийские чемпионы, призёры кубков мира. Как и во времена Советского Союза, появлялись среди корёинов и уважаемые в академическом сообществе учёные. Эти люди создавали многочисленные ассоциации, общества сохранения национальной культуры и смогли утвердить новую идентичность корёинов как одного из этнических меньшинств России и стран Центральной Азии.

Данная серия научных работ является результатом исследования, посвящённого выдающимся корёинам современной России и стран Центральной Азии. Исследование отвечает на вопросы, кем являются эти люди, возглавляющие национальную диаспору корёинов, где и в каких сферах они активны, какое будущее ждёт корёинов.

Для всестороннего изучения современного положения корёинов это сообщество было разделено на географические и поколенческие группы со своими характерными признаками.

Географически корёины были разделены на 8 основных групп:

Пристанище для уехавших из Центральной Азии:

Сибирь;

В поисках новой жизни: Юг России;

Место принудительной мобилизации: Сахалин;

Принудительное переселение (1): Казахстан;

Принудительное переселение (2): Узбекистан;

Вновь переселившиеся: корёины Республики Корея, Европы и Америки.

Поколенчески корёины были разделены на следующие 3 категории:

– ушедшие на покой старейшины: старшее поколение;

– активные деятели: среднее поколение;

– будущее корёинов: подрастающее поколение.

Используя указанную выше классификацию, мы разделили результаты трёхлетнего исследования на 8 частей, по одной на каждый географический регион. Из них 7 частей были написаны в России и были переведены на корейский язык для корейских исследователей и организаций, интересующихся историей корёинов.

Все 8 частей исследования, насколько это возможно, придерживаются единой методологии и структуры изложения; однако, несмотря на общую форму, у каждой части есть свои особенности, связанные с различиями в описываемых регионах и территориальном распределении корёинов, характере изложения материала конкретными исследовательскими группами.

Целью проектной группы было с помощью данной серии

научных работ установить более точное понимание идентичности корёинов, внести вклад в улучшение взаимопонимания между корейцами Республики Корея и корёинами, в развитие связей между Кореей и Россией, странами Центральной Азии. Именно поэтому целью проекта стали изучение, классификация и описание различных сторон жизни корёинов.

При реализации поставленных задач участники проекта столкнулись с трудностями, связанными с неоднородностью групп корёинов, расселённых в разных географических регионах с различным историко-культурным, политическим и экономическим контекстом, и постоянно находящихся в движении.

Несмотря на эти трудности, основные задачи проекта были успешно выполнены. Ответственность за возможные недочёты публикации данной серии исследований – неполноту содержания, неточности материалов и ошибки при переводе – лежит на исследовательской группе и особенно на руководителе группы. Авторский коллектив будет благодарен за критические замечания.

Руководитель исследовательского проекта.

Февраль 2022 г.

Руководитель исследования

# Содержание

|Часть 2|
# Третье и четвертое поколение российских корейцев

# |Часть 3|
# Будущее за молодым поколением

# Часть 1

## Второе поколение российских корейцев

# Введение

За последние четверть века экономика и общественно-политическая жизнь в России перенесли целый ряд серьезных потрясений, в результате которых различные социальные группы населения сполна смогли ощутить на себе действие многочисленных кардинальных изменений. Экономический, политический кризисы советской системы и связанный с ними духовно-нравственный кризис в сознании людей в последний период застоя привели страну к распаду некогда великой империи СССР.

Российские корейцы, как и все граждане Российской Федерации, стали участниками этих глобальных событий в конце XX века. Главной задачей представленного исследования является изучение этнической общности, называющей себя «корё сарам» или «корёин», проживающих в Европейской части Российской Федерации в постсоветский период. Изучение этого вопроса позволит ответить на вопрос: Где и как живут современные корейцы на российской земле?

Проблематика данного исследования находится на пересечении нескольких исследовательских полей – социальной истории, цифровой истории и истории корейцев России.

Для решения поставленных задач наравне с другими методами широко использовался просопографический метод изучения исторического процесса через всестороннее описание карьеры политических и социальных лидеров эпохи, через анализ их карьерных стратегий, то есть способов самореализации людей в истории.

Просопография касается двух главных проблем :

1) пути осуществления ими политических акций;
2) пути и варианты социальной мобильности применительно к различным социальным структурам.

В книге большое внимание уделяется выявлению механизмов социальной мобильности. У этого метода исследования существуют и уязвимые места: на человеческую биографию оказывают влияние разнообразные факторы; выбранные для исследования индивиды отличаются друг от друга, и возникает проблема репрезентативности. На примере биографических данных русскоязычных корейцев важно было показать динамичный портрет социальной группы нескольких поколений русскоязычных корейцев в постсоветском пространстве. Источнико-ориентированный подход позволил использовать биографические данные, сформировать информационный продукт, который может быть использован разными историками с разными целями. Идеология создания источнико-ориентированных ресурсов, доступных в удаленном режиме, получила развитие в концепции BigDataBase. С помощью этого метода удалось показать переход от распада СССР к демократической России в ее историческом развитии.

Создавая коллективную биографию корейцев в Европейской части России, важно понимать, что эта группа не была институционально привязана к одному конкретному региону, рассматривались несколько регионов проживания, порой выходившие за рамки, заявленные в теме исследования. Это связано с тем, что политические и социально-экономические условия для всех граждан постсоветского пространства были одинаковыми, отличались лишь территориально-географическим положением.

Для решения поставленной задачи необходимо обратиться к истории становления корейцев как этнической общности «корё сарам», проживающих в России более 150 лет, проследить миграционные процессы, происходившие в этот полувековой отрезок времени. Знание причин миграции позволит дать объяснение трансформации национального сознания и идентичности корейцев на историческом срезе.

События 1990-х гг. в России, связанные с крахом социалистической системы и распадом Советского Союза, в мировой истории будут занимать особое место. Россия избрала путь самостоятельного развития, государственность переходила на новые прочные основы демократии. Коренные преобразования коснулись разных сторон российского общества, в том числе и системы межэтнических отношений, как одной из тонких и чувствительных сфер человечества.

Российскому многонациональному сообществу вновь, как и в 1920-е гг., пришлось решать крайне важные вопросы: национальный вопрос, о праве наций на самоопределение, о государственности и территориальности. Возвращаясь к прошлой истории, необходимо вспомнить, что среди причин образования СССР выделяются главные – это политико-централизаторские усилия большевиков и экономическую целесообразность.[1] В задачи большевиков

---

1) Красовицкая Т.Ю. Конфликт идеалов и практик ранней советской государственности, механизмы и практики этнополитических процессов (1917–1929 гг.) // Этнический и религиозный факторы в формировании и эволюции российского государства / Отв. ред. Т.Ю. Красовицкая, В.А. Тишков. М., 2012. С.179.

входило укрепить советскую власть на окраинах страны и поднять экономику разрушенного войной государства.

В послереволюционные годы с целью создания экономического и промышленного потенциала руководством страны активно проводилась политика переселения населения из многонаселенных территорий в малонаселенные, объявлялись всесоюзные стройки промышленных и сельскохозяйственных объектов, повсеместно шла вербовка трудовых ресурсов для возведения этих объектов.[2] Корейцы активно участвовали во всех этих процессах.

Географический фактор в условиях глобальной переселенческой политики Союза ССР перестал играть какую-либо роль. Традиционная привязка к территориальной и культурной принадлежности, соблюдавшаяся первыми корейцами-переселенцами до 1920-х гг., с приходом советской власти стала ослабевать. Массовый характер производства индустриальной эпохи приводит к отчуждению человека от территориальной зависимости. Распространение массовой советской культуры нацелено на формирование некоего общего сознания, которое возникает «из идентификации с сознательно принимаемыми традициями собственного политико-

---

2) Сон Ж.Г. Российские корейцы: всесилие власти и бесправие этнической общности. 1920–1930. М., 2013. С.404–418.

культурного сообщества».[3]

Более того, советская власть расставила свои приоритеты в межэтнических отношениях: идеология большевиков строилась на классовой сущности интернациональной культуры перед культурой национальной. Основные направления социально-экономического развития страны (индустриализация, коллективизация, культурная революция и т.д.), провозглашенные государством в 1920–1930-е гг. в качестве важнейших, выводили население из круга своих этнических ценностей в круг ценностей объединенной категории «советский народ».

В 1920–1930-е гг. всякая общественная, политическая и культурная деятельность населения была взята под контроль партийно-государственных органов. Формы общественной активности, которые развивались в рамках национального самовыражения, но не были инициированы «сверху», считались неприемлемыми и клеймились как «буржуазно-националистические». Серьезным раздражителем для государственной власти являлась неконтролируемая консолидация этнических групп, распространение внутри них идеологии, отличной от официальной.

Эти меры болезненно переживали советские корейцы,

---

3) Хабермас Ю. Гражданство и национальная идентичность // Хабермас Ю. Демократия. Разум. Нравственность. Московские лекции и интервью, М. Академия. 1995. С. 222.

отличавшиеся своей организованностью ещё в Российской империи. В начале XX в. на Дальнем Востоке в местах компактных поселений корейцы создавали общественные организации. Свою деятельность активно проводили «Общество молодых», «Корейское национальное общество», «Корейское общество развития труда»[4] и др. В уставах этих организаций предписывалось издание газет на корейском языке, что также доказывает высокий уровень самоорганизации корейцев. В 1930-х гг. корейские общественные организации и средства массовой информации были ликвидированы.

В 1930-х гг. корейцы-рисоводы[5] отправлялись на Северный Кавказ и Среднюю Азию, в места, где были востребованы специалисты сельского хозяйства, рабочие-шахтеры работали на угольных разработках в Мурманской, Тульской областях[6], на Украине, Кузбассе и т.д.

Каждый кореец трудился и искал свое место в российском обществе, чтобы быть уверенным в завтрашнем дне, ради будущего своей семьи и детей. Надо признать, что после

---

4) См.: Корейцы на российском Дальнем Востоке (вт.пол. XIX–нач. XXвв) : Документы и материалы в 2-х кн. Книга 1. Владивосток: РГИА ДВ, Информационно-рекламное агентство «Комсомолка ДВ», 2004. С. 337–353, 360–375.

5) Сон Ж.Г. Указ. соч. С. 173.

6) См.: Бугай Н.Ф., Сим Хон Ёнг. Общественные объединения корейцев России: конститутивность, эволюция, признание. М.: Новый хронограф, 2004.

революции многие корейцы сомневались в провозглашенных большевиками лозунгах, никто не знал, что их ждет впереди. Однако возвратившихся в Корею было не так уж и много, потому что в экономическом отношении там было все намного сложнее и тяжелее, чем в России.

Несмотря на трагические страницы истории, связанные с насильственным переселением корейцев с территории советского Дальнего Востока в Центральную Азию, советские корейцы считали своей второй родиной Россию (Союз ССР). К концу 1930-х гг. это уже были корейцы со сложившимся менталитетом советского человека, они проявляли готовность защищать свое Отечество (СССР), принимали активное участие в социально-экономическом развитии государства. Корейцы стали частью единой общности под названием «советский народ», и когда СССР распался, то вся страна ещё долгое время не могла осознать, что же произошло с некогда «единым советским народом»?

В 1990-е гг. государственная политика в сфере национальных отношений приобрела особую актуальность. Сохранение и целостность России находилась в прямой зависимости от правильного решения многих вопросов межэтнических отношений, включая и решение задач по реабилитации народов, в том числе российских корейцев, подвергшихся ранее репрессиям. Крайне важно было принять сбалансированные решения, которые бы способствовали дальнейшему развитию национальных процессов, установлению мира в стране и гражданского согласия. В результате усилий миллионов граждан бывшего Союза ССР были приняты соответствующие законы.

26 апреля 1991г. был принят Закон Российской Федерации «О реабилитации репрессированных народов».

1 апреля 1993г. было принято постановление Верховного Совета Российской Федерации (№ 4721-1) «О реабилитации российских корейцев».

Справедливость восторжествовала, позорное клеймо – обвинения всего народа в «шпионаже в пользу Японии» было снято со всех поколений «корё сарам». Тысячи корейцев ушли из жизни, не дождавшись этого дня. В сердцах старшего поколения корейцев установился мир и покой.

Перестройка принесла гласность во все сферы жизни российского общества, были рассекречены материалы российских архивов. Впервые стали известны имена русско-подданных корейцев, награжденных царским правительством за особые заслуги, а также в историю российских корейцев вошло имя первого русского генерала корейского происхождения Ким Ин Су (Золотарёв Виктор Николаевич).

## Список русскоподданных корейцев, получивших различные награды за особые заслуги[7)]

| ФИО | Год награждения | Должность | Правительственная награда |
|-----|-----------------|-----------|---------------------------|
| Цой Петр | 1902 | старшина Янчихинской волости | Золотая медаль на Станиславской ленте с надписью «за усердие» (Правительственная награда, 1902) |
| Ким Петр | 1902 | старшина Адиминской волости | Золотая медаль на Станиславской ленте с надписью «за усердие» (Правительственная награда, 1902) |
| Цой Николай | 1904 | крестьянин с.Краббе,по духовному ведомству | Серебряная медаль для ношения на груди на Станиславской ленте (6 декабря 1904г.) |
| Нигай Иван | 1904 | крестьянин с.Краббе, по духовному ведомству | Серебряная медаль для ношения на груди на Станиславской ленте (6 декабря 1904г.) |
| Огай Василий | 1911 | катехизатор Покровской церкви | Серебряная медаль для ношения на груди на Станиславской ленте (Правительственная награда, 1911) |
| Ан И.И. | 1913 | житель с.Синельниково | Серебряная медаль Императорского Русского Общества акклиматизации животных и растений за экспонаты по шелководству на Выставке Приамурского края в ознаменование 300-летия царствования дома Романовых (1913) |
| Кан Мефодий Павлович | 1913 | учитель Брусьевской церковно-приходской школы | Серебряная медаль для ношения на груди на Александровской ленте (Правительственная награда, 6 мая 1913г.) |

---

7) Петров А.И. Корейская диаспора на Дальнем Востоке России 1897 –1917 гг. Владивосток: ДВО РАН, 2001. С. 341.

| ФИО | Год награждения | Должность | Правительственная награда |
|---|---|---|---|
| Ким Прокопий | 1913 | учитель Сухановской церковно-приходской школы | Серебряная медаль для ношения на груди на Александровской ленте (Правительственная награда, 6 мая 1913г.) |
| Цой Лев | 1913 | попечитель Владивостокской Покровской церковно-приходской школы | Серебряная медаль для ношения на шее на Владимирской ленте (Правительственная награда, 6 мая 1913г.) |
| Тио (Тё) Никандр | 1916 | подъесаул, участник первой мировой войны | Представлен командованием русской армии к награде золотым оружием за особую храбрость, проявленную в ходе наступления Юго-Западного фронта под командованием генерала А.А.Брусилова (Брусиловский прорыв). (1916) |

## ◎ Ким Ин Су (Золотарёв Виктор Николаевич, ? – 1925)[8]

История жизни Кима Ин Су является ярким примером образцового военного генерала, награжденного высшими наградами Российской империи, за выдающиеся воинские подвиги. Если бы не началась демократизация в России,

---

8) Хан В.В. Ким Ин Су (Золотарёв Виктор Николаевич) (? – 1925) // URL: https://koryo-saram.ru/kim-in-su-zolotarev-viktor-nikolaevich-1925-sudba-geroya/

то мы бы никогда не узнали имя прославленного генерала корейского происхождения. Потому что в советский период Белая армия (белогвардейцы), воевавшая против Красной армии (красноармейцы), была непримиримым врагом коммунистов. До 1990-х гг. документы о Первой мировой войне и Гражданской войне (1918–1923) были засекречены.

Русско-подданный, генерал-майор Всевеликого войска Донского, переводчик, участник Русско-японской войны (1904–1905), участник антияпонской борьбы.

В начале Первой мировой войны в звании полковника принимает участие в военных действиях на Юго-Западном фронте в составе Сводно-казачьей дивизии генерала П.Н. Краснова.

**За боевые заслуги был награжден :**

1904–1905 – орден Святой Анны 2-й степени с мечами;

17 марта1908 – знак отличия «За поход в Корею в 1904–1905г.»

27 июня 1916 – орден Святой Анны 3-й степени с мечами и бантом;

17 мая1917 – орден Святого Станислава 2-й степени с мечами;

3 января1917 – Георгиевское оружие за выдающиеся воинские подвиги.

В январе 1917г. Ким Ин Су инициировал создание

корейского подразделения в Российской армии из числа служивших корейцев, но идея не была реализована.

В декабре 1917 г. вступил в ряды Донской армии.

6 октября 1918 – присвоено звание генерал-майора, стал именоваться Золотарёвым Виктором Николаевичем.

**Военная карьера:**

С 29 октября–декабрь 1918 – начальник Сальского отряда Юго-Восточного фронта; декабрь 1918– февраль 1919 – командующий Манычской группой войск Юго-Восточного фронта;

До 1 ноября 1919 – начальник гарнизона г. Александровск-Грушевский, Черкасского округа (ныне г. Шахты, Ростовской обл.;

С 1 ноября 1919 по 1920 – состоял в резерве офицерских чинов ВВД.

В январе 1920г. эвакуировался на корабле «Ганновер» за границу: Турция – Балканы – Российский Дальний Восток – Маньчжурия – Китай.

28 июня1920 – Ким Ин Су состоял прикомандированным от Великого Войска Донского к штабу главкома всеми Вооружёнными Силами Российской Восточной Окраины.

В 1922г. покидает пределы России вместе с частями Белой армии в Маньчжурию. В 1924г. поступил на китайскую военную службу. Участник гражданской войны в Китае.

Состоял штаб-офицером для поручений при штабе 1-й Русской смешанной бригады (впоследствии 14-я бригада 2-й армии) армии маршала Чжан Цзолиня.

1925 – убит в бою во время штурма г. Кианинг (Китай). Погребён в г. Шанхай (Китай).

Корейцев постсоветского пространства, как и другие этнические меньшинства, не могли не затронуть те социальные процессы, которые имели место в конце 1980-х – в первой половине 1990-х годов в Средней Азии, в частности в Узбекистане и на Северном Кавказе. Межнациональные конфликты заметно способствовали усилению миграции корейского населения из бывшего Советского Союза. Ареал расселения корейцев по территории постсоветских государств заметно расширился. Образовались анклавы корейцев в Белоруссии, в Украине, частично в странах Прибалтики, Республике Крым. Однако значительная часть оставалась на территории России.

Перед корейцами раскрывались новые горизонты. В их среде обсуждались приоритетные задачи как экономического, так и политического характера (формирование своей автономии, возрождение национальных районов, усиление представительства в работе органов власти, государственном аппарате и др.).

В настоящее время корейская община дисперсно

проживает почти во всех субъектах Российской Федерации, однако сфера занятости ее представителей разнится. В одном субъекте большая часть корейцев занята в аграрном секторе, в другом – промышленном производстве. В соответствии с климатическими условиями Европейской части России в регионах, расположенных на севере, корейцы большей частью заняты в промышленном производстве, а в южных регионах – в аграрном секторе.

# Глава 1

# География, субъекты, население, экономика Центра России

В Конституции Российской Федерации отмечено, что Россия является многонациональным государством. На ее территории проживает более 190 народов, в число которых входят не только коренные малые и автохтонные народы страны. В 2010 году русские составляли 80,9% или 111,0 млн из 137,2 млн граждан России.

В соответствии с Указом президента России В.В. Путина №849 «О полномочном представителе Президента Российской Федерации в федеральном округе» от 13 мая 2000 г., было создано семь, затем увеличилось до восьми федеральных округов. В Европейскую часть Российской Федерации входят пять федеральных округов: Центральный,

Северо-Западный, Южный, Северо-Кавказский, Приволжский. В них расположены 55 субъектов Российской Федерации (См.: Таблица 1).

Таблица 1. Субъекты Европейской части Российской Федерации [9]

| Субъект федерации | Администра тивный центр | Площадь тыс. кв.км | Население, тыс. чел. (на 01.01.2010) | Официальный портал |
|---|---|---|---|---|
| Центральный федеральный округ | | | | |
| Белгородская область | Белгород | 27,1 | 1530,1 | Губернатор и правительство Белгородской области |
| Брянская область | Брянск | 34,9 | 1292, 2 | Администрация Брянской области |
| Владимирская область | Владимир | 29, 1 | 1430, 1 | Администрация Владимирской области |
| Воронежская область | Воронеж | 52,2 | 2261, 6 | Администрация Воронежской области |
| Ивановская область | Иваново | 21,4 | 1066,6 | Правительство Ивановской области |
| Калужская область | Калуга | 29, 8 | 1001,6 | Органы государственной власти Калужской области |
| Костромская область | Кострома | 60,2 | 688,3 | Администрация Костромской области |
| Курская область | Курск | 30 | 1148,6 | Администрация Курской области |
| Липецкая область | Липецк | 24 | 1157,9 | Администрация Липецкой области |
| Москва | Москва | 1,081 | 10563,0 | Правительство Москвы |
| Московская область | Москва | 45,8 | 6752,7 | Органы государственной власти Московской области |

9) См.: http://www.novrosen.ru/Russia/regions.htm; https://ru.wikipedia.org/wiki и др. Электронный ресурс: дата обращения 20.09.2016.

| Субъект федерации | Администра тивный центр | Площадь тыс. кв.км | Население, тыс. чел. (на 01.01.2010) | Официальный портал |
|---|---|---|---|---|
| Орловская область | Орёл | 24,7 | 812,5 | Администрация Орловской области |
| Рязанская область | Рязань | 39,6 | 1151,4 | Правительство Рязанской области |
| Смоленская область | Смоленск | 49,8 | 966,0 | Администрация Смоленской области |
| Тамбовская область | Тамбов | 34,5 | 1088,4 | Администрация Тамбовской области |
| Тверская область | Тверь | 84,2 | 1360,3 | Администрация Тверской области |
| Тульская область | Тула | 25,7 | 1540,4 | Органы исполнительной власти Тульской области |
| Ярославская область | Ярославль | 36,2 | 1306,3 | Администрация Ярославской области |
| Северо-Западный федеральный округ (кроме Калининградской области) | | | | |
| Архангельская область | Архангельска | 589,9 | 1254,4 | Администрация Архангельской области |
| Вологодская область | Вологда | 144,5 | 1213,6 | Правительство Вологодской области |
| Республика Карелия | Петрозаводск | 180,5 | 684,2 | Органы государственной власти Республики Карелия |
| Республика Коми | Сыктывкар | 416,8 | 951,2 | Органы государственной власти Республики Коми |
| Ленинградская область | Санкт-Петербург | 85,9 | 1629,6 | Администрация Ленинградской области |
| Мурманская область | Мурманск | 144,9 | 836,7 | Правительство Мурманской области |
| Новгородская область | Новгород Великий | 54,5 | 640,6 | Администрация Новгородской области |
| Псковская область | Псков | 54,5 | 688,6 | Органы государственной власти Псковской области |

| Субъект федерации | Административный центр | Площадь тыс. кв.км | Население, тыс. чел. (на 01.01.2010) | Официальный портал |
|---|---|---|---|---|
| Санкт-Петербург | Санкт-Петербург | 1,439 | 4699,3 | Администрация Санкт-Петербурга |
| Ненецкий автономный округ (часть Архангельская области) | Нарьян-Мар | 176,8 | 42,3 | Администрация Ненецкого автономного округа |
| Южный федеральный округ | | | | |
| Адыгея | Майкоп | 7,7 | 440,3 | Правительство Республики Адыгея |
| Астраханская область | Астрахань | 49 | 1007,1 | Администрация Астраханской области |
| Волгоградская область | Волгоград | 112,9 | 2589,9 | Правительство Волгоградской области |
| Республика Калмыкия | Элиста | 74,7 | 283,2 | Правительство Республики Калмыкия |
| Ростовская область | Ростов-на-Дону | 101 | 4229,5 | Администрация Ростовской области |
| Краснодарский край | Краснодар | 75,4 | 5229,1 | Администрация Краснодарского края |
| Республика Крым | Симферополь | 26,08 | 1975,505 | Правительство Республики Крым |
| Севастополь | Севастополь | 1,08 | 383,907 | Правительство Севастополя |
| Северо-Кавказский федеральный округ | | | | |
| Дагестан | Махачкала | 50,2 | 2977,4 | Администрация Республики Дагестан |
| Ингушетия | Магас | 3,5 | 413,1 | Администрация Республики Ингушетия |
| Кабардино-Балкарская Республика | Нальчик | 12,4 | 859,8 | Правительство Кабардино-Балкарской Республики |
| Карачаево-Черкесская Республика | Черкесск | 14,2 | 478,5 | Администрация Карачаево-Черкесской Республики |
| Северная Осетия-Алания | Владикавказ | 7,9 | 712,9 | Администрация Республики Северная Осетия-Алания |

| Субъект федерации | Администра тивный центр | Площадь тыс. кв.км | Население, тыс. чел. (на 01.01.2010) | Официальный портал |
|---|---|---|---|---|
| Ставропольский край | Ставрополь | 66,1 | 2786,1 | Правительство Ставропольского края |
| Чечня | Грозный | 16,0 | 1269,1 | Администрация Чеченской Республики |
| Приволжский федеральный округ (западнее Урала) | | | | |
| Республика Башкортостан | Уфа | 143 | 3778,5 | Администрация Башкортостана |
| Кировская область | Киров | 120,4 | 1391,1 | Правительство Кировской области |
| Республика Марий Эл | Йошкар-Ола | 23,4 | 698,2 | Правительство Республики Марий Эл |
| Республика Мордовия | Саранск | 26,1 | 826,5 | Органы государственной власти Республики Мордовия |
| Нижегородская область | Нижний Новгород | 76,6 | 3323,6 | Правительством Нижегородской области |
| Пензенская область | Пенза | 43,4 | 1373,2 | Правительство Нижегородской области правительство Пензенской области |
| Самарская область | Самара | 53,6 | 3170,1 | Правительство Самарской области |
| Саратовская область | Саратов | 101,2 | 2564,8 | Правительство Саратовской области |
| Республика Татарстан | Казань | 67,8 | 3778,5 | Администрация Татарстана |
| Удмуртская Республика | Ижевск | 42,1 | 1526,3 | Администрация президента и правительства Удмуртии |
| Ульяновская область | Ульяновск | 37,2 | 1298,6 | Губернатор и правительство Ульяновской области |
| Чувашская Республика | Чебоксары | 18,3 | 1278,4 | Органы государственной власти Чувашии |

В **Центральный федеральный округ**[10) входит 18 субъектов РФ (См.: Табл. 1). Площадь округа – 652,8 тысяч кв.км (3,8 % от территории России), население – 38,4 млн человек (2010). Из них 31 млн. 261 тысяча живут в городах, а 7 млн 176 тысяч – в сельской местности (2010). По плотности населения округ занимает первое место среди федеральный округов (57 человек на 1 кв.км) и относится к высокоурбанизованным регионам: почти три четверти населения проживает в 40 крупных городах. Национальный состав: русские – 34,7 млн (91,3%), украинцы – 756 тысяч (2%), татары – 288 тысяч (0,8%), армяне – 249,22 тысяч (0,7%), белорусы – 186,32 тысяч (0,5%), азербайджанцы – 161,85 тысяч (0,4%), евреи – 103,71 тысяч (0,3%), грузины – 80,7 тысяч (0,2%), молдаване – 67,8 тысяч (0,2%), мордва – 67,5 тысяч (0,2%).

Территория округа расположена в нескольких природных зонах – зоне хвойных лесов, зоне смешанных лесов, зоне широколиственных лесов, зоне лесостепей, зоне степей. Преобладающая часть территории округа принадлежит бассейнам рек Волги и Дона. Главное природное богатство округа – железные руды Курской магнитной аномалии (КМА). По геологическим запасам КМА занимает первое место в мире. Неглубокое залегание и высокое качество руд

---

**10)** См.: http://megabook.ru/article Электронный ресурс: Дата обращения: 21.10.2016.

обусловливают эффективность их добычи. Из других видов минеральных ресурсов представлены крупные запасы мела, известняка, огнеупорных и кирпичных глин, мергеля, строительных, стекольных и формовочных песков. Округ небогат топливно-энергетическими ресурсами. Запасы топлива представлены Подмосковным буроугольным бассейном, который расположен на территории пяти областей – Тверской, Смоленской, Калужской, Тульской и Рязанской. Балансовые запасы угля составляют около 4 млрд тонн, глубина залегания – до 60 м, мощность пластов – 20–46 м, горно-геологические и гидрологические условия неблагоприятны. Подмосковные угли отличаются низким качеством (невысокая калорийность, высокая влажность, зольность и сернистость). В северной и центральной части округа имеются месторождения торфа.

В хозяйственном комплексе Центрального округа ведущую роль играла промышленность. Среди других отраслей выделялось сельское хозяйство (особенно на юге округа), строительство, торговля и общественное питание. В структуре промышленного производства ведущую роль играли отрасли с высокой долей добавленной стоимости, а также определяющие научно-технический прогресс. Это отрасли машиностроения и металлообработки (более 22% промышленной продукции), пищевая промышленность (более 22%), электроэнергетика (около 20%). Заметное место в экономике округа занимала также черная металлургия, химическая и нефтехимическая промышленность, производство строительных материалов.

Специализация экономики округа территориально дифференцирована. Юг округа (Центрально-Черноземный район) специализировался на горнорудной, металлургической, пищевой промышленности, некоторых отраслях машиностроения и химии, а также на интенсивном сельскохозяйственном производстве. На севере и в центре (Центральный экономический район) преобладали высокоразвитое многоотраслевое машиностроение и металлообработка, химическая промышленность, отрасли военно-промышленного комплекса, легкой промышленности. Лидирующими отраслями в структуре промышленного комплекса Центрального федерального округа являлись машиностроение и металлообработка. Развивалась ракетно-космическая промышленность, авиастроение, электронная и радиопромышленность, железнодорожное машиностроение, производство точных машин, станков с числовым программным управлением, робототехники. Важное место в структуре промышленного производства занимала химическая промышленность, представленная не только производством удобрений, но и продукцией органического синтеза: синтетические смолы, пластмассы, лавсан.

Регион производил до трети продукции российской легкой промышленности, занимал ведущее место в стране по выпуску хлопчатобумажных, льняных, шерстяных и шелковых тканей. В высокоразвитой пищевой промышленности лидировали сахарная, мукомольно-крупяная, маслобойная, мясная, спиртовая, кондитерская, плодоовощная и табачная отрасли. Центральный федеральный округ – один из крупнейших производителей полиграфической продукции, значительная доля которой выпускалась на комбинатах в Москве, Московской области, в Туле, Твери, Ярославле, Рязани. Московский регион (Москва и Московская область) занимал ведущее место в экономике округа, обеспечивая 84% поступлений в федеральный бюджет. Округ выделялся значительной в стране территориальной дифференциацией денежных доходов населения (десятикратной между Москвой и Калужской областью). Топливно-энергетический комплекс Центрального федерального округа включал в себя самую мощную в стране электроэнергетику, развитую нефтеперерабатывающую промышленность, предприятия угольной и торфяной промышленности. Московский, Рязанский и Ярославский нефтеперерабатывающие заводы обеспечивали потребителей основными видами нефтепродуктов.

На территории Центрального федерального округа

расположен крупнейший экономический, политический, научный и культурный центр России – ее столица, город Москва с населением свыше 11 млн человек. Это крупнейший финансовый центр России, важнейший транспортный узел, обеспечивающий широкий комплекс транспортных услуг. Здесь достигнут наиболее высокий в стране уровень развития сферы услуг, оптовой и розничной торговли, развивается сектор информационных и коммуникационных услуг. В сфере промышленного производства в Москве до 1990-х гг. ведущую роль играли наукоемкие отрасли машиностроения, автомобилестроение, станкостроение, электроэнергетика, производство строительных материалов, различные отрасли легкой и пищевой промышленности. Среди других промышленных центров округа выделяются Воронеж, Тула, Ярославль. Предпосылками дальнейшего развития хозяйства Центрального федерального округа являются его выгодное экономико-географическое положение, производственный и научно-технический потенциал и развитая инфраструктура.

**Северо-Западный федеральный округ**[11] (См.: Табл. 1) занимает сравнительно небольшую территорию (10% территории страны) и концентрирует около 10 % населения

---

[11] См.: https://geographyofrussia.com/severo-zapadnyj-federalnyj-okrug/ Электронный ресурс: Дата обращения: 21.10.2016.

России при средней плотности населения 8 человек/км2. Центр – Санкт-Петербург.

Специализация хозяйства округа определяется прежде всего его выгодным географическим положением: выходом к Балтийскому морю, соседством со странами Балтии и Финляндией, а также с развитым Центральным округом и сырьевой базой Севера.

Сырьевой базой для многих промышленных предприятий Северо-Западного округа служат минеральные ресурсы севера европейской части России. Например, алюминиевые заводы в городах Волхов (Ленинградская область) работают на бокситах местного Тихвинского месторождения и нефелинах Кольского полуострова. Нефтеперерабатывающий завод в г. Ухта использует нефть, поступающую по нефтепроводу из Республики Коми.

Апатиты Кольского полуострова и местные фосфориты служат сырьем для производства фосфатных удобрений в г. Кингисепп. Азотные удобрения, а также полимерные материалы выпускает Новгородский химический комбинат, использующий в качестве сырья природный газ, который поступает по газопроводу.

Череповецкий металлургический комбинат «Северсталь» (Вологодская область) поставляет стальной прокат на предприятия металлоемкого машиностроения Санкт-Петербурга. Ижорский завод и «Электросила» (Санкт-

Петербург) производят энергетическое оборудование, в том числе для атомных электростанций. Балтийский, Адмиралтейский (Санкт-Петербург) и Выборгский (г. Выборг) судостроительные заводы строят атомные ледоколы, крупные танкеры, сухогрузы, рыболовные и исследовательские суда. В Санкт-Петербурге выпускаются также вагоны для метрополитена, тяжелые трактора марки «Кировец» и металлообрабатывающие станки.

**Точное машиностроение** получило развитие в Санкт-Петербурге благодаря квалифицированным рабочим кадрам и научно-техническому потенциалу города. Приборостроение, вычислительная техника, точная оптика, бытовая электроника: номенклатура изделий достаточно велика.

Выгодное географическое положение Северо-Западного федерального округа (выход к Балтийскому морю) определило его специализацию в дорожно-транспортном комплексе. В связи с потерей портов в Таллинне, Клайпеде, Риге и Вентспилсе объем экспортно-импортных грузопотоков, проходящих через отечественные балтийские порты, резко увеличился. Об экономическом подъеме в отрасли можно судить по расширению действующих и строительству новых портов в Финском заливе. Помимо четырех ныне действующих: в Санкт-Петербурге (крупнейший), Калининграде (незамерзающий), Балтийске (главная база Балтийского флота) и Выборге, новые порты строились в Усть-Луге, бухте Батарейная (вблизи г. Сосновый Бор) и Приморске.

Открыты новые современные пункты таможенного досмотра автотранспорта на российско-финской границе. Они позволят разгрузить уже существующие и значительно снизят потери времени российских и иностранных транспортников при пересечении границы.

**Портовое хозяйство** – это сложный комплекс, включающий рыболовные и транспортные суда, судостроительные и судоремонтные заводы, приемные базы и рыбоконсервные предприятия. Причем лов рыбы производится не только в Балтийском море, но и в Атлантике.

**Рыбная промышленность** является одной из основных отраслей специализации округа.

**Калининградская область**[12] – самая западная окраина России, это часть бывшей Восточной Пруссии, вошедшая в состав СССР в 1945 г. по решению Потсдамской конференции. Область занимает небольшую территорию (0,1 % территории страны) и является российским анклавом, заключенным между Балтийским морем, Литвой и Польшей. Население составляет 0,6 % численности населения страны и

---

12) См.: http://gov39.ru/region/ Электронный ресурс: Дата обращения: 21.10.2016

сконцентрировано в городах (77 %). Плотность населения области высокая – 63 человек/км2.

Центр – г. Калининград, крупные города – Советск, Черняховск. Калининградский порт расположен в устье реки Преголя и соединен с морем глубоководным каналом, по которому могут проходить крупнотоннажные суда. Рыбная промышленность и портовое хозяйство — главные отрасли специализации области.

Особенность Калининградской области заключается также в том, что в ней сосредоточено до 90 % мировых запасов янтаря, который добывается в карьерах в Приморском и Пальминикском месторождениях. Янтарь – застывшая и отшлифованная водой сосновая смола, которая используется в медицине, химической промышленности, но главное – из нее делают украшения. Это символ Балтийского моря.

На долю Европейского Севера приходится 1/4 общероссийской добычи железной руды, 9/10 – апатитов (сырья для производства фосфатных удобрений). Европейский Север является поставщиком угля, нефти, газа, цветных и редких металлов.

За годы экономических реформ в России объемы капитальных вложений в отрасли специализации экономики Европейского Севера, его производственную инфраструктуру, геологоразведочные работы снизились.

Объемы производства также сократились.

Разработки каменного угля Печорского бассейна, нефти и газа Тимано-Печорской нефтегазоносной провинции ведутся в Республике Коми, а также в Ненецком автономном округе.

Сырьевой фактор определяет специализацию промышленности большинства северных городов округа. Ещё в период ведения планового хозяйства в районе нефтегазовых месторождений сложился Тимано-Печорский территориально-производственный комплекс (ТПК) с центром в г.Ухта. Здесь работал крупный нефтеперерабатывающий завод, а в Сосногорске – газоперерабатывающий. Построены трубопроводы, связавшие месторождения Тимано-Печорской провинции с перерабатывающими заводами Центрального и Северо-Западного районов. Это – нефтепровод Усинск–Ухта–Котлас–Ярославль–Москва и газопровод (участок газопровода «Сияние Севера» из Западной Сибири) Вуктыл–Ухта–Грязовец с ответвлениями на Москву и Санкт-Петербург и далее в Белоруссию, Латвию и Эстонию. Кроме того, развиваются лесная, деревообрабатывающая, целлюлозно-бумажная отрасли; черная и цветная металлургия.

В **Южный федеральный округ**[13] (См.: Табл.1) входят Республики Адыгея, Дагестан, Ингушетия, Кабардино-Балкария, Калмыкия, Карачаево-Черкесия, Северная Осетия и Чеченская республика, Краснодарский и Ставропольские края, Астраханская, Волгоградская и Ростовская области.

Центром федерального округа является город Ростов-на-Дону, в нем расположилось представительство президента России в Южном федеральном округе.

Указом президента Д.А. Медведева от 19 января 2010г. из состава Южного федерального округа был выделен **Северо-Кавказский федеральный**[14] округ (См.: Табл. 1). После этого в состав Южного федерального округа стали входить республики Адыгея и Калмыкия, Краснодарский край, Астраханская, Волгоградская, Ростовская области.

В соответствии с Указом Президента РФ Владимира Путина от 28 июля 2016г. в целях повышения эффективности деятельности органов государственной власти Крымский федеральный округ присоединен к Южному федеральному округу.

Площадь округа до разделения составляла 589,2 тысячи кв.км (3,5% от территории России), население – 22,9 млн человек (15,8% от населения России). Плотность населения

---

13) См.: http://megabook.ru/article Электронный ресурс: дата обращения: 15.11.2016

14) См.: Там же.

– 36,8 человек на кв.км; 70,7% населения жило в городах. Национальный состав: русские 14,8 млн. (64,6%), чеченцы 1,29 млн (5,6%), аварцы 785,32 тысячи (3,4%), армяне 615,12 тысячи (2,7%), кабардинцы 511,73 тысячи (2,2%), даргинцы 488,82 тысячи (2,1%), осетины 476,46 тысячи (2%), кумыки 399,09 тысячи (1,7%), украинцы 396,64 тысячи (1,7%), ингуши 391,77 тысячи (1,7%). Согласно данным Всероссийской переписи населения, в 1989–2002 гг. наибольший рост численности населения был отмечен в Дагестане (на 43%), Кабардино-Балкарии (на 20%), Ставропольском крае (на 13%), в Северной Осетии (на 12%), Краснодарском крае (на 11%).

После разделения площадь Южного федерального округа стала составлять 416,8 тысячи кв.км (2,4% от территории России). Его население по переписи 2010 года составило 13,85 млн человек, из них 8,65 млн проживают в городах, а 5,2 млн – на селе.

На территории Южного округа до разделения были сосредоточены 73% общероссийских запасов термальных и 30% минеральных вод, месторождения вольфрама (41%), нефти (2%), газа (7%), угля (3,5%), меди (3%), цинка (2%), золота (2%), серебра (2%), свинца (2%). Южный федеральный округ – один из главных в России производителей и поставщиков сельскохозяйственной продукции: зерна, мяса, молока, рыбы, сахарной свеклы, овощей, фруктов, бахчевых культур.

Южный федеральный округ имеет выход к трем морям – Азовскому, Черному и Каспийскому. На территории округа протекают две крупнейшие реки России – Дон и Волга, объединенные в единую гидросистему Цимлянским водохранилищем и Волго-Донским судоходным каналом.

**Приволжский федеральный округ**[15] (См.: Табл. 1). Территория Приволжского федерального округа занимает 6,1% территории России. Здесь проживает многонациональное население – 21,3% от общего числа граждан страны: это второй по численности населения федеральный округ после Центрального. Доля округа в общероссийском ВВП превышает 15%.

В состав округа входят 14 регионов: 6 республик (Башкортостан, Марий-Эл, Мордовия, Татарстан, Удмуртия, Чувашия), Пермский край и 7 областей (Кировская, Нижегородская, Оренбургская, Пензенская, Самарская, Саратовская, Ульяновская). Центром Приволжского федерального округа является город Нижний Новгород.

Вместе с Центром и Югом Приволжье входит в число наиболее плотно населенных территорий России. Из 32-х национально-территориальных административных единиц 6 входят в состав Приволжского федерального

---

15) См.: http://megabook.ru/article Электронный ресурс: дата обращения: 15.11.2016

округа (6 республик из 21). Однако лишь в двух регионах титульные нации составляют более 50% населения (Чувашская Республика и Республика Татарстан).

На территории Приволжского федерального округа проживают русские (более 70%), татары, башкиры, чуваши, удмурты, мордва, марийцы, коми-пермяки, а также представители других наций, национальностей и этнических групп.

Большинство населения округа православного вероисповедания (примерно 70–75%); более 20% исповедуют ислам. При этом граждане мусульманского вероисповедания составляют около 40% приверженцев данной конфессии в России. Основные научно-богословские институты, духовные управления и места массовых культовых отправлений мусульман сосредоточены в республиках Татарстан и Башкортостан. Однако религиозно-административные мусульманские подразделения (муфтиаты, мечети, молельные дома и отдельные представители данной конфессии – миссионеры) имеются практически во всех регионах округа.

Также на территории округа осуществляют свою деятельность представители иудаизма (действующие синагоги в Перми, Самаре, Уфе, Нижнем Новгороде), католицизма (Пермь, Уфа), лютеранства (Пермь, Саратов) и некоторых других конфессий (например, баптисты, а также действующая в южных областях Поволжья григорианская – «армянская» церковь). Однако существенного влияния на формирование общественного мнения представители данных конфессий не оказывают.

С развитием демократических основ общественного устройства государства в некоторых регионах возрождаются ранее преследуемые религиозные направления и национальные верования (язычество – Марий Эл, Мордовия, Пермский край; староверы – Пермский край, Нижегородская и Кировская области).

Приволжье обладает уникальным транзитным положением, так как расположено на перекрестке международных транспортных коридоров «Север–Юг» и «Восток–Запад», соединяющих Сибирь и Дальний Восток, а также страны Восточной Азии с Европейской Россией и государствами Европы.

По территории Приволжья проходит большинство трубопроводов из Западной Сибири, что способствует развитию химической промышленности, снижает издержки на обеспечение регионов топливными ресурсами, в том числе газом. Транзитом через округ идут крупнейшие в стране потоки угля – из Кузбасса в северо-западные и черноморские порты.

К конкурентным преимуществам географического положения округа относится также наличие удобных выходов на Западный Казахстан, Узбекистан, Таджикистан.

Особенностью округа является наличие значительного производственного потенциала. Здесь сосредоточена четверть всего промышленного производства России, 85% российского автопрома, 65% авиастроения, 40% нефтехимии, 30% судостроения, 30% производства оборонно-промышленного комплекса. В округе сосредоточены треть инновационно-активных предприятий, около половины объема российского экспорта технологий.

В оценке совокупного инвестиционного потенциала субъектов Российской Федерации среди лидеров находятся 5 регионов округа (Республика Башкортостан, Республика Татарстан, Пермский край, Нижегородская и Самарская области), демонстрирующие высокие показатели по производственному, финансовому, инновационному, природно-ресурсному и потребительскому факторам инвестиционной оценки.

Традиционной специализацией округа всегда являлось машиностроение. Предприятия, расположенные в регионах, вносят наибольший среди федеральных округов вклад в добавленную стоимость, произведенную в данной отрасли (более 33% от общероссийского показателя). В Приволжье производится более 73% автомобилей (по грузовым автомобилям этот показатель превышает 90%), более 85% автобусов, более 80% автомобильных двигателей. Данная отрасль представлена крупнейшими предприятиями страны: Волжский, Горьковский, Камский, Ульяновский и другие автомобильные заводы.

Во многих регионах округа развито авиационное, ракето-космическое и энергетическое машиностроение, судостроение, приборостроение, станкостроение. Округ является лидером по производству минеральных удобрений, синтетических смол и пластмасс, шин, каустической соды.

Приволжье находится на втором месте после Уральского федерального округа по добыче нефти (на регионы приходится около 20% российской добычи) и природного газа (добыча сконцентрирована в Оренбургской области).

Многофункциональный агропромышленный комплекс Приволжского федерального округа обеспечивает четверть объема сельхозпродукции России и треть объемов зерна.

В округе достаточно высок уровень развития транспортной инфраструктуры. По плотности железных дорог округ занимает третье место в Российской Федерации (143 км путей на 10 тыс. кв. км территории) после Центра и Юга. По плотности автодорог округ занимает второе место в России (140 км путей на 1000 кв. км территории).

Отличительной характеристикой структуры валового регионального продукта Приволжского федерального округа является высокая доля обрабатывающих отраслей –

24,5% (по России – 19,3%), а также добычи полезных ископаемых – 13,7% (по России – 10,5%). Несмотря на транзитное положение округа, на транспорт приходится 9,7% валового регионального продукта, что соответствует среднероссийскому значению (10,0%).

Таким образом, рассмотренные регионы являются важными социально-экономическими регионами и представляют собой полиэтнические культурные центры.

# 1. География проживания корейцев

Миграционные процессы, происходившие в СССР, прежде всего были связаны с хозяйственными нуждами самого государства. Российские (советские) корейцы как отличные земледельцы-рисоводы были востребованы в Европейской части, в частности в районах Северного Кавказа, где планировалось разведение рисовой культуры в масштабах страны.[16] Молодые специалисты после окончания вузов направлялись в разные города Советского Союза, в том числе и корейцы, добровольно переселившиеся с Дальнего Востока, корейцы – заключенные ГУЛАГе оставались в местах отбывания наказания – все эти факты

---

16) Сон Ж. Указ. соч. С. 322–339.

создают определенные трудности в проведении статистического анализа, определения точного места проживания и численности людей корейской национальности.

Для решения поставленных задач прежде всего необходим анализ территориального расселения корейцев до 1990-х гг. с рассмотрением основных причин внутренней миграции. С этой целью проводится анализ всесоюзной переписи корейского населения в 1939–1959–1979–1989–2010 гг.

Всесоюзная перепись населения в 1939г. показала, что в Союзе ССР проживало 182 339 корейцев, из них в в РСФСР – 13 524, Украинской ССР – 845, Белорусской ССР – 15, Грузинской ССР – 14, Азербайджанской ССР – 14, Армянской ССР – 4, Туркменской ССР – 40, Узбекской ССР – 72 944, Таджикской ССР – 43, Казахской ССР – 96 453, Киргизской ССР – 508 корейцев. В масштабах огромной страны в составе 15-ти республик уже тогда корейцы проживали в 11-ти союзных республиках. На наш взгляд они оказались в этих местах по доброй воле, за исключением Казахской и Узбекской Республик, куда их насильственно переселили с Дальнего Востока. Вряд ли они ощущали себя «чужими» в иноязычных для них республиках.

В РСФСР советские корейцы (13254 человека) проживали в 48 краях, областях и автономных республиках (Всесоюзная перепись населения 1939г.). Несмотря на то, что перепись проходила после 1937г., т.е. после принудительного выселения советских корейцев с территории Дальнего Востока, в Европейской части корейцев числилось 6894 чел. (50%) , из них большая группа корейцев размещалась в Волгоградской (Сталинградской) области – 2790, из них в городе – 194, а в сельской местности – 2596 человек. (Рис. 1, Табл. 2). Это были корейцы-рыбаки, принудительно выселенные с Дальнего Востока в 1937 г., и размещённые в Астрахани[17], впоследствии вновь переселенные в Казахстан.

В Москве и Московской области по переписи числилось 440 и 627 корейцев соответственно, из них 77 человек было зарегистрировано в сельской местности, а остальные проживали в городе. После Москвы по численности корейцы преобладали в Пермской области – 368, из них городских жителей – 161, сельских – 207 человек. В Челябинской области значится 291 кореец, из них городских жителей – 79, сельских – 212 человек. В Ленинграде (Санкт-Петербург) и в Ленинградской области записано 195 и 213 корейцев соответственно, из них только 11 человек проживали в сельской местности (Таблица 2). Анализ переписи населения за 1939г. показал, что из 13 524 корейцев, проживавших на территории РСФСР – 6894 корейца числились в Европейской

---

17) ГАРФ. Ф.Р. – 5446. Оп. 29. Д. 48. Л. 20.

части страны, в основном в больших промышленных городах, за исключением Пермской и Челябинской областей, где сельское население преобладает.

Таким образом, в Европейской части России корейцы были расселены во многих регионах – в городах и в сельской местности. При этом происходил постепенный переход сельских жителей в города. Корейцы активно урбанизировались и меняли свой уклад жизни.

По переписи 1959г. миграционная картина корейцев в Европейской части России кардинально меняется, они проживают только в 13 регионах и их всего 13812 человек (Табл. 3. Рис. 2). По сравнению с 1939г. их численность увеличилась всего на 300 человек. Причина этого кроется в соответствующей национальной политике, в основе которой лежит национальный признак, насильственное переселение с территории Дальнего Востока, строгий административный контроль.

После смерти И. Сталина открывается особая страница в истории советских корейцев. Корейцам было разрешено перемещаться из Республик Средней Азии и Казахстана. Многие причины толкали корейцев уезжать из мест, куда их насильственно переселили. Во-первых, разбросанные по огромной территории, потерянные родственные связи, желание жить с родственниками и друзьями. Во-вторых, не привыкшие к жаркому, сухому климату Средней Азии и

Казахстана корейцы страдали различными болезнями. Климат же Северного Кавказа очень похож на климат Корейского полуострова. В эти годы и началась активная миграция корейцев на Северный Кавказ.

Хозяйственные реформы, проводившиеся в 1950-х гг., благотворно отразились как на темпах развития народного хозяйства, так и на благосостоянии народа, в полной мере этой касается и советских корейцев. Главная причина успеха реформ состояла в том, что они возродили экономические методы руководства народным хозяйством. Впервые ставился вопрос о «повороте экономики лицом к человеку, о первоочередном внимании государства к благосостоянию народа через ускорение развития сельского хозяйства и производства предметов потребления».[18]

В конце 1950-х гг. руководство страны фактически признало кризис директивной системы планирования колхозного производства. Колхозы хронически не выполняли государственный план по сдаче сельхозпродукции. В практике советских корейцев, основной деятельностью которых оставалось сельское хозяйство, появились бригады, которые выращивали сельскохозяйственную продукцию на условиях нелегальной аренды. Там, где появлялись корейские бригады, ситуация

---

[18] Маленков Г.М. Речь на сессии Верховного Совета Союза ССР. 1953, август.

менялась в лучшую сторону. Председатели колхозов и совхозов предоставляли в аренду корейским бригадам свободные земли на договорных условиях. Соответственно осенью корейцы обязаны были сдать определенное количество сельхозпродукции, оставшееся реализовывалось в свободной продаже на рынке. Этот вид деятельности стал называться кобонди.

Впервые об исторической значимости кобонди в СССР пишет в своей монографии В.С. Хан в соавторстве с Сим Хон Ёнгом.[19] По определению авторов, «Кобонди – специфическая форма арендного (полулегального) бригадного подряда в сельском хозяйстве СССР, внедренного корейцами. Будучи первой формой частного и на первых порах сугубо корейского предпринимательства в СССР, кобонди было основано на принципах самоуправления, самоокупаемости и экономической мотивации. Поскольку оно было нацелено на конечный результат, урожаи бригад кобонди превышали урожаи обычных колхозно-совхозных бригад в несколько раз, что позволило существенно повысить уровень жизни корейцев по сравнению со средним общесоюзным уровнем. В годы перестройки кобонди начинает рассматриваться в качестве образца ведения

---

19) См.: Хан В.С., Сим Хон Ёнг. Корейцы Центральной Азии: прошлое и настоящее. М.: Изд-во МБА, 2014.

сельского хозяйства».[20]

Другими словами, экономическая свобода (в той форме, в какой она была возможна в рамках государственной регламентированной экономики), активное (то есть осуществляемое на практике) стремление жить лучше за счет собственного труда и инициативы, отмечают авторы, готовность жить по законам риска – это то, что характеризует кобонди.[21]

Справедливо отмечают авторы, что советские экономисты «не видели» или «старались не замечать» кобонди, несмотря на то, что в это движение были вовлечены тысячи людей, поскольку это было предпринимательство, не вписывавшееся в социалистическую систему управления и запрещённое советским законодательством. Урожаи, получаемые корейцами на любых по качеству землях, в несколько раз превосходили урожаи, получаемые в других, лучших условиях и на лучших землях. Это является неоспоримым фактом, доказанным ещё в конце XIX века, первыми корейцами-переселенцами на русском Дальнем Востоке.

Благодаря этому фактору в южных районах России увеличивается численность корейского населения. По переписи 1959 г., наблюдается значительный рост сельского

---

20) Хан В.С., Сим Хон Ёнг. Указ. соч. С. 144.
21) Хан В.С., Сим Хон Ёнг. Указ. соч. С. 146.

населения корейской национальности в Ростовской области – 2368, Дагестанской АССР – 2116, Чечено-Ингушской АССР – 1726, Северо-Осетинской АССР – 646 человек. В перечисленных регионах бригадным способом корейцы активно занимались разведением рисовой культуры.

В середине 1950-х гг. известны корейские анклавы в Чечено-Ингушской АССР в селах Нижние и Верхние Ачалыки. После насильственного переселения ингушей в годы Великой Отечественной войны, колхозные земли практически не обрабатывались. Прибывшие из Средней Азии корейцы строили землянки для проживания и обрабатывали эти земли. Небольшие поселения появились в Гудермесе, Урус-Мартане, Хасавюрте, Дербенте, Кизляре, Дагестанской АССР.

На севере Европейской части России по численности корейцев выделяется Москва и Московская область – 1979 человек. В промышленных городах, таких как Челябинск (449 человек), Тула (381 человек), Куйбышев (Самара) (275 человек) преобладает городское население (См. Табл. 3, Рис. 3). К 1959 г. численность городского и сельского населения корейской национальности в Европейской части России составляла: городское население – 6165, сельское – 7647 человек.

Итоги переписи 1979г. демонстрируют несколько иную картину расселения корейцев в Европейской части России

– 36109 человек в 59 регионах, во всех направлениях от Москвы, в самых южных точках и северных точках европейской России (См. Табл.4, Рис. 3).

Например, на Северном Кавказе численность корейцев увеличилась в Кабардино-Балкарской АССР – 4949, Ростовской области – 5783, Северо-Осетинской АССР – 2797, Ставропольском крае – 2670 человек. Вместе с тем наблюдается значительное уменьшение численности корейцев в Дагестанской АССР (727) и в Чечено-Ингушской АССР (859) и появляются новые регионы обитания корейцев – Калмыцкая АССР – 1073, Волгоградская область – 1240 корейцев официально проживают в этих регионах.

Причём в корейской среде численность сельских жителей уменьшается, а городское население увеличивается. В профессиональном плане основным занятием корейцев оставалось сельское хозяйство, так называемое кобонди.

С конца 1950-х годов приобретали постоянное жильё в столицах автономных республик, краевых и областных городах: Владикавказ (Орджоникидзе), Нальчик, Элиста, Волгоград, Ростов-на-Дону, Ставрополь, Пятигорск, Кисловодск, Минеральные Воды, Краснодар и др., с поздней осени и до ранней весны корейцы проводили в городе, а ранней весной выезжали на полевые станы и выращивали сельхозпродукцию. Благоприятный климат, непаханые, плодородные земли ставропольских степей, любовь к земле и трудолюбие позволили, сравнительно за короткий период времени корейцам, независимо от социального статуса, улучшить свое экономическое положение (приобретались собственные жилые дома, автомобили и другие материальные блага).

Своим нелегким трудом в стране, где наименее престижным и малооплачиваемым считался труд сельского труженика, корейцы обеспечивали себе уровень жизни, соотносимый с уровнем жизни самых высоких позиций в обществе.

Уникальное в своем роде явление кобонди можно было встретить только в бывшем СССР. В настоящее время корейцы стараются не обременяться лишними хлопотами, каждую весну уже не строят землянки, не обустраивают, как раньше на летний период домашнее хозяйство для полевых работ. Имея средства передвижения, они каждый день ездят на свои поля как городские жители Ростовской и Волгоградской областей.

С 1959–1970-е гг. корейцы продолжали мигрировать по территории Юга России; причины этих миграций заключались в следующем: во-первых, поиски более комфортных условий для работы, несмотря на существовавший социалистический уклад в стране, каждая автономная национальная республика имела свои особенности, свою культуру, язык. В новых условиях корейцам необходимо было выстраивать отношения с коренными народами в местах пребывания, для чего требовались определенные морально-психологические усилия. Во-вторых, уровень культуры и образования в названных регионах отличался, что также становилось одной из причин для миграции в другие регионы. В сущности, наличие толерантности или другими словами – уровень культуры межэтнического общения имел большое значение.

Расширился ареал проживания корейцев и в северной части Европейской России: в городах Санкт-Петербург (Ленинград) и области – 2762, Москве и области – 4281, в самой северной части в городе Архангельске было зарегистрировано 140, а в Мурманске – 197 корейцев. На востоке Европейской России в Свердловской области проживало – 618, в Пермской области – 358, в самой западной части – 138 корейцев были жителями Калининградской области.

В 1979г. из 36109 корейцев 29213 – составляли городское население, 6896 – сельское население. Полученные сведения наглядно демонстрируют процесс урбанизации, т.е. оседания советских корейцев в городах.

Всесоюзная перепись 1989г. показала следующую статистику проживания корейцев в Европейской части России. Всё корейское население составляло 43436 человек, из них к городскому населению относились – 35429, к сельскому – 8007 человек (См. Табл.5, Рис.4). Просматривалась тенденция к увеличению всего населения на этой территории и устойчивая урбанизация.

Наблюдается значительное увеличение численности корейцев в столичных городах – Москве и Санкт-Петербурге, в северных районах – Мурманске, Самарской, Челябинской областях. Основной контингент представлял собой научно-технический персонал, инженерно-технические, медицинские работники, студенческая молодёжь, деятели культуры и искусства.

На юге России продолжался наплыв корейцев в Ростовскую, Волгоградскую, Астраханскую области, Краснодарский и Ставропольский края, Кабардино-Балкарскую АССР, где основной деятельностью оставалась аграрная сфера.

Последние статистические данные о численности корейских граждан по субъектам Европейской части России представлены в таблице 6. Во всех федеральных округах наблюдается увеличение численности корейцев по сравнению с переписью 1989г.

Безусловно, события 1990-х гг. отразились на жизни корейцев бывшего Союза ССР, потоки мигрантов из Центральной Азии, а именно из Таджикистана, Узбекистана, Киргизии стали обустраиваться во всех регионах

Европейской части России.

В Центральном федеральном округе помимо Москвы (9783) и Московской области (5537) корейцы освоили такие области, как Рязанская – 667, Воронежская – 672, Калужская – 638, Тверская – 719, Тульская – 772 человека.

В Северо-Западном федеральном округе корейцы зарегистрированы в Санкт-Петербурге (4031), Ленинградской обл. (1122), Калининградской обл. – 731, Новгородской обл. – 341, Республике Коми – 196, Республике Карелия – 100, Псковской обл. – 119 человек.

Во всех субъектах Южного федерального округа увеличилась численность корейцев (См.: Табл. 6). Эти данные свидетельствуют о том, что основной профессиональной деятельностью корейцев остается сельское хозяйство.

В Северо-Кавказском федеральном округе миграционные процессы коснулись Кабардино-Балкарской Республики (4034) и Ставропольского края (6759).

Интерес вызывает Приволжский федеральный округ, где корейцев насчитывалось в республиках Башкортостан – 777, Татарстане – 864, Удмуртии – 270, Пермском крае –555 человек. Значительно увеличилась численность в таких областях как Саратовская – 4206, Орловская – 2080, Самарская – 1669, Нижегородская – 984 человека.

Таким образом, анализ всесоюзных, всероссийских

переписей за семьдесят лет наглядно демонстрирует динамику миграции корейцев на Европейскую часть Российской Федерации. Начиная с 1920-х гг., с наступлением политического кризиса, который привел в конце XX в. к глобальному пересмотру общественно-политических и культурных ценностей всех народов России, не обошел стороной и корейцев. Насильственное переселение 1937г., затем дестабилизация политической обстановки в Центральной Азии в 1990-х гг. вновь вынуждала корейцев переселяться в Россию.

География проживания корейцев доказывает, что для русскоязычных корейцев не столь важны климат, условия проживания и этническая среда, сколько важен экономический фактор и атмосфера межэтнической безопасности. Корейцы за 150 лет проживания на русской земле приобрели уникальную способность к адаптации в любых экстремальных условиях. Эта способность выработалась у первых переселенцев, когда под страхом изгнания назад в родную Корею они приняли русскую культуру, обычаи, научились жить в многонациональном мире.

Данные таблицы №6 «Динамика расселения российских корейцев на Европейской территории Российской Федерации и численность лиц, говорящих на русском языке», составленной в 2012г., наглядно демонстрируют уровень ассимиляции в русскую культуру. В среднем 98–99 % корейцев владели русским языком, эти цифры показывают, что у корейцев не было проблем с трудоустройством, усвоением знаний в учебных заведениях разного уровня.

## Рис. 1. 1939 год. Распределение городского и сельского населения Европейской части РСФСР (корейцы)

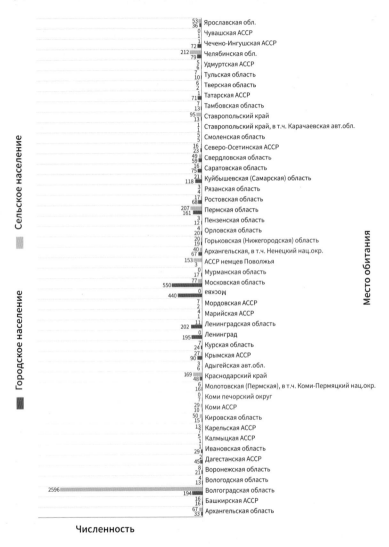

Источник: Составлено (Ж.Сон) по данным Всесоюзной переписи населения 1959 г. // [Электронный ресурс] Режим доступа: http://www.gks.ru/free_doc/new_site/perepis2010/croc/perepis_itogi1612. htm (06.09.2016)

Таблица 2. 1939 год. Распределение городского и сельского населения Европейской части РСФСР по национальности и полу (корейцы)

| | Численность | | | | | | | | |
|---|---|---|---|---|---|---|---|---|---|
| | Все население | | | Городские поселения | | | Сельское население | | |
| | Мужчины | Женщины | Оба пола | Мужчины | Женщины | Оба пола | Мужчины | Женщины | Оба пола |
| Корейцы в РСФСР | | | 13 524 | | | | | | |
| Корейцы в Европейской части РСФСР | 4286 | 2608 | 6894 | 1956 | 964 | 2920 | 2394 | 1650 | 4044 |
| 1 Архангельская область | 89 | 11 | 100 | 28 | 5 | 33 | 61 | 6 | 67 |
| 2 Башкирская АССР | 17 | 15 | 32 | 10 | 6 | 16 | 7 | 9 | 16 |
| 3 Волгоградская область | 1472 | 1318 | 2790 | 121 | 73 | 194 | 1351 | 1245 | 2596 |
| 4 Вологодская область | 12 | 5 | 17 | 9 | 4 | 13 | 3 | 1 | 4 |
| 5 Воронежская область | 20 | 9 | 29 | 12 | 9 | 21 | 8 | 0 | 8 |
| 6 Дагестанская АССР | 29 | 18 | 47 | 27 | 18 | 45 | 2 | 0 | 2 |
| 7 Ивановская область | 17 | 13 | 30 | 16 | 13 | 29 | 1 | 0 | 1 |
| 8 Калмыцкая АССР | 4 | 2 | 6 | 1 | 0 | 1 | 3 | 2 | 5 |
| 9 Карельская АССР | 16 | 4 | 20 | 3 | 4 | 7 | 13 | 0 | 13 |
| 10 Кировская область | 62 | 3 | 65 | 13 | 2 | 15 | 49 | 1 | 50 |
| 11 Коми АССР | 28 | 11 | 39 | 5 | 5 | 10 | 23 | 6 | 29 |
| 12 Коми печорский округ | 3 | 4 | 7 | 3 | 4 | 7 | 0 | 0 | 0 |

| | Численность | | | | | | | | |
|---|---|---|---|---|---|---|---|---|---|
| | Все население | | | Городские поселения | | | Сельское население | | |
| | Мужчины | Женщины | Оба пола | Мужчины | Женщины | Оба пола | Мужчины | Женщины | Оба пола |
| 13 Молотовская (Пермская), в т.ч. Коми-Пермяцкий нац. окр. | 17 | 5 | 22 | 11 | 5 | 16 | 6 | 0 | 6 |
| 14 Краснодарский край | 99 | 118 | 217 | 31 | 17 | 48 | 68 | 101 | 169 |
| 15 Адыгейская авт.обл. | 6 | 3 | 9 | 3 | 3 | 6 | 3 | 0 | 3 |
| 16 Крымская АССР | 51 | 66 | 117 | 39 | 51 | 90 | 12 | 15 | 27 |
| 17 Курская область | 19 | 12 | 31 | 15 | 9 | 24 | 4 | 3 | 7 |
| 18 Ленинград | 145 | 50 | 195 | 145 | 50 | 195 | 0 | 0 | 0 |
| 19 Ленинградская область | 157 | 56 | 213 | 148 | 54 | 202 | 9 | 2 | 11 |
| 20 Марийская АССР | 4 | 1 | 5 | 1 | 0 | 1 | 3 | 1 | 4 |
| 21 Мордовская АССР | 8 | 1 | 9 | 2 | 0 | 2 | 6 | 1 | 7 |
| 22 Москва | 284 | 156 | 440 | 284 | 156 | 440 | 0 | 0 | 0 |
| 23 Московская область | 384 | 243 | 627 | 349 | 201 | 550 | 35 | 42 | 77 |
| 24 Мурманская область | 12 | 5 | 17 | 12 | 5 | 17 | 0 | 0 | 0 |
| 25 АССР немцев Поволжья | 147 | 9 | 156 | 3 | 0 | 3 | 144 | 9 | 153 |
| 26 Архангельская, в т.ч. Ненецкий нац.окр. | 43 | 0 | 43 | 61 | 6 | 67 | 40 | 0 | 40 |
| 27 Горьковская (Нижегородская) область | 27 | 12 | 39 | 10 | 9 | 19 | 17 | 3 | 20 |

| | Численность | | | | | | | | |
| | Все население | | | Городские поселения | | | Сельское население | | |
| | Мужчины | Женщины | Оба пола | Мужчины | Женщины | Оба пола | Мужчины | Женщины | Оба пола |
|---|---|---|---|---|---|---|---|---|---|
| 28 Орловская область | 16 | 8 | 24 | 12 | 8 | 20 | 4 | 0 | 4 |
| 29 Пензенская область | 6 | 3 | 9 | 9 | 3 | 12 | 3 | 0 | 3 |
| 30 Пермская область | 341 | 27 | 368 | 148 | 13 | 161 | 193 | 14 | 207 |
| 31 Ростовская область | 47 | 38 | 85 | 35 | 33 | 68 | 12 | 5 | 17 |
| 32 Рязанская область | 4 | 3 | 7 | 2 | 2 | 4 | 2 | 1 | 3 |
| 33 Куйбышевская (Самарская) область | 101 | 38 | 139 | 85 | 33 | 118 | 16 | 5 | 21 |
| 34 Саратовская область | 61 | 30 | 91 | 56 | 19 | 75 | 5 | 11 | 16 |
| 35 Свердловская область | 62 | 46 | 108 | 34 | 25 | 59 | 28 | 21 | 49 |
| 36 Северо-Осетинская АССР | 26 | 13 | 39 | 16 | 7 | 23 | 10 | 6 | 16 |
| 37 Смоленская область | 5 | 5 | 10 | 1 | 4 | 5 | 4 | 1 | 5 |
| 38 Ставропольский край, в т.ч. Карачаевская авт.обл. | 1 | 1 | 2 | 1 | 0 | 1 | 0 | 1 | 1 |
| 39 Ставропольский край | 65 | 43 | 108 | 10 | 3 | 13 | 55 | 40 | 95 |
| 40 Тамбовская область | 12 | 8 | 20 | 9 | 4 | 13 | 3 | 4 | 7 |
| 41 Татарская АССР | 54 | 18 | 72 | 53 | 18 | 71 | 1 | 0 | 1 |
| 42 Тверская область | 7 | 1 | 8 | 2 | 0 | 2 | 5 | 1 | 6 |

| | Численность | | | | | | | | |
|---|---|---|---|---|---|---|---|---|---|
| | Все население | | | Городские поселения | | | Сельское население | | |
| | Мужчины | Женщины | Оба пола | Мужчины | Женщины | Оба пола | Мужчины | Женщины | Оба пола |
| 43 Тульская область | 10 | 7 | 17 | 5 | 5 | 10 | 5 | 2 | 7 |
| 44 Удмуртская АССР | 9 | 2 | 11 | 5 | 1 | 6 | 4 | 1 | 5 |
| 45 Челябинская обл. | 192 | 99 | 291 | 60 | 19 | 79 | 132 | 80 | 212 |
| 46 Чечено-Ингушская АССР | 36 | 37 | 73 | 35 | 37 | 72 | 1 | 0 | 1 |
| 47 Чувашская АССР | 0 | 1 | 1 | 0 | 1 | 1 | 0 | 0 | 0 |
| 48 Ярославская обл. | 59 | 30 | 89 | 16 | 20 | 36 | 43 | 10 | 53 |

Источник: Составлено (Ж.Сон) по данным Всесоюзной переписи населения 1939 г. // [Электронный ресурс] Режим доступа: http://www.gks.ru/free_doc/new_site/perepis2010/croc/perepis_itogi612.htm (05.09.2013)

## Рис. 2. 1959 год. Распределение городского и сельского населения Европейской части РСФСР (корейцы)

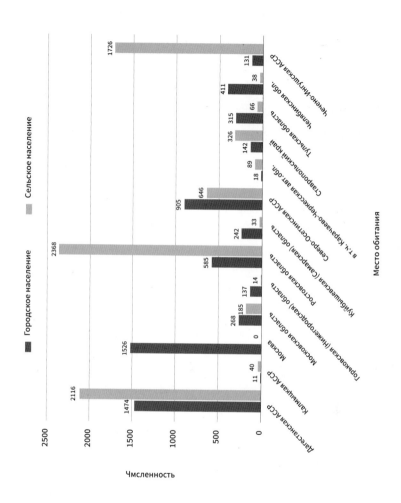

Источник: Составлено (Ж.Сон) по данным Всесоюзной переписи населения 1959 г. // [Электронный ресурс]. Режим доступа: http://www.gks.ru/free_doc/new_site/perepis2010/croc/perepis_itogi1612. htm (06.09.2016)

Таблица 3. 1959 год. Распределение городского и сельского населения Европейской части РСФСР по национальности и полу (корейцы)

| | Численность | | | | | | | | |
|---|---|---|---|---|---|---|---|---|---|
| | Все население | | | Городские поселения | | | Сельское население | | |
| | Мужчины | Женщины | Оба пола | Мужчины | Женщины | Оба пола | Мужчины | Женщины | Оба пола |
| Корейцы в РСФСР | 75480 | | | | | | | | |
| корейцы | 7539 | 6273 | 13812 | 3624 | 2541 | 6165 | 3915 | 3732 | 7647 |
| 1 Дагестанская АССР | 1803 | 1787 | 3590 | 701 | 773 | 1474 | 1102 | 1014 | 2116 |
| 2 Калмыцкая АССР | 34 | 17 | 51 | 10 | 1 | 11 | 24 | 16 | 40 |
| 3 Москва | 1046 | 480 | 1526 | 1046 | 480 | 1526 | 0 | 0 | 0 |
| 4 Московская область | 275 | 178 | 453 | 154 | 114 | 268 | 121 | 64 | 185 |
| 5 Горьковская (Нижегородская) область | 123 | 28 | 151 | 112 | 25 | 137 | 11 | 3 | 14 |
| 6 Ростовская область | 1563 | 1390 | 2953 | 346 | 239 | 585 | 1217 | 1151 | 2368 |
| 7 Куйбышевская (Самарская) область | 178 | 97 | 275 | 160 | 82 | 242 | 18 | 15 | 33 |
| 8 Северо-Осетинская АССР | 740 | 811 | 1551 | 439 | 466 | 905 | 301 | 345 | 646 |
| 9 Карачаево-Черкесская авт.обл. | 53 | 54 | 107 | 10 | 8 | 18 | 43 | 46 | 89 |
| 10 Ставропольский край | 246 | 222 | 468 | 90 | 52 | 142 | 156 | 170 | 326 |
| 11 Тульская область | 256 | 125 | 381 | 209 | 106 | 315 | 47 | 19 | 66 |
| 12 Челябинская обл. | 299 | 150 | 449 | 276 | 135 | 411 | 23 | 15 | 38 |
| 13 Чечено-Ингушская АССР | 923 | 934 | 1857 | 71 | 60 | 131 | 852 | 874 | 1726 |

Источник: Составлено (Ж.Сон) по данным Всесоюзной переписи населения 1959 г. // [Электронный ресурс]. Режим доступа: http://www.gks.ru/free_doc/new_site/perepis2010/croc/perepis_itogi1612.htm (06.09.2016)

# Рис.3. 1979 год. Распределение городского и сельского населения Европейской части РСФСР (корейцы)

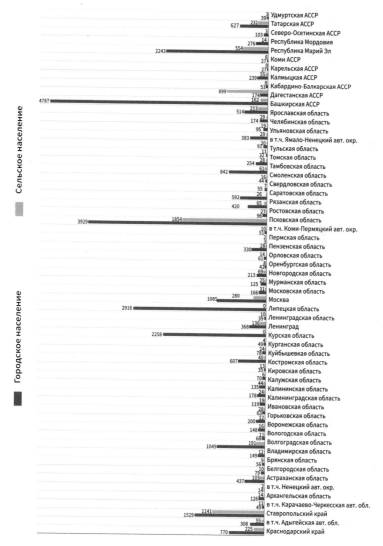

Источник: Составлено (Ж.Сон) по данным Всесоюзной переписи населения 1959 г. // [Электронный ресурс]. Режим доступа: http://www.gks.ru/free_doc/new_site/perepis2010/croc/perepis_itogi1612.htm (06.09.2016)

Таблица 4. 1979 год. Распределение городского и сельского населения Европейской части РСФСР по национальности и полу (корейцы)

| | Численность | | | | | | | | |
|---|---|---|---|---|---|---|---|---|---|
| | Все население | | | Городские поселения | | | Сельское население | | |
| | Мужчины | Женщины | Оба пола | Мужчины | Женщины | Оба пола | Мужчины | Женщины | Оба пола |
| Корейцы в Европейской части | 19301 | 16808 | 36109 | 15570 | 13643 | 29213 | 3731 | 3165 | 6896 |
| 1 Краснодарский край | 570 | 425 | 995 | 432 | 338 | 770 | 138 | 87 | 225 |
| 2 в т.ч. Адыгейская авт. обл. | 193 | 170 | 363 | 161 | 147 | 308 | 32 | 23 | 55 |
| 3 Ставропольский край | 1353 | 1317 | 2670 | 759 | 770 | 1529 | 594 | 547 | 1141 |
| 4 в т.ч. Карачаево-Черкесская авт. обл. | 31 | 29 | 60 | 26 | 23 | 49 | 5 | 6 | 11 |
| 5 Архангельская область | 99 | 41 | 140 | 90 | 36 | 126 | 9 | 5 | 14 |
| 6 в т.ч. Ненецкий авт. окр. | 11 | 5 | 16 | 10 | 4 | 14 | 1 | 1 | 2 |
| 7 Астраханская область | 285 | 255 | 540 | 238 | 199 | 437 | 47 | 56 | 103 |
| 8 Белгородская область | 58 | 31 | 89 | 51 | 28 | 79 | 7 | 3 | 10 |
| 9 Брянская область | 43 | 22 | 65 | 37 | 19 | 56 | 6 | 3 | 9 |
| 10 Владимирская область | 84 | 77 | 161 | 76 | 73 | 149 | 8 | 4 | 12 |
| 11 Волгоградская область | 677 | 563 | 1240 | 572 | 477 | 1049 | 105 | 86 | 191 |
| 12 Вологодская область | 59 | 20 | 79 | 50 | 18 | 68 | 9 | 2 | 11 |

| | | Численность | | | | | | | | |
|---|---|---|---|---|---|---|---|---|---|---|
| | | Все население | | | Городские поселения | | | Сельское население | | |
| | | Мужчины | Женщины | Оба пола | Мужчины | Женщины | Оба пола | Мужчины | Женщины | Оба пола |
| 13 | Воронежская область | 111 | 53 | 164 | 101 | 47 | 148 | 10 | 6 | 16 |
| 14 | Горьковская область | 156 | 56 | 212 | 145 | 55 | 200 | 11 | 1 | 12 |
| 15 | Ивановская область | 56 | 35 | 91 | 39 | 24 | 63 | 17 | 11 | 28 |
| 16 | Калининградская область | 77 | 61 | 138 | 66 | 53 | 119 | 11 | 8 | 19 |
| 17 | Калининская область | 128 | 74 | 202 | 113 | 65 | 178 | 15 | 9 | 24 |
| 18 | Калужская область | 122 | 57 | 179 | 91 | 44 | 135 | 31 | 13 | 44 |
| 19 | Кировская область | 62 | 14 | 76 | 58 | 12 | 70 | 4 | 2 | 6 |
| 20 | Костромская область | 33 | 15 | 48 | 23 | 12 | 35 | 10 | 3 | 13 |
| 21 | Куйбышевская область | 395 | 252 | 647 | 372 | 235 | 607 | 23 | 17 | 40 |
| 22 | Курганская область | 59 | 43 | 102 | 43 | 35 | 78 | 16 | 8 | 24 |
| 23 | Курская область | 33 | 20 | 53 | 30 | 19 | 49 | 3 | 1 | 4 |
| 24 | Ленинград | 1073 | 1185 | 2258 | 1073 | 1185 | 2258 | 0 | 0 | 0 |
| 25 | Ленинградская область | 298 | 206 | 504 | 238 | 130 | 368 | 60 | 76 | 136 |
| 26 | Липецкая область | 35 | 14 | 49 | 27 | 12 | 39 | 8 | 2 | 10 |
| 27 | Москва | 1461 | 1455 | 2916 | 1461 | 1455 | 2916 | 0 | 0 | 0 |
| 28 | Московская область | 763 | 602 | 1365 | 620 | 465 | 1085 | 143 | 137 | 280 |
| 29 | Мурманская область | 117 | 80 | 197 | 95 | 71 | 166 | 22 | 9 | 31 |
| 30 | Новгородская область | 103 | 47 | 150 | 84 | 41 | 125 | 19 | 6 | 25 |

| № | | Все население | | | Городские поселения | | | Сельское население | | |
|---|---|---|---|---|---|---|---|---|---|---|
| | | Мужчины | Женщины | Оба пола | Мужчины | Женщины | Оба пола | Мужчины | Женщины | Оба пола |
| 31 | Оренбургская область | 164 | 118 | 282 | 120 | 93 | 213 | 44 | 25 | 69 |
| 32 | Орловская область | 34 | 16 | 50 | 28 | 14 | 42 | 6 | 2 | 8 |
| 33 | Пензенская область | 52 | 23 | 75 | 42 | 19 | 61 | 10 | 4 | 14 |
| 34 | Пермская область | 220 | 138 | 358 | 200 | 130 | 330 | 20 | 8 | 28 |
| 35 | в т.ч. Коми-Пермяцкий авт. окр. | 4 | 1 | 5 | 2 | 1 | 3 | 2 | 0 | 2 |
| 36 | Псковская область | 40 | 21 | 61 | 33 | 18 | 51 | 7 | 3 | 10 |
| 37 | Ростовская область | 2932 | 2851 | 5783 | 1997 | 1932 | 3929 | 935 | 919 | 1854 |
| 38 | Рязанская область | 79 | 44 | 123 | 65 | 31 | 96 | 14 | 13 | 27 |
| 39 | Саратовская область | 322 | 163 | 485 | 276 | 144 | 420 | 46 | 19 | 65 |
| 40 | Свердловская область | 392 | 226 | 618 | 375 | 217 | 592 | 17 | 9 | 26 |
| 41 | Смоленская область | 31 | 31 | 62 | 26 | 29 | 55 | 5 | 2 | 7 |
| 42 | Тамбовская область | 42 | 18 | 60 | 31 | 13 | 44 | 11 | 5 | 16 |
| 43 | Тульская область | 192 | 90 | 282 | 170 | 84 | 254 | 22 | 6 | 28 |
| 44 | Ульяновская область | 86 | 25 | 111 | 70 | 21 | 91 | 16 | 4 | 20 |
| 45 | Челябинская область | 253 | 159 | 412 | 231 | 152 | 383 | 22 | 7 | 29 |
| 46 | Ярославская область | 80 | 34 | 114 | 71 | 24 | 95 | 9 | 10 | 19 |
| 47 | Башкирская АССР | 121 | 82 | 203 | 106 | 68 | 174 | 15 | 14 | 29 |
| 48 | Дагестанская АССР | 376 | 351 | 727 | 275 | 239 | 514 | 101 | 112 | 213 |

| | | Численность | | | | | | | | |
|---|---|---|---|---|---|---|---|---|---|---|
| | | Все население | | | Городские поселения | | | Сельское население | | |
| | | Мужчины | Женщины | Оба пола | Мужчины | Женщины | Оба пола | Мужчины | Женщины | Оба пола |
| 49 | Кабардино-Балкарская АССР | 2404 | 2545 | 4949 | 2314 | 2473 | 4787 | 90 | 72 | 162 |
| 50 | Калмыцкая АССР | 594 | 479 | 1073 | 78 | 96 | 174 | 516 | 383 | 899 |
| 51 | Карельская АССР | 34 | 25 | 59 | 27 | 24 | 51 | 7 | 1 | 8 |
| 52 | Коми АССР | 193 | 101 | 294 | 149 | 90 | 239 | 44 | 11 | 55 |
| 53 | Республика Марий Эл | 17 | 10 | 27 | 17 | 10 | 27 | 0 | 0 | 0 |
| 54 | Республика Мордовия | 19 | 14 | 33 | 14 | 13 | 27 | 5 | 1 | 6 |
| 55 | Северо-Осетинская АССР | 1379 | 1418 | 2797 | 1105 | 1138 | 2243 | 274 | 280 | 554 |
| 56 | Татарская АССР | 175 | 115 | 290 | 167 | 109 | 276 | 8 | 6 | 14 |
| 57 | Удмуртская АССР | 68 | 38 | 106 | 67 | 36 | 103 | 1 | 2 | 3 |
| 58 | Чечено-Ингушская АССР | 426 | 433 | 859 | 309 | 318 | 627 | 117 | 115 | 232 |
| 59 | Чувашская АССР | 27 | 15 | 42 | 24 | 15 | 39 | 3 | 0 | 3 |

Источник: Составлено (Ж.Сон) по данным Всесоюзной переписи населения 1979 г. // [Электронный ресурс]. Режим доступа: http://www.gks.ru/free_doc/new_site/perepis2010/croc/perepis_itogi1612.htm (06.09.2016)

## Рис. 4. 1989 год. Распределение городского и сельского населения Европейской части РСФСР (корейцы)

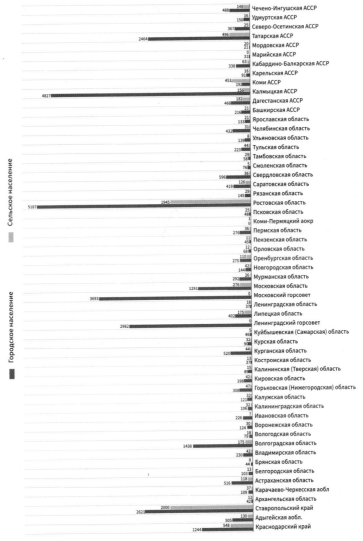

Источник: Составлено (Ж.Сон) по данным Всесоюзной переписи населения 1959 г. // [Электронный ресурс]. Режим доступа: http://www.gks.ru/free_doc/new_site/perepis2010/croc/perepis_itogi1612.htm (06.09.2016)

Таблица 5. 1989 год. Распределение городского и сельского населения Европейской части РСФСР по национальности и полу (корейцы)

| | | Численность | | | | | | | | |
|---|---|---|---|---|---|---|---|---|---|---|
| | | Все население | | | Городские поселения | | | Сельское население | | |
| | | Мужчины | Женщины | Оба пола | Мужчины | Женщины | Оба пола | Мужчины | Женщины | Оба пола |
| | Корейцы в Европейской части России | 22669 | 20767 | 43436 | 18356 | 17073 | 35429 | 4313 | 3694 | 8007 |
| 1 | Краснодарский край | 941 | 851 | 1792 | 650 | 594 | 1244 | 291 | 257 | 548 |
| 2 | Адыгейская аобл. | 300 | 335 | 635 | 239 | 266 | 505 | 61 | 69 | 130 |
| 3 | Ставропольский край | 2361 | 2260 | 4621 | 1291 | 1330 | 2621 | 1070 | 930 | 2000 |
| 4 | Карачаево-Черкесская аобл | 33 | 21 | 54 | 25 | 17 | 42 | 8 | 4 | 12 |
| 5 | Архангельская область | 79 | 67 | 146 | 59 | 50 | 109 | 20 | 17 | 37 |
| 6 | Астраханская область | 348 | 286 | 634 | 278 | 238 | 516 | 70 | 48 | 118 |
| 7 | Белгородская область | 76 | 40 | 116 | 69 | 34 | 103 | 7 | 6 | 13 |
| 8 | Брянская область | 38 | 14 | 52 | 32 | 12 | 44 | 6 | 2 | 8 |
| 9 | Владимирская область | 141 | 131 | 272 | 116 | 114 | 230 | 25 | 17 | 42 |
| 10 | Волгоградская область | 839 | 774 | 1613 | 730 | 708 | 1438 | 109 | 66 | 175 |
| 11 | Вологодская область | 68 | 29 | 97 | 54 | 25 | 79 | 14 | 4 | 18 |
| 12 | Воронежская область | 94 | 60 | 154 | 74 | 50 | 124 | 20 | 10 | 30 |

| | Численность | | | | | | | | |
|---|---|---|---|---|---|---|---|---|---|
| | Все население | | | Городские поселения | | | Сельское население | | |
| | Мужчины | Женщины | Оба пола | Мужчины | Женщины | Оба пола | Мужчины | Женщины | Оба пола |
| 13 | Горьковская (Нижегородская) область | | | | | | | | |
| | 156 | 77 | 233 | 150 | 76 | 226 | 6 | 1 | 7 |
| 14 Ивановская область | 77 | 61 | 138 | 55 | 51 | 106 | 22 | 10 | 32 |
| 15 Калининградская область | 89 | 64 | 153 | 71 | 50 | 121 | 18 | 14 | 32 |
| 16 Калининская (Тверская) область | 180 | 175 | 355 | 158 | 150 | 308 | 22 | 25 | 47 |
| 17 Калужская область | 143 | 97 | 240 | 117 | 81 | 198 | 26 | 16 | 42 |
| 18 Кировская область | 75 | 29 | 104 | 66 | 23 | 89 | 9 | 6 | 15 |
| 19 Костромская область | 30 | 20 | 50 | 21 | 16 | 37 | 9 | 4 | 13 |
| 20 Куйбышевская (Самарская) область | 331 | 233 | 564 | 300 | 220 | 520 | 31 | 13 | 44 |
| 21 Курганская область | 63 | 59 | 122 | 48 | 42 | 90 | 15 | 17 | 32 |
| 22 Курская область | 33 | 18 | 51 | 29 | 17 | 46 | 4 | 1 | 5 |
| 23 Ленинградский горсовет | 1508 | 1454 | 2962 | 1508 | 1454 | 2962 | | | |
| 24 Ленинградская область | 292 | 285 | 577 | 215 | 187 | 402 | 77 | 98 | 175 |
| 25 Липецкая область | 40 | 15 | 55 | 28 | 9 | 37 | 12 | 6 | 18 |
| 26 Московский горсовет | 1866 | 1827 | 3693 | 1866 | 1827 | 3693 | 0 | 0 | 0 |
| 27 Московская область | 788 | 779 | 1567 | 652 | 639 | 1291 | 136 | 140 | 276 |

| | | Численность | | | | | | | |
|---|---|---|---|---|---|---|---|---|---|
| | | Все население | | | Городские поселения | | | Сельское население | | |
| | | Мужчины | Женщины | Оба пола | Мужчины | Женщины | Оба пола | Мужчины | Женщины | Оба пола |
| 28 | Мурманская область | 192 | 126 | 318 | 176 | 116 | 292 | 16 | 10 | 26 |
| 29 | Новгородская область | 104 | 82 | 186 | 81 | 63 | 144 | 23 | 19 | 42 |
| 30 | Оренбургская область | 219 | 166 | 385 | 154 | 121 | 275 | 65 | 45 | 110 |
| 31 | Орловская область | 54 | 26 | 80 | 45 | 23 | 68 | 9 | 3 | 12 |
| 32 | Пензенская область | 35 | 21 | 56 | 27 | 18 | 45 | 8 | 3 | 11 |
| 33 | Пермская область | 209 | 103 | 312 | 182 | 94 | 276 | 27 | 9 | 36 |
| 34 | Коми-Пермяцкий аокр | 1 | 0 | 1 | 0 | 0 | 0 | 1 | 0 | 1 |
| 35 | Псковская область | 38 | 35 | 73 | 27 | 21 | 48 | 11 | 14 | 25 |
| 35 | Ростовская область | 3645 | 3487 | 7132 | 2630 | 2557 | 5187 | 1015 | 930 | 1945 |
| 37 | Рязанская область | 95 | 79 | 174 | 79 | 66 | 145 | 16 | 13 | 29 |
| 38 | Саратовская область | 328 | 217 | 545 | 246 | 173 | 419 | 82 | 44 | 126 |
| 39 | Свердловская область | 387 | 245 | 632 | 361 | 235 | 596 | 26 | 10 | 36 |
| 40 | Смоленская область | 51 | 30 | 81 | 49 | 27 | 76 | 2 | 3 | 5 |
| 41 | Тамбовская область | 56 | 31 | 87 | 42 | 16 | 58 | 14 | 15 | 29 |
| 43 | Тульская область | 162 | 105 | 267 | 130 | 93 | 223 | 32 | 12 | 44 |
| 44 | Ульяновская область | 90 | 57 | 147 | 84 | 55 | 139 | 6 | 2 | 8 |
| 45 | Челябинская область | 295 | 168 | 463 | 271 | 161 | 432 | 24 | 7 | 31 |
| 46 | Ярославская область | 92 | 62 | 154 | 80 | 53 | 133 | 12 | 9 | 21 |
| 47 | Башкирская АССР | 126 | 111 | 237 | 114 | 102 | 216 | 12 | 9 | 21 |

| | | Численность | | | | | | | | |
|---|---|---|---|---|---|---|---|---|---|---|
| | | Все население | | | Городские поселения | | | Сельское население | | |
| | | Мужчины | Женщины | Оба пола | Мужчины | Женщины | Оба пола | Мужчины | Женщины | Оба пола |
| 48 | Дагестанская АССР | 328 | 320 | 648 | 228 | 238 | 466 | 100 | 82 | 182 |
| 49 | Кабардино-Балкарская АССР | 2402 | 2581 | 4983 | 2325 | 2502 | 4827 | 77 | 79 | 156 |
| 50 | Калмыцкая АССР | 320 | 323 | 643 | 93 | 99 | 192 | 227 | 224 | 451 |
| 51 | Карельская АССР | 60 | 47 | 107 | 49 | 42 | 91 | 11 | 5 | 16 |
| 52 | Коми АССР | 246 | 155 | 401 | 202 | 136 | 338 | 44 | 19 | 63 |
| 53 | Марийская АССР | 19 | 12 | 31 | 19 | 12 | 31 | 0 | 0 | 0 |
| 54 | Мордовская АССР | 30 | 11 | 41 | 13 | 8 | 21 | 17 | 3 | 20 |
| 55 | Северо-Осетинская АССР | 1423 | 1537 | 2960 | 1178 | 1286 | 2464 | 245 | 251 | 496 |
| 56 | Татарская АССР | 226 | 166 | 392 | 212 | 155 | 367 | 14 | 11 | 25 |
| 57 | Удмуртская АССР | 105 | 61 | 166 | 94 | 56 | 150 | 11 | 5 | 16 |
| 58 | Чечено-Ингушская АССР | 308 | 328 | 636 | 237 | 251 | 488 | 71 | 77 | 148 |
| 59 | Чувашская АССР | 34 | 14 | 48 | 27 | 14 | 41 | 7 | 0 | 7 |

Источник: Составлено (Ж.Сон) по данным Всесоюзной переписи населения 1989 г. // [Электронный ресурс] Режим доступа: http://www.gks.ru/free_doc/new_site/perepis2010/croc/perepis_itogi1612.htm (06.09.2016)

**Таблица 6. Динамика расселения российских корейцев на Европейской территории Российской Федерации и численность лиц, говорящих на русском языке**

*(Составлено по материалам данных Всероссийской переписи 2012г.)*

| Наименование республик, краев, областей, нац. округов | Общее кол-во корейцев | Число говорящих на рус. языке | Наименование республик, краев, областей, нац. округов | Общее кол-во корейцев | Число говорящих на рус. языке |
|---|---|---|---|---|---|
| Центральный федеральный округ | | | Южный федеральный округ | | |
| 1. Белгородская область | 513 | 511 | 30. Республика Адыгея | 766 | 765 |
| 2. Брянская область | 126 | 125 | 31. Калмыцкая Респ. | 1342 | 1338 |
| 3. Владимирская обл. | 511 | 507 | 32. Краснодарский край | 3952 | 3926 |
| 4. Воронежская область | 672 | 671 | 33. Астраханская обл. | | |
| 5. Ивановская область | 323 | 230 | 34. Волгоградская обл. | 7044 | 7006 |
| 6. Калужская область | 638 | 635 | 35. Ростовская обл. | 15997 | 11557 |
| 7. Костромская область | 112 | 111 | Северо–Кавказский округ | | |
| 8. Курская область | 178 | 175 | 36. Респ. Дагестан | 226 | 215 |
| 9. Липецкая область | 316 | 315 | 37. Ингушская Респ. | 15 | 15 |
| 10. Московская область | 5537 | 5504 | 38. Кабардино-Балкарская Республика | 4034 | 4013 |
| 11. Орловская область | 176 | 175 | 39. Карачаево-Черкес. Рес. | 30 | 30 |
| 12. Рязанская область | 667 | 665 | 40. Респ. Сев. Осетия-Ал. | 1458 | 1456 |
| 13. Смоленская область | 325 | 325 | 41. Чеченская Республика | 29 | 29 |
| 14. Тамбовская область | 146 | 145 | 42. Ставропольский край | 6759 | 6730 |
| 15. Тверская область | 719 | 715 | Приволжский федеральный округ | | |
| 16. Тульская область | 772 | 772 | 43. Респ. Башкортостан | 777 | 776 |
| 17. Ярославская область | 265 | 264 | 44. Республика Мари Эл | 53 | 53 |
| 18. г. Москва | 9783 | 9609 | 45. Республика Мордовия | 84 | 84 |
| Северо–Западный округ | | | 46. Республика Татарстан | 864 | 856 |

| Наименование республик, краев, областей, нац. округов | Общее кол-во корейцев | Число говорящих на рус. языке | Наименование республик, краев, областей, нац. округов | Общее кол-во корейцев | Число говорящих на рус. языке |
|---|---|---|---|---|---|
| **Центральный федеральный округ** | | | **Южный федеральный округ** | | |
| 19. Республика Карелия | 100 | 100 | 47. Удмуртская Респ. | 290 | 290 |
| 20. Республика Коми | 196 | 196 | 48. Чувашская Респ. | 81 | 81 |
| 21. Архангельская обл. | 78 | 78 | 49. Пермский край | 555 | 520 |
| 22. Ненецкий нац. округ | 3 | 3 | 50. Кировская область | 100 | 100 |
| 23. Вологодская область | 109 | 109 | 51. Нижегородская обл. | 984 | 878 |
| 24.Калининградская обл. | 731 | 728 | 52. Орловская область | 2080 | 2068 |
| 25. Ленинградская обл. | 1122 | 1119 | 53. Пензенская область | 221 | 220 |
| 26. Мурманская область | 173 | 173 | 54. Самарская область | 1669 | 1694 |
| 27. Новгородская обл. | 341 | 341 | 55. Саратовская область | 4206 | 4183 |
| 28. Псковская область | 119 | 119 | 56. Ульяновская область | 221 | 219 |
| 29. г. Санкт-Петербург | 4031 | 3864 | | | |

# 2. Общественно-идеологический фактор в жизни корейцев

Социальная структура народов СССР к 1970-м годам считалась однотипной, поскольку у всех она представлена рабочими, колхозным крестьянством, категорией служащих. Если в официальной статистике присутствовали именно эти социальные деления, то в научной литературе с конца 1960-х годов стали использоваться и другие понятия, отражающие распределение по характеру и качеству труда: умственный и физический труд, квалифицированный и неквалифицированный. Такая классификация в терминологии была необходима, потому что в самих классовых делениях сохранялась неоднородность труда.

Социальное расслоение корейского населения произошло ещё в дореволюционное время, когда корейцы массово переселялись на русский Дальний Восток. Среди переселенцев выделялись русско-подданные корейцы, которые в правовом и экономическом отношении пользовались большими преимуществами, в отличие от корейцев, не имевших российского гражданства. Естественно, корейское сообщество состояло из богатых и бедных, образованных и неграмотных, владевших русским языком и корейцев, совершенно не знавших русского языка, и без профессий. За годы проживания на русской земле к 1917г. на Дальнем Востоке среди корейских переселенцев возникла своя элита из богатых купцов, предпринимателей и интеллигенции, которая имела тесные связи и оказывала влияние на руководство русского Приморья.

Все эти факторы определенным образом влияли на жизнь корейцев: неимущие корейцы в поисках работы уезжали в большие города, расположенные вдоль Транссибирской дороги, вербовались на большие стройки. Они обустраивались и трудились в местах, где получали экономическую выгоду и материальную обеспеченность, что давало возможность обретения внутренней свободы.

Самоотверженный труд корейцев приносил результаты. Помимо трудовых достижений, каждая корейская семья, независимо от социального статуса, старалась дать своим детям высшее образование, хорошую профессию. К 1980–1990-м гг. во всех уголках Советского Союза были известны имена выдающихся ученых, врачей, инженеров, государственных деятелей, специалистов разного профиля.

Несмотря на то, что корейцы, не получая со стороны государства какой-либо правовой поддержки, добивались невероятных успехов в трудовой деятельности во всех сферах жизнеобеспечения государства.

Следует отметить, в советское время в отношении корейцев существовало негласное «табу». Руководство Центрального комитета коммунистической партии Советского Союза (ЦК КПСС) из идеологических соображений и цензуры старалось не допустить упоминания об участии корейцев в государственном строительстве. В средствах массовой информации только в исключительных случаях можно было встретить корейские фамилии. Клеймо «японский шпион» продолжало играть свою роль, каким бы хорошим специалистом или руководителем не был человек по национальности «кореец»; в карьерном росте он не мог рассчитывать на более высокие посты, если его кандидатура не была поддержана в органах ЦК КПСС.

Например, в основной массе публикаций советского периода по истории российского Дальнего Востока из идеологических соображений и имевшей место цензуры корейское население и его роль в освоении этого региона полностью игнорировалась. В книге «50 лет советскому Приморью», написанной в форме перечисления событий за 1917–1967гг., нет ни одного упоминания о корейцах так же, как нет ни одного корейского имени.[22]

Известный ученый член-корреспондент АН СССР Георгий Федорович Ким[23] сыграл немаловажную роль в развитии отечественного востоковедения. В 1970–1990-е гг. благодаря Г.Ф. Киму был осуществлен невиданный прорыв в мировую гуманитарную науку.

Творческая, а вслед за ней и личная судьба Г.Ф. Кима, видного российского корейца, учёного мирового уровня, поистине поразительна. Профессор Дипломатической академии МИД РФ В.Ф. Ли, отмечает в своих воспоминаниях, что его хорошо знали и почитали в интеллектуальных

---

22) Пятьдесят лет советскому Приморью: Хроника событий 1917–1967. Владивосток: Дальневосточное книжное издательство, 1968.

23) См.: Георгий Федорович Ким. М.: Институт востоковедения РАН, 2015.

кругах Японии, Франции, США, Республики Корея, других странах, а в аппарате руководства СССР пытались «не замечать».[24)]

Выполняя исследовательскую работу на уровне академика, он в результате закулисных ухищрений «машины голосования», так и не был избран действительным, т.е. полным академиком Академии наук СССР. По причине национальности аппарат ЦК КПСС не давал согласия. И только в декабре 1976г. Г.Ф. Киму было присуждено звание члена-корреспондента АН СССР.

Во время «перестройки» национальность все ещё имела значение при назначении на высокие государственные посты. С 1985 по 1987гг. Г.Ф. Ким исполнял обязанности директора Института востоковедения АН СССР. Ученые и сотрудники института с нетерпением ждали, когда руководство страны официально назначит Г.Ф. Кима директором ИВ АН СССР, однако этого так и не произошло. По словам одного из скрытых сталинистов, тогдашнего секретаря ЦК КПСС, «советское востоковедение должен непременно возглавить кто-то из старших братьев», т.е. представитель большой нации, а не национального меньшинства.[25)]

---

24) Ли В.Ф., Хо Дин. Слово о Георгии Федоровиче Киме // Георгий Федорович Ким. М.: Институт востоковедения РАН, 2015. С. 138 .

25) Ли В.Ф., Хо Дин. Указ.соч. С. 139.

# ◎ Ким Георгий Федорович (1924–1989)

родился в селе Синельниково Приморского края в семье крестьянина, советский востоковед, специалист по истории Кореи и проблемам национально-освободительного движения в странах Азии и Африки. Член-корреспондент АН СССР с 23 декабря 1976г. по отделению истории (востоковедение). Как и другие корейцы, его семья в 1937г. была насильственно изгнана из родных мест и переселена в Северный Казахстан. Он окончил двухгодичный Петропавловский учительский, а затем Омский педагогический институты. В 1949г. Г.Ф. Ким поступил в аспирантуру Тихоокеанского института АН СССР по специальности «новейшая история Кореи». С 1952г. работал в ИВ АН СССР: старший научный сотрудник (1955–1961), заведующий отделами Кореи, Монголии и Вьетнама (1961–1971) и общих проблем (1971–1978), заместитель директора (1978–1985), и.о. директора (1985–1987). Доктор исторических наук (1964). Главный редактор журнала «Азия и Африка сегодня» (1974–1989). Член бюро Отделения истории (1978–1988) и Отделения проблем мировой экономики и международных отношений АН СССР (1988–1989). Заместитель председателя Всесоюзной ассоциации востоковедов (1984–1989), председатель Научного совета по координации исследований проблем развивающихся стран и движения неприсоединения (1988–1989).

■ Основные работы: Г.Ф. Ким :

«Борьба корейского народа за мир, национальное единство и демократию» (1957); «Рабочий класс новой Кореи» (1960); «Распад колониальной системы империализма» (1962, в соавт. с Е. А. Берковым); «Пролетарский интернационализм и революции в странах Востока» (1967, в соавт. с Ф. И. Шабшиной); «Ленинизм и национально-освободительное движение» (1969, в соавт. с А. С. Кауфманом); «Новая история стран Азии и Африки» (1975, 3-е изд. 1982, в соавт. С А.А. Губером и А.Н. Хейфецем); «Союз рабочего класса с крестьянством и опыт социалистических стран Азии» (1977, в соавт. с Ф. И. Шабшиной); «Зарубежный Восток» (тт.1–3, 1980–1981); «От национального освобождения к социальному: социально-политические аспекты современной национально-освободительной революции» (1982); «Ислам в современной политике Востока (конец 1970-х –нач.1980-х гг.)» (1986); «Классы и сословия в докапиталистических обществах Азии: проблемы социальной мобильности» (1986, совм. с К.З. Ашрафян); «Узловые проблемы истории докапиталистических обществ Востока: вопросы историографии» (1990, совм. с К. З. Ашрафян); «Япония: справочник» (1992, совм. с К. О. Саркисовым и А. И. Сенаторовым).

Из воспоминаний Ф.И. Шабшиной о Г.Ф. Киме: «⋯ Внешне казалось, что все складывается у Г.Ф. Кима довольно удачно. Но внутри у него была большая незаживающая рана: национальная ущемлённость, чувство и осознание острой несправедливости. Ведь все корейцы находились фактически под гласным надзором. Счастливчикам, оказавшимся в Москве, надлежало проходить ежегодную и ежемесячную перерегистрацию. Существовали другие унизительные ограничения. Угнетало молодого ученого изгнание из насиженных мест, утрата родного языка, страдало национальное самолюбие».[26]

Далее, автор отмечает, если бы Г.Ф. Ким дожил до принятия Декларации Верховного Совета СССР, признающей незаконными и преступными репрессивные акты против народов, подвергшихся насильственному переселению, и об обеспечении их прав, был бы несказанно рад этому историческому событию. Он верил, пишет Ф.И. Шабшина, что справедливость рано или поздно восторжествует. К сожалению, до этого дня он не дожил.[27]

Другой яркий пример. Представитель советской интеллигенции, испытавший тяготы ущемлённой жизни по национальному признаку, Юлий Черсанович Ким, поэт,

---

[26] Шабшина Ф.И. Наш товарищ Георгий Федорович Ким (1924–1989) / Георгий Федорович Ким. М.: Институт востоковедения РАН, 2015. С. 18–19.

[27] Шабшина Ф.И. Указ. соч. С. 19.

композитор, драматург. Он был вынужден в течение шестнадцати лет издавать свои произведения под псевдонимом «Ю. Михайлов», потому что фамилия Ким для начальства звучала по-диссидентски крамольно. При этом даже под псевдонимом «Ю. Михайлов» Юлий Ким не мог публиковаться. И только в 1985 году, благодаря Булату Окуджаве[28], написавшему в своей статье «Запоздалый комплимент»: «Да какой там Ю. Михайлов, когда все мы знаем, что это Юлий Ким!», т.е. советской общественности было известно, что автором популярных кинофильмов и бардовских песен является кореец по фамилии Ким. После выхода статьи Булата Окуджавы, Юлий Ким вернулся к своей фамилии.[29]

## ◎ Ким Юлий Черсанович (1936)[30]

советский и российский поэт, композитор, драматург, сценарист, бард, участник диссидентского движения в СССР. Член Союза кинематографистов СССР (1987) и Союза писателей (1991), лауреат премии им. Б. Окуджавы (2000). Родился в Москве в семье переводчика с корейского языка Ким Чер Сана (1904–1938) и учительницы русского языка и

---

28) Окуджава Булат. Запоздалый комплимент // Литературная газета. 1985.

29) Юлий Ким. Сочинения: Песни. Стихи. Пьесы. Статьи и очерки / Сост. Р. Шипов. М.: Локид, 2000. С. 412.

30) Юлий Ким. Указ. соч. С. 526–527.

литературы Н.В. Всесвятской (1907–1974). В 1938г. его отец был расстрелян по превентивному обвинению в шпионаже в пользу Японии, а мать как жена политического заключенного 8 лет провела в ссылке. Ю. Ким окончил (1959) историко-филологический факультет Московского государственного педагогического института им. В.И. Ленина (МГПИ). Работал учителем (1959–1968), в 1965–1968 гг. активно участвует в правозащитном движении. По этой причине в 1968г. Ю. Ким был вынужден оставить педагогическую и ограничить концертную деятельность. С 1969 по 1985г. из-за цензуры он не мог публиковаться под собственным именем, поэтому берет псевдоним (Ю. Михайлов). Юлий Ким пишет песни на свои стихи с 1956г., является автором более 20 пьес, двух киносценариев, им написано более 200 песен к 50 фильмам и 40 спектаклям. Опубликовано 13 книг, 7 компакт-дисков и 10 компакт-кассет с его песнями. В последние годы ведет регулярную концертную деятельность в России и за рубежом, США, Германии, Франции, Израиле, Дании, Республике Корея и других странах. Юлий Ким – человек с активной общественной позицией. Известны его многочисленные интервью и выступления в печати по актуальным вопросам российской общественной жизни.

В советский период таких примеров было немало, когда выдающиеся в своей области, талантливые личности становились объектом негласного запрета в карьерной лестнице, к ним относились все граждане Союза ССР, причисленные к политически неблагонадежным. В общем-то, это касалось всех слоев населения страны.

Коллеги из Центральной Азии могут возразить и не согласиться с выводом автора о существовавшей в советское время негласной дискриминации по национальному признаку, в данном случае речь идет о Российской Федерации. В республиках Центральной Азии были иные условия проживания, корейцы изначально на фоне этнического разнообразия имели другой статус, более высокоорганизованный, что давало им возможность делать карьеру, занимать высокие государственные посты и т.д.

## Глава 2

# Российские корейцы в политике, экономике, науке, образовании и культуре

## 1. Политика и экономика

В 1988г. в высший орган государственной власти СССР – Верховный Совет было избрано 2250 народных депутатов, из них четверо народных депутатов были корейской национальности.[31] Избрание депутатов-корейцев в разных регионах и республиках является неоспоримым доказательством их высокого рейтинга, авторитета и доверия к ним.

Избранные народными депутатами в национальных

---

31) Народные депутаты СССР. Издание Верховного Совета СССР. М., 1990.

округах были людьми высокого профессионализма, интеллекта и организационных способностей.

## ◎ Тен Радий Лаврентьевич

народный депутат СССР от Токмакского национально-территориального избирательного округа №34 Киргизской ССР. Родился в 1948г., кореец. Образование высшее – окончил Московский текстильный институт. Член КПСС. Директор Токмакской камвольно-прядильной фабрики. Автор 8 патентов на изобретения.

## ◎ Ким Ен Ун

народный депутат СССР от Советского территориального избирательно округа №238 Омской области. Родился в 1941г. Образование высшее – окончил Иркутский государственный университет. Кандидат философских наук, доцент. Член КПСС. До 1989г. – член Комитета Верховного Совета СССР по международным делам. Член Комиссии по вопросам депутатской этики.

## ◎ Цо Василий Иванович

народный депутат СССР от Ленинского национально-территориального избирательного округа №98 Узбекской ССР. Родился в 1950г. Образование высшее – окончил

Джамбулский технологический институт легкой и пищевой промышленности. Член КПСС. До 1989г. – председатель подкомиссии Комиссии Совета Национальностей по товарам народного потребления, торговле, коммунально-бытовым и другим услугам населению.

◎ **Цой Константин Николаевич**

народный депутат СССР от Кызылского центрального национально-территориального избирательного округа №648 Тувинской АССР. Родился в 1931г. Образование высшее – окончил Куйбышевский медицинский институт им. Д.И. Ульянова. Член КПСС. Главный врач республиканского противотуберкулезного диспансера, г. Кызыл.

Корейцы принимали участие в самых различных сферах общественно-политической и экономической жизни страны. Назовем некоторых из них, ушедших из жизни, внесших неоспоримый вклад в развитие не только советской государственности, но и корейского сообщества в СССР и России.

# 2. Наука и образование

Неоценим вклад корейских историков, посвятивших свою жизнь и научную деятельность изучению истории

Кореи, проблемам объединения государств Корейского полуострова. Среди них выдающиеся ученые, ушедшие из жизни: Г.Ф. Ким, М.П. Ким, М.Н. Пак, В.Ф. Ли, Б.Д. Пак, Хан М.Н. и др.

## ◎ Ким Максим Павлович (1908–1996)

доктор исторических наук, родился 25 мая 1908г., с. Пуциловка Никольск-Уссурийского уезда Суйфунского района Приморской губернии. Окончил в 1934г. Институт истории и философии. Преподавал в вузах Москвы. Главный редактор журнала «История СССР» в 1957–1960гг. Специалист в области истории социалистического и коммунистического строительства в СССР, истории советской культуры. Член-корреспондент по Отделению исторических наук с 10 июня 1960г., академик РАН по отделению истории (история СССР) с 15 марта 1979г. Работал советником при дирекции Института российской истории. Главные направления научной деятельности – актуальные проблемы истории СССР, история отечественной культуры; лауреат Государственной премии СССР (1985). Умер 11 июня 1996г., Москва.

В годы Великой Отечественной войны с группой известных историков находился в Казахстане. С 1951г. возглавлял сектор истории социалистического строительства Института истории АН СССР. С образованием в 1968г. Института истории СССР АН СССР становится руководителем отделения истории советского общества и одновременно заведующий сектором истории советской культуры.

Диапазон научных исследований весьма широк: методологические и теоретические проблемы общих вопросов исторической науки, ленинское идейно-теоретическое наследие, история индустриального развития страны, рабочего класса, крестьянства и интеллигенции, социальная структура советского общества, история национально-государственного строительства, формирование советского народа как новой исторической общности.

Под его руководством создавалась многотомная «История СССР с древнейших времен до наших дней» (1943). Под его редакцией вышли капитальные труды об экономических и культурных взаимосвязях народов нашей страны, первый учебник по истории СССР эпохи социализма для гуманитарных факультетов, выдержавший три издания и переведенный на многие иностранные языки. Автор и редактор учебника по истории СССР для старших классов средней школы. В последние годы занимался изучением истории культурной революции в СССР, проблем советской культуры. Его работы этого периода тесно связаны с проблематикой истории Казахстана. Как специалист по истории национально-государственного строительства в союзных республиках участвовал в работе всесоюзных научных конференций, в том числе в Кишиневе (1975), Ташкенте (1976), Алма-Ате (1977). Представлял советскую историческую науку на международных форумах историков в Стокгольме (1960), Москве (1960), Сан-Франциско (1975).

Имеет заслуги в подготовке национальных кадров казахстанских ученых, многие из которых теперь возглавляют научно-исследовательские и педагогические учреждения республики. Был первым редактором журнала «История СССР», председателем научного совета по проблеме «История социалистического и коммунистического строительства в СССР». Награжден орденами «Трудового Красного Знамени» (дважды), «Дружбы народов», «Знак Почета» и медалями.

## ◎ Пак Михаил Николаевич (1918–2008)

профессор ИСАА при МГУ, директор МЦК МГУ. Доктор исторических наук, академик РАЕН (1994). Академик-секретарь Отделения евразийских исследований РАЕН; заслуженный профессор МГУ (VI. 1993). Родился 21 июня 1918г. в с. Янчихе Приморского края. Окончил исторический факультет Московского государственного института истории, философии и литературы в 1941г. Преподавал историю в средних школах, затем в Рязанском педагогическом институте.

С сентября 1949г. работает в МГУ. Основные научные работы посвящены социально-экономическому и политическому развитию Кореи, а также проблемам востоковедной историографии.

Профессор Михаил Николаевич Пак в одном из своих интервью с корреспондентом «Независимая газета» (1991, 17 августа) на вопрос: «В годы сталинизма корейцы стали, чуть ли не первой нацией в Союзе ССР, подвергшейся репрессиям⋯ – Какие задачи Вам кажутся первоочередными в процессе национального возрождения советских корейцев?», ответил:

«Мы не настолько наивны, чтобы не понимать: национальный кризис так глубок, что потребуются усилия не одного поколения корейцев, чтобы вдохнуть жизнь в наши умирающие культуру, традиции, язык. В связи с этим руководством ВАСК разработана конкретная программа решения первоочередной, как представляется, задачи: возрождение национальной культуры и языка. Тут возникает множество проблем, например, финансирование долгосрочных программ по национально-культурному возрождению со стороны Центра и республик, где проживают российские корейцы. Сюда входит издание книг, журналов на корейском языке, развитие национального театра. Подготовка учительских кадров, национальной интеллигенции, создание детских садов, где дети будут развиваться в родной языковой среде. Важна здесь и роль культурных связей советских корейцев с нашей прародиной···».

Эти слова стали пророческими, самоорганизация корейцев является одной из положительных черт национального характера. Как и в 1920-е гг. в настоящее время функционируют практически во всех регионах компактного проживания корейцев общественные организации, основная деятельность которых направлена на возрождение национального сознания, корейской культуры и языка, воспитание культуры межэтнического общения.

М.Н. Пак основал Московскую ассоциацию советских корейцев (1987); первый президент Всесоюзной ассоциации корейцев (1991); вице-президент Международного общества корееведения (VIII. 1990); удостоен национального ордена «Тонбекчан» РК (XII. 1992); лауреат Ломоносовской премии МГУ (1997); награжден серебряной медалью им. П.Л. Капицы РАЕН (1995). В 1999г. ему была вручена национальная премия зарубежных корейцев KBS, в Сеуле. В 2000г. он получил звание и знак «Рыцарь науки и искусства».

Основные научные работы посвящены социально-экономическому и политическому развитию Кореи, а также проблемам востоковедной историографии. В 2003г. М.Н. Пак закончил перевод «Самгук саги» (Исторических записей трех государств) – самого древнего из сохранившихся памятников корейской историографии (XII век). Преподавал общие и специальные курсы по истории Кореи.

## ◎ Хан Макс Николаевич (1926–2002)

профессор, председатель объединения РФ, Средней Азии и Восточной Европы консультативной комиссии Комитета мирного демократического объединения Кореи.

Родился в Хабаровске. Родители переехали в Россию из Кореи в 1905г. вместе с двумя сыновьями и младшей дочерью. 1943г., окончив среднюю школу, в 17 лет был мобилизован в трудовую армию, направлен в Коми АССР, г. Ухта. После окончания войны по специальному постановлению правительства был на юридический факультет МГУ. После окончания МГУ в 1951г. поступил в аспирантуру Института востоковедения АН СССР, которую окончил в 1956г. В том же году был зачислен на работу в ИВ АН СССР, где проработал до 1966г.

В 1966г. перешел на преподавательскую работу в высшую Комсомольскую школу при ЦК ВЛКСМ, где проработал до 1993г. Преподавал курс «Актуальные проблемы современных международных отношений».

С 1988г. принимал самое активное участие в корейском общественном движении. В 1989г. был избран вице-президентом Московской ассоциации советских корейцев, а в 1990г. – вице-президентом Всесоюзной ассоциации советских корейцев. В 1994г. назначен советником Ассоциации российских корейцев. В 1999 г. избран членом совета ООК.

С 1999г. является председателем объединения консультативной комиссии Комитета мирного демократического объединения Кореи (РФ, стран Средней Азии и Восточной Европы).

В 1962г. защитил кандидатскую диссертацию, в 1967г. получил звание доцента, в 1993г. – звание профессора. Имеет множество опубликованных работ.

### ◎ Хо Ун Пе (Хо Дин) (1928–1997)

писатель, просветитель, общественный деятель. Родился 2 февраля 1928г. в Китае. Среднее образование получил в г. Харбине (Китай).

1945–1950 – КНДР, Пхеньянская городская молодежная организация (отдел пропаганды).

1950–1952 – участие в Корейской войне (майор).

1952–1957 – учеба в СССР на сценарном факультете ВГИК.

1958–1964 – преподаватель САГУ.

1964–1988 – Министерство культуры СССР (отдел Японии), преподаватель иностранных языков и Академии внешней торговли СССР.

1988–1996 – президент Московского международного

(корейского) университета.

1995 – избран действительным членом РАЕН по отделению евразийских исследований.

1997г. 5 января – умер в г. Москве.

1997г. 31 декабря – Указом Президента Республики Корея награжден орденом «Процветание» за большой вклад в возрождение корейской нации, упрочнение корейско-российской дружбы и сотрудничества.

## ◎ Ли Владимир Федорович (1930–2010)

псевдоним Ли У Хё. Родился 1 июня 1930г., г.Чита. В 1958г. окончил аспирантуру кафедры новой и новейшей истории Ленинградского государственного педагогического института (ЛГПИ). Лектор общества «Знание» по проблемам национально-освободительного движения народов Востока. В 1958–1962гг. специальный корреспондент, ответственный секретарь журнала «Современный Восток» (ныне – «Азия и Африка сегодня»). Кандидат исторических наук (02.04.1958), тема диссертации: «Кашмирский вопрос в международных отношениях после Второй мировой войны» (ЛГПИ). Доктор исторических наук (09.12.1969), тема диссертации: «Политика правительства Дж. Кеннеди в Южной и Юго-Восточной Азии» (ИВ АН СССР). В 1962–1990 – старший научный сотрудник, заведующий сектором политических проблем ИВ АН СССР; в 1990–1991 – помощник члена Политбюро ЦК КПСС по гуманитарному отделу, советник Комитета Верховного Совета СССР по международным вопросам. Эксперт Государственной Думы РФ по вопросам российско-корейских отношений и ситуации в АТР.

С 1991г. – директор Центра АТР, заведующий секцией корееведения ИАМП (Институт актуальных международных проблем) Дипакадемии МИД РФ. Профессор (03.03.1978). Преподаватель ряда курсов по современным международным отношениям. Осуществляет научное руководство аспирантами и докторантами, в т.ч. из РК (всего – 24, защитились 19). Действительный член РАЕН (12.10.1994). Член Российской ассоциации международных исследований; член Московского Дома ученых РАН (востоковедческая группа); член дипломатического клуба Дипакадемии МИД России (евразийская группа); член Союза журналистов России (международная секция). Член редсовета серии «Российские корейцы» при Общероссийском объединении корейцев РФ (ООК). Научный консультант Российской ассоциации «Потомки борцов за независимость Кореи»; советник Центрального Совета ФНКА.

Область научных интересов: международная проблематика, история российско-корейских отношений, изучение и публикация архивных документов по депортации российских корейцев. Учителями и консультантами при изучении этих проблем были видные ученые: Лим Су, Хан Дык Пон, Пак Чон Хё и др. Участник XXIX конгресса востоковедов в Париже (1973); XXXI конгресса по гуманитарным исследованиям Азии и Северной Африки в Токио (1983); IX конференции Международной ассоциации историков Азии в Маниле (1983); по проблемам корееведения в Гонолулу (США, 1989) и Осака (Япония, 1990); Российско-корейского экономического форума «Социально-экономическое развитие и двусторонние отношения» (Москва, 2005); IV Всемирного форума по корееведению в Берлине (2003); I–VII Российско-Корейских форумов в Москве (1999, 2002, 2003, 2005), Сеуле (2002) и Пхёнчхане (РК, 2004). Научные стажировки: Институт экономики развивающихся стран (Япония, 1985); Монтерейский институт международных отношений (США, 1995); Гавайский университет (США, 1997), Университет Корё (Р. Корея, 1999) и др. Издано более 250 работ, в т.ч. по корееведению. В планах – завершение работы в Российском центре хранения и изучения документов новейшей истории (РЦХДНИ) по теме: «Россия, Коминтерн, Корея и антиколониальная борьба корейского народа»; разработка полного учебного курса для молодых дипломатов по теме: «Корея в истории мировой цивилизации»; создание Кабинета корееведения при Дипакадемии МИД РФ.

Заслуженный деятель науки РФ (23.09.1996). Награждён медалями «За трудовое отличие» (1975) и «200-летие МИД России» (2002), южнокорейской наградой «Почанджан» (указ президента РК Но Мухёна № 149993 от 31.12.2004).

## ◎ Пак Борис Дмитриевич (1931–2010)

доктор исторических наук, профессор, деятель науки РСФСР, действительный член Российской академии гуманитарных наук, работал в ИВ РАН.

Родился 4 января 1931г. в г.Владивостоке в семье рабочего. В 1956г. окончил восточный факультет САГУ, по специальности «История стран Востока, историк – востоковед».

1950–1951 – работал учителем истории неполной средней школы в колхозе «Новый путь» Нижне-Чирчикского района Ташкентской области УзССР.

1956–1962 – учитель истории и директор средней школы в колхозе «Полярная звезда» Средне-Чирчикского района Ташкентской области УзССР.

1962–1965 – аспирант кафедры новой и новейшей истории Московского государственного пединститута им. В.И. Ленина.

1965–1972 – доцент кафедры всеобщей истории ИГУ. 1972–

1974 – докторант кафедры новой и новейшей истории Московского государственного пединститута. В 1974 – защитил докторскую диссертацию по теме «Россия и Корея в середине XIX в. – 1910г.».

1975–1999 – заведующий кафедрой всемирной истории Иркутского государственного пединститута.

1992 – руководитель Международного центра азиатских исследований Иркутского педагогического университета. Занимался изучением проблем освободительного движения корейского народа, истории российско-корейских отношений и истории советских и российских корейцев.

1999–2010 – главный научный сотрудник ИВ РАН, возглавлял отделение Кореи и Монголии.

С 2001г. составитель серии книг «Российские корейцы».


В 1992–1993г. был депутатом Кировского района г. Иркутска, член «Комитета по изучению национальной истории» при Министерстве просвещения Республики Корея. В 1991г. награждён орденом Дружбы, а также медалями: «Ветеран труда», «50 лет Монгольской Народной революции», множеством грамот и дипломов. Автор более 130 научных работ по истории Кореи и других стран Востока, в том числе 8 монографий.

## ◎ Шин Алексей Семенович (1930–2014)

родился 18 февраля 1930г. в с. Красный Октябрь Буденовского района ДВК, Партизанский район Приморского края, в семье крестьянина. В 1954г. окончил восточный факультет САГУ. Кандидат исторических наук (4 июля 1962), тема диссертации: «Политика США в отношении Индонезии после второй мировой войны». Научный сотрудник ИВ АН СССР (с 1962).

В 1937г. вместе со всеми корейцами Приморья и Хабаровского края его семья подверглась депортации и была переселена в Узбекистан, в Нижне-Чирчикский район Ташкентской области, где был создан колхоз им. Будённого.

Окончив в 1948г. среднюю школу, А.С. Шин некоторое время работал там же старшим пионервожатым. В 1949г. поступил на историческое отделение Восточного факультета САГУ (ныне ТашГУ). Завершив учебу в университете в 1954г., получив диплом с отличием, в течение четырех лет работал в средних школах Нижне-Чирчикского района.

С 1958г. начался для А.С. Шина путь в востоковедение – науку об истории, культуре, современных проблемах стран Востока. Этот путь он проходил в Москве, в ИВ АН СССР – одном из крупнейших научных центров мира. С ним у А.С. Шина связаны около 40 лет жизни и труда. Здесь он учился в аспирантуре, защитил кандидатскую и докторскую диссертации, стал ведущим научным сотрудником института.

Перу А.С. Шина принадлежит 75 научных работ. Их тематика разнообразна: некоторые общие вопросы теории и практики современного Востока, политическое развитие ряда стран ЮВА и арабского Востока, международные отношения на Востоке и т.д. Есть у него работы и по актуальным проблемам Кореи. В последнее время А.С. Шин занят главным образом, изучением различных аспектов политики Социалистического интернационала в Азии, в одном из самых сложных и взрывоопасных ее районов – на Ближнем и Среднем Востоке. По названым выше темам он неоднократно выступал на научных конференциях в Москве, в США, Японии, Южной Корее, Чехословакии, Йемене.

Научную деятельность А.С. Шин успешно сочетает с педагогической. В 1972–1976 и 1983–1987 он преподавал в партийной школе Южного Йемена, вел там курсы «Проблемы национально-освободительных и национально-демократических движений» и «Актуальные проблемы международных отношений». Вполне закономерно, что с 1995г. А.С. Шин целиком сосредоточился на преподавательской работе как профессор факультета истории, политологии и права Московского педагогического университета.

А.С. Шину свойственно активное отношение к общественной жизни. В ИВ АН СССР он не раз входил в состав руководства общественных организаций. Как лектор-международник объездил почти всю страну, выступал с лекциями в Лаосе, Вьетнаме, Индии, Непале. Сейчас он является членом Ученого совета факультета одного из диссертационных советов Московского педагогического университета.

Самое деятельное участие А.С. Шин принял в возрождении и организации корейского национального общественного движения. В 1990–1991г. он избирался президентом Московской ассоциации советских корейцев (МАСК), в 1992–1993 – президентом Ассоциации корейцев России (АКР). Участвовал в подготовке решения государственных органов России о реабилитации российских корейцев, в частности, выступал по этому вопросу в марте 1993г. на сессии Совета Национальностей ВС РФ. Решение о реабилитации российских корейцев принято ВС РФ 1 апреля 1993г.

Видный ученый и педагог, честный, порядочный, принципиальный человек, неравнодушный к общим делам и заботам, доброжелательный, внимательный к людям, хороший семьянин, А.С. Шин, где бы ни работал, неизменно пользовался высоким авторитетом в коллективе, уважением, доверием и дружескими симпатиями со стороны всех, кто с ним общался и сотрудничал.

## ◎ Ким Михаил Васильевич (1907–1970)

родился 8 августа 1907г. на Дальнем Востоке в д. Кедровая падь Приморской области в корейской семье. С 1923г. жил во Владивостоке, с 1927г. – в Ленинграде. Окончил рабфак при Дальневосточном университете (1927) и Ленинградский политехнический институт (1932). В 1932–1935гг. был аспирантом ВНИИ гидротехники и одновременно работал инженером-гидротехником Нижне-Волгопроекта.

Арестован 5 октября 1935 г. Обвинялся в создании в 1924–1925г. на территории Приморского края контрреволюционной группировки, связях с антипартийными группами в Корее и Манчжурии и т. п. Приговор от 30 мая 1936г.: 4 года лишения свободы без поражения в правах и конфискации имущества. Отбывал наказание в Норильске (Норильский лагерь). Работал инженером-гидротехником и старшим прорабом. Освобожден 1 марта 1939г., в апреле того же года был амнистирован. Работал в Норильске как вольнонаемный. В 1956 г. полностью реабилитирован. В 1939–1959 – начальник мерзлотной станции и начальник отдела изысканий проектной конторы Норильского комбината.

В 1959–1970 – директор Норильского научно-исследовательского отдела Красноярского Промстройпроекта Госстроя СССР. В 1966г. удостоен

Ленинской премии за участие в создании теории свайного фундирования: доказал, что дома на сваях с проветриваемым подпольем при правильной эксплуатации будут стоять прочно.

Умер 4 сентября 1970г. в Красноярске во время совещания по вопросам строительства в Сибири и на Дальнем Востоке.

М.В. Ким награждён орденом Ленина, медалью «За доблестный труд в Великой Отечественной войне 1941–1945гг.», тремя серебряными медалями ВДНХ.

Присуждена Ленинская премия (1966).

31 октября 1998г. в Норильске на здании по адресу Ленинский проспект, дом 19 была открыта мемориальная доска М. В. Киму.

## ◎ Угай Яков Александрович (1921–1997)

доктор химических наук, профессор, академик, лауреат Государственной премии СССР, почётный гражданин г. Воронежа, заслуженный деятель науки РФ. Научная специальность по диплому доктора наук, неорганическая химия.

Награды, почётные и академические звания: лауреат Государственной премии СССР, академик Международной АН высшей школы, заслуженный деятель науки РФ. Лауреат премии Фонда Сороса.

Основные биографические данные: родился 20 сентября

1921г. в г.Хабаровске в семье директора сельской школы в с.Сталин Пекинского района Хабаровского края.

1944 – год окончания химического факультета КазГУ, г. Алма-Ата; 1947 – защита кандидатской диссертации; 1965 – защита докторской диссертации; 1966 – присвоение учёного звания профессора.

Научный руководитель и глава воронежской школы химиков-неоргаников, развивающих исследования в области химии твердого тела и полупроводников. В 1962г. создал и по 1965г. заведовал единственной в СССР кафедрой химии полупроводников. С 1965 по 1989гг. заведовал кафедрой общей и неорганической химии. В числе воспитанников его школы более 73 кандидатов и 9 докторов химических наук, технических и физико-математических наук. Направление исследований – химия полупроводников и фундаментальное материаловедение микро- и наноэлектроники, процессы в объёме и на поверхности полупроводников. Государственная премия за исследования в области термодинамики полупроводников. Автор ряда учебников и учебных пособий. Читал курсы в университете: Общая и неорганическая химия. Современные проблемы химии. Угай Я.А. опубликовал свыше 500 работ.

## ◎ Ким Николай (Хан Себ) Николаевич (1913–2009)[32]

Лауреат Государственной премии СССР. Заслуженный архитектор РСФСР, доктор архитектуры, профессор.

Родился 10 сентября 1913г. в деревне около г.Николаевска-на-Амуре Дальневосточного края. В 1933г. стал студентом Московского архитектурного института. Оказался первым из корейцев, поступивших в этот институт. В феврале 1939г. Николай Ким с отличием защитил диплом и получил распределение сначала в Ростовский, а затем в Московский филиал Совхозстройпроекта архитектором, заместителем начальника строительного отдела. Проектировал центральные усадьбы и различные объекты сельского строительства.

За месяц до начала Великой Отечественной войны, 21 мая 1941г., Н. Ким был призван в Красную Армию. Фронтовая жизнь Н. Кима началась на мурманском направлении Карельского фронта на строительстве аэродрома и дорог в сторону финской границы под непрерывной бомбежкой немецких самолетов.

За боевые заслуги на Карельском фронте Николай Ким награждён орденом Красной Звезды и медалью «За оборону Советского Заполярья».

С января 1945г. Николай Ким продолжил службу на 2-м

---

32) Энциклопедия российских корейцев. М., 2004.

Белорусском фронте. Участвовал в боевых действиях по освобождению Щецина, Гдыни, Гданьска, других городов. Победу встретил в немецком городе Герингсдорфе. Н.Н. Ким награждён двумя орденами Отечественной войны 2-й степени, медалями «За победу над Германией» и другими.

По прибытии в Москву Николай Ким работал в архитектурных мастерских Комитета по делам архитектуры при Совете Министров РСФСР (1945–1946), затем в Союзморпроекте (1947–1948) и Гипромясомолпроме (1948–1959). В 1961–1986гг. Н.Н. Ким являлся заместителем директора по науке и главным архитектором ЦНИИПромзданий.

За разработку и внедрение системы унификации промышленных зданий и сооружений удостоен Государственной премии СССР 1977г. Многие архитектурно-типологические исследования, проведенные под руководством Н.Н. Кима, успешно внедрены в практику строительства, и он награждён пятью золотыми медалями ВДНХ СССР (1962, 1965, 1977, 1979, 1986). За заслуги в области советской архитектуры Н.Н. Киму присвоено почётное звание заслуженного архитектора РСФСР в 1973г.

На протяжении 23 лет (1963–1986) он был секретарем правления и председателем постоянной творческой комиссии по архитектуре производственной среды Правления Союза архитекторов СССР.

Н.Н. Ким подготовил без отрыва от производства и успешно защитил докторскую диссертацию на тему «Промышленная архитектура СССР в условиях научно-технического прогресса» (1977). Он подготовил 26 кандидатов архитектуры.

Н.Н. Ким преподавал 23 года в МАрхИ (1963–1986), затем заведовал кафедрой архитектуры в МИСИ (1979–1985). Звание профессора присвоено в 1976 г. Его монография: «Промышленная архитектура» - Стройиздат, М. 1979, 2-е изд. 1988, изданная в переводе на немецкий язык в ГДР в 1985г., в Южной Корее в переводе на корейский язык с дополнениями в 1994г.

Н.Н. Ким принимал участие во многих международных семинарах и симпозиумах: в Бразилии (1962), Швейцарии (1966), США (1968), ГДР (1970), Болгарии (1971, 1990), Австрии (1974), Мексике (1977), Венгрии (1981). В 1992г. по приглашению Корейского института архитекторов работал в Сеульском национальном университете.

В 2000г. он награждён хрустальной благодарственной грамотой Корейского Фонда зарубежных корейцев Правительства Южной Кореи.

Российская архитектурно-строительная энциклопедия в 2001г. наградила Н.Н. Кима большой медалью и дипломом «За большой вклад в развитие архитектуры, градостроительства, строительной науки».

С 1996г. Н.Н. Ким занимался вопросом создания Российско-корейского культурного центра в Москве.

Его имя помещено в главу «200 выдающихся деятелей современности – Великой Отечественной войны», в капитальном труде «Солдаты ХХ века» международного объединения биографического центра (М. 2000). Н.Н. Ким единственный из корейцев – участник юбилейного Парада ветеранов на Красной площади в Москве 9 мая 1995г., о чем свидетельствуют запись в книге «Москва, Красная площадь 1945–1995», изданной информационным содружеством «Атлантида», и удостоверение №1150 на его имя за подписью командующего парадом – генерала армии В. Говорова.

## ◎ Пак Андрей Инсунович (1926–1994)

доктор геолого-минералогических наук, лауреат Ленинской премии (1959). Уроженец с. Черниговка Приморского края. Окончил СамГУ (1951), работал главным геологом, начальником партий в Краснохолмской экспедиции.

В 1959г. за разведку и открытие уникальных месторождений полезных ископаемых был высшей научной наградой СССР – Ленинской премии.

В Институте геологии и геофизики АН Узбекистана работал в 1967–1994гг. в качестве ведущего научного сотрудника. Кандидатскую диссертацию защитил в 1965г. В основу докторской диссертации, защищенной в 1984г., лег крупный научный труд А.И. Пака «Эволюция процессов образования коры выветривания в истории Земли».

Его перу принадлежит свыше ста монографий, научных статей, опубликованных в различных журналах и сборниках. Награждён орденом Трудового Красного Знамени и знаком «Первооткрыватель месторождения».

Список выдающихся ученых, инженеров, врачей можно продолжать. В советское время корейская молодёжь стремилась учиться в технических вузах, в гуманитарных вузах их было меньше, однако эта тема подробно ещё не исследовалась.

# 3. Культура

Творческие способности корейцев проявлялись во всех сферах жизнедеятельности, в том числе в литературе, искусстве, музыке, спорте и т.д.

Среди выдающихся писателей следует отметить Романа Кима, в прошлом советского разведчика, впоследствии ставшего писателем. Однако судьба этого человека очень долгое время находилась под грифом «секретно», о его разведывательной деятельности и сегодня мало что известно. Советский читатель был знаком с ним как с автором детективных романов.

## ◎ Ким Роман (1899–1967)[33]

писатель, автор популярных детективов, родился в корейской семье. Детство провёл в Японии, в 1907–1917гг. учился в колледже в Токио. В 1923г. окончил восточный факультет Владивостокского университета, во время учёбы стал одним из учредителей Дальневосточного отдела Всероссийской научной ассоциации востоковедения. В 1923–1930гг. преподавал китайскую и японскую литературу в Московском институте востоковедения (МИВ).[34]

По этой же теме публиковал научно-популярные и журналистские статьи. С 1924г. занимался переводческой деятельностью, дебютировав переводами двух рассказов Акутагавы Рюноскэ. В 1930-х гг. был сотрудником ИНО ОГПУ, в качестве специалиста по Японии. 2 апреля 1937г. арестован, 9 июля 1940г. осуждён по статье 58-1а УК РСФСР на 20 лет. Во время войны работал переводчиком в спецпропагандистской организации НКВД в Куйбышеве, оставаясь при этом заключённым. В конце 1945г. его дело было пересмотрено и срок сокращён. Освобождён 29 декабря 1945г., реабилитирован в феврале 1959г. Жена – японовед Мариам Самойловна Цын (1904–2002).

Книги Р. Кима переведены на многие языки, хотя у себя

---

33) Куланов А. Роман Ким. М.: Молодая гвардия, 2016. – 414 с.

34) Московский институт востоковедения (МИВ) – высшее учебное заведение в городе Москва, существовавшее в 1920 – 1954 гг..

на родине был замечен лишь читателями, но не критикой.

## ◎ Тю Сон Вон (1909–1974)[35]

корейский поэт, родился в южной провинции Хамгён Кореи, в семье бедного крестьянина. Печатался в прогрессивных газетах и журналах, был редактором периодического издания «мунхва гёрю» (Культурная связь) и альманаха «Хайбан» (Освобождение).

В 1946 г. в Вонсане была издана книга стихов Тю Сон Вона «Моя лютня», принесшая ему популярность. Тю Сон Вон перевёл на корейский язык произведения В.И. Ленина и И.В. Сталина, стихи А.С. Пушкина, М.Ю. Лермонтова и Н.А. Некрасова, В.В. Маяковского, стихи многих советских поэтов.

В период борьбы корейского народа с американскими захватчиками Тю Сон Вон написал много стихотворений, которые печатались как на корейском, так и на русском языках.

## ◎ Ни Виктор Трофимович (1934–1979)

родился 10 декабря 1934г. в г. Владивостоке. В 1952–1953гг. работал в г. Тимертау на металлургическом комбинате и посещал художественную студию. В 1953–1958гг. учился в

---

35) Тю Сон Вон. Слово корейца. М.: Советский писатель, 1952.

Пензенском художественном училище. Окончил его с отличием и рекомендацией в ВУЗ. В 1958–1964гг. успешно учился в Московском художественном институте им. Сурикова. С конца 1964г. жил в г.Оренбурге. В 1969г. вступил в Союз художников СССР. Умер 6 декабря 1979г. в г.Тюмени в возрасте 45 лет.

Имя его прочно вошло в историю изобразительного искусства 70-х гг. прошлого столетия. Это было время становления профессионально сильного коллектива художников «Оренбургской школы». Уже широко известны были имена Николая Ерышева, Юрия Григорьева, Геннадия Глахтеева, Вячеслава Просвирина и др. Почти в каждой представительной экспозиции в Москве и на многих зарубежных выставках экспонировались произведения Виктора Ни, очень тепло принимаемые зрителями и критикой. Сюжетно-тематическое разнообразие его творчества объясняется прежде всего незаурядным талантом и поистине подвижническим трудом художника, который открыл людям свой поэтический образ неповторимо прекрасного мира. Гармонии Виктор Ни подчинил и технические, и стилевые приёмы, создав свою систему живописи по левкасу, основанную на мажорном звучании чистых и звонких красок, на величаво-спокойном ритме линейно-пластических построений.

Живой и энергичный по характеру художник с завидным

усердием тщательно и с восторгом «украшал» цветением и мирным покоем землю, на которой ясно и радостно живут и работают люди. В картинах «Возвращение с поля», «Уборка капусты», «Вернулся солдат с войны», «Лето», «Комбайнёры» особенно ярко проявилось изображение будничных событий жизни, привычного окружающего человека мира, да и самого обычного человека, умение выразить гармонически прекрасное и утвердить как большую нравственную и всевременную ценность.

Мировоззрение В. Ни, его эстетическая концепция мира формировалась в ритме современной жизни, лучшими образцами мирового и отечественного искусства, незабываемыми впечатлениями военного детства, осознанной ценой Победы. Вот почему романтически возвышенным, лирическим отношением проникнуты картины: «Проводы. 1941-й г.», «Освобождение» и «1945г. Возвращение». Не задуманные художником как триптих, они всё равно связаны единством темы. Это подвиг народа, воинов-солдат. Это возвращение живых и мёртвых. Одних – к жизни, других – чтобы вечно жить в благодарной памяти живых. Поэтому и вписаны они в проём двери вагона как в раму вечности, приподнятую над землёй и украшенную цветами.

В многочисленных женских образах – то же утверждение гармонии и красоты. Чаще всего это портрет жены или модели, с ней схожей светлостью миловидного лица, обаянием нежной женственности, душевной тонкостью. Образы эти несколько идеализированы, чуть таинственны, сосредоточены в себе. Каждый портрет имеет свою цветовую гамму, плавный ритм чистых линий. Движение мазка, как дыхание: и чувственное, и бережливое («Женщина на фоне ковра», «Девушка у окна», «У окна. В Гурзуфе вечером» и др.).

Постичь сложный и многообразный мир современника, выразить собственное восприятие мира помогали В. Ни богатство и возможности пейзажа. Поэтому природа была его постоянной натурой, его мастерской, его лабораторией. Радужный, играющий разными оттенками мир возникает в его многочисленных пейзажах. Оранжевые холмы и протяжённые оренбургские степи, красные и желто-красные башкирские лошадки, тёмно-золотые рощи, сине-синие горы, пёстрые лодочки у берега моря, пирамидальные зелёно-голубые деревья юга, жаркие виноградники – таким колористически звучным было восприятие мира, так динамически подвижен мазок, так велика была радость жить и писать.

6 декабря 1979г. В.Т. Ни умер в г. Тюмени во время работы Зональной выставки «Художники Урала». В этот же день пришло известие из Москвы, что документы на присвоение В. Ни звания Заслуженного художника готовы⋯

Произведения В. Ни разошлись по музеям страны и

зарубежья: Третьяковская галерея, Русский музей, картинные галереи Уфы, Перми, Екатеринбурга, Челябинска, Германии, Франции, Бельгии, Австрии и др. Но самое большое собрание его картин в Оренбургском музее изобразительных искусств. Многие работы разошлись по частным коллекциям.

■ **Выставки**:

1986г. – «10 художников Оренбуржья», МЦДХ; 2000г. – «125 художников Оренбуржья», г. Москва; 2001–2007гг. – «100 картин Оренбургских художников», г.Оренбург.

■ **Библиография**:

Акимова Л. Выставка «Физкультура и спорт». Ж. «Художник», № 2, 1972г.; Веркашанцева Н. «Сто картин художников Оренбуржья», Оренбург, 2003г.; Лавров Б. Альбом «Новые имена», М., «Советский художник», 1978г.

◎ **Нам Людмила Валентиновна (1947–2007)**

народная артистка России (июнь 2003), солистка Государственного академического Большого театра России (ГАБДТ, 1977–1997).

Родилась в г. Макинске (Казахстан) 1 февраля 1947г. В 1965г. после окончания педагогического училища работала учительницей в средних школах Балхаша и Уштобе. Окончила музыкальное училище в Хабаровске (1973),

Московскую государственную консерваторию им. Чайковского по классу народной артистки СССР И.К. Архиповой.

С 1977 по 1997 – работала в Большом театре исполняла все ведущие партии меццо-сопрано. 1977 – Серебряная медаль им. Глинки. 1978 – Серебряная медаль Международного конкурса им. Чайковского. 1979 – Серебряная медаль Международного конкурса имени Франциско Виняса (Испания). 1987 – присвоено звание «Заслуженная артистка России». 1988 – гастроли с концертами в Республике Корея в период Сеульской Олимпиады. 1990 – пела партию Кармен в постановке оперы «Кармен» в Сеуле. 1991 – гастроли с Большим театром в США, пела партию Няни в опере «Евгений Онегин» в Нью-Йорке и Вашингтоне, партию меццо-сопрано – в «Реквием» Моцарта. 1991 – гастроли с концертами на Мировом корейском фестивале в Сеуле. 1992 – исполняла партию Азучены в постановке оперы Верди «Трубадур» (11 спектаклей) в Шотландии и партию Боярыни Морозовой в постановке оперы «Опричники» на Эдинбургском фестивале. 1993 – гастроли с сольными концертами по приглашению корейской общины в США (Филадельфия, Нью-Йорк, Чикаго, Лос-Анджелес, Сан-Франциско, Вашингтон, Балтимор). 1994 – гастроли с сольными концертами по приглашению корейской телекомпании КБС по городам Кореи (Тэгу, Ульсан,

Чеджудо).     1994 – пела партию Няни в постановке оперы «Евгений Онегин» в Бельгии, 1995 – партию Азучены в постановке оперы «Трубадур» в Тэгу (Корея). 1996 – записала 11 оперных арий на компакт-диск для «Сеул рекордс компани». 1997 – гастроли с сольными концертами по приглашению газеты «Кореа таймс» в г. Торонто (Канада). 1997 – профессор вокала в школе искусств в г. Тэгу (Корея). 1999 – выступала в новогоднем гала-концерте на KBS (Сеул).

1979–2000 – гастроли с концертами и участие в операх по странам СНГ, в Болгарии, Венгрии, Румынии, Чехословакии, Югославии, Германии, Бельгии, Франции, Шотландии, Англии, Испании, США, Канаде, Корее, Китае (Верди «Аида» – Амнерис, Верди «Трубадур» – Азучена, Верди «Дон Карлос» – Эболи, Бизе «Кармен» – Кармен, Мусоргский «Борис Годунов» – Марина Мнишек, Бетховен «9-я симфония» – партия меццо-сопрано, Моцарт «Реквием» – партия меццо-сопрано, Беллини «Норма» – Адальжиза, Россини «Севильский цирюльник» – Розина).

2000 – партия Мамы Вольме в постановке оперы «Легенда о девушке Чун Хян» корейской оперы (директор Юн Сок Чин) в г. Шанхае, Китай). 2000, июль – выступала в гала-концерте на Третьем международном фестивале корейцев в Корее. В 2000 – записала старинные русские романсы с квартетом «Московская балалайка» на компакт-диск.

2000 – награждена орденом Республики Корея «Кунмин

пхондян». В июне 2003г. – Указом Президентом России удостоена звания «Народный артист России». 1998–2007 – солистка Московской государственной филармонии, концертно-камерная певица.

◎ **Пак Вивиана (1928–2013)**

родилась во Владивостоке, выдающаяся танцовщица и педагог. Дочь видных политических деятелей Пак Хон Ёна (1900–1955) и Чу Се Дюк (1901–1953), патриотов-революционеров, внесших огромный вклад в антияпонскую борьбу за независимость Кореи.

Пак Хонён (псевд. Ли Чун) – видный политический деятель, участник Первомартовского движения, премьер-министр КНДР, министр иностранных дел КНДР (1948–1953). В 1953г. обвинён в шпионаже в пользу США, в 1955г. приговорен к смертной казни. Чу Седюк (псевд. Хан Вера) – революционерка, организатор коммунистических ячеек среди женщин в Корее, репрессирована в СССР (1937–1943), находилась в ссылке в течение шести лет, реабилитирована. В 2008г. в Республике Корея посмертно награждена орденом за активное участие в борьбе за независимость Кореи.

В 1928г. постоянные преследования японских властей вынудили Пак Хон Ёна с супругой Чу Се Дюк покинуть страну и уехать в СССР. При содействии Международной организации помощи рабочим (МОПР), через Владивосток, они прибыли в Москву. Во Владивостоке 1 сентября 1928г. родилась Вивиана.

В январе 1929г. семья Пак Хон Ёна прибыла из Кореи в Москву. Пак активно участвует в работе корейской секции при Коминтерне и одновременно учится в Московской ленинской школе, а Чу Се Дюк – в Коммунистическом университете трудящихся Востока (КУТВ).

Родители занимались активной политической деятельностью, поэтому в 1931г. Вивиана была определена в детский дом для политэмигрантов в деревне Васькино в Подмосковье, организованный по инициативе МОПРа. Детский дом в Васькино, а затем интернациональный детский дом в Иванове были построены на средства, полученные в наследство от швейцарской революционерки Ментоны Мозер.

Многие революционеры-интернационалисты из разных стран, работавшие в Коминтерне, вынуждены были определять своих детей в детские дома. Постоянные командировки за рубеж, связанные с опасностью быть арестованными, работа в Коминтерне, все это не позволяло им полноценно заниматься воспитанием детей. Вот и Вивиану постигла эта участь, и с 1931г. она воспитывалась в детских домах.

В 1943г. Вива поступила в Хореографическую школу-студию при Государственном Академическом ансамбле народного танца под руководством Игоря Моисеева. С 1947г. в течении 20-ти лет числилась в составе ансамбля. С 1968 по 2011г. преподавала в школе-студии (техникум) при Государственном академическом ансамбле народного танца (ГААНТ) им. Игоря Моисеева. Лауреат Всемирного фестиваля демократической молодёжи в Праге (1947), награждена медалью за трудовое отличие, имеет благодарности от министерства культуры и образования. С 2011г. находится на заслуженном отдыхе.

◎ Хегай Илья Николаевич (1930–2011)

родился 20 сентября 1930г. в Приморском крае, с. Шкотово. С 1947 по 1950г. учился в Алма-Атинском художественно-театральном училище. В 1956г. окончил карагандинскую изостудию профессора В.А. Эйферта. С 1952г. активно участвовал в городских, областных, региональных, республиканских и международных выставках.

В 1967г. становится членом Союза художников СССР. С 1979г. живет и работает в г.Старый Оскол – центре освоения богатств Курской магнитной аномалии. Живописные полотна художника этого периода отражают исторические события, происходившие на старооскольской земле в 1970–1980-х гг. В обычных рабочих буднях автор показал особую поэтику созидания, покорения человеком мощи природы.

На протяжении нескольких лет он создал серию портретов творческой интеллигенции города, в которой представлены художники, поэты и уважаемые им педагоги: Л. Абдуллина, Л. Зенина, В. Нешумов, Н. Геращенко, Л. Ермолова, В. Железников.

Особое внимание в своем творчестве художник уделял природе и архитектуре Старооскалья. Образы узнаваемых старооскольских церквей он использует в жанровых картинах. Через них мы ощущаем сопричастность с историческими событиями России и понимаем всю важность сохранения культурного наследия.

Илья Хегай – художник, вобравший в своем творчестве традиции двух культур, восточной и европейской. Живопись И.Н. Хегая последних лет можно определить как метафорическую, особое место в его творчестве занимают жанровые картины, отражающие философские проблемы. В них вечные ценности: добро и любовь, память о прошлом, сопричастность с настоящим. Живописное пространство Хегая способно дышать и жить; в нем: космос и человек, рождение и смерть, мгновение и вечность, добро и любовь, память и тяга к корням, поиск утраченного человеком единства с миром.

В 1998г. имя старооскольского художника Ильи Хегая было включено в каталог «Всемирная энциклопедия художников – художники мира всех времён и народов» –

«Allgemeines Künstlerlexikon» (AKL), выходящим с 1992г. в издательстве SAUR (Мюнхен, Лейпциг) и являющимся самым обширным и авторитетным изданием о художниках всего мира, общим объёмом более 100 томов.

За участие в выставках Илья Николаевич награжден грамотами, дипломами, медалью к 100-летию со дня рождения В.И. Ленина. К 80-летнему юбилею И. Хегай был отмечен наградным знаком Союза художников России «Духовность, традиции, мастерство».

В 2011г. художник ушёл из жизни, оставив после себя большое наследие в виде картин и рисунков. Произведения художника находятся в фондах музеев России, Казахстана; в частных коллекциях США, Германии, Финляндии, Болгарии, Тайваня, Польши.

Рассуждая о национальной идентификации российских (советских) корейцев, на основании вышеприведенных примеров, можно утверждать, что в СССР корейцы идентифицировали себя прежде всего с советским народом и вся их деятельность была направлена на развитие русской – советской культуры. Но они безусловно, они считали себя корейцами и никогда не отказывались от своей национальности. Русский язык для них родным языком и зачастую они знали его лучше русских сверстников.

Многие народы, насильственно переселенные из родных мест, сумели сохранить свой национальный язык и культуру.

Что касается корейцев, то они были глубоко убеждены в том, что, если живешь на русской земле, то обязан принять культуру и язык этой страны.

Фактически уже первые и вторые поколения корейцев не считали нужным обучать корейскому и передавать традиции своим детям. Сотни корейцев уезжали из родных мест учиться в большие города, там они быстро ассимилировались в русскую культуру, и постепенно родной язык забывался, и им пользовались в основном в быту.

Причины утраты языка и традиций заложены глубже и уходят корнями в начало иммиграции корейцев на русский Дальний Восток. Покидая родину в конце XIX в., они испытывали горькое чувство, вызванное отсутствием веры в свое государство, экономической поддержки и заботы о своем народе со стороны корейских властей. Уходя на чужбину, корейцы были готовы ко всему, лишь бы не возвращаться на родину.

# Глава 3

# Корейцы после распада СССР

## 1. Социальный стресс и психологическое состояние населения России

Одна из самых крупных геополитических катастроф новейшего времени – это крушение СССР. Вместо Советского Союза появились новые государства. Их образование было сопряжено с изменениями на всех уровнях.

Самые кардинальные изменения коснулись политической сферы. Вместо бывшей однопартийной системы возникло большое количество конкурирующих партий и общественных движений. Деятельность КПСС была запрещена в 1991г. Совет народных депутатов закончил свое функционирование в 1993г. Распались единые вооруженные силы. Каждое вновь образованное государство стало владеть собственной армией.

В 1992г. обострились межнациональные конфликты. Южная часть территории бывшего СССР превратилась в настоящее средоточие горячих точек. Кровавые конфликты в Грузии, Абхазии и Южной Осетии, Нагорном Карабахе и Чечне, Приднестровье и Таджикистане унесли сто тысяч жизней. Следствие этих конфликтов стало массовое переселение. Пять миллионов беженцев покинули родные места.

Изменения коснулись и экономики. 1992г. ознаменовался шоковой терапией. Заключался он в либерализации цен и в переходе к рыночным отношениям в стране. Распавшаяся рублевая зона привела к появлению множества национальных валют. Все государства отказались от советских паспортов, заменили в их на национальные. Изменилось гражданство населения. С Туркменией, Грузией, Литвой, Латвией и Эстонией установился визовый режим.

Первым тяжелым испытанием, которое пережило общество, стало крушение СССР – великой империи, обладавшей огромным потенциалом, влиявшей на мировое сообщество, определявшей перспективы развития Европы и Азии. Для российского общества период 1991–1993гг. был особенно драматичен. Оно теряло свою прежнюю социальную идентификацию. Это означает: как отдельный человек, так и общество в целом не понимали, какой социальный статус они обрели и что потеряли в результате распада СССР, ликвидации государственной и общественной собственности, краха советской политической системы, социалистических ценностей, коллективистского менталитета и советского образа мышления.

По мере реформирования экономики и политической системы, в массе населения усиливалось неприятие как самих реформ, так и тех, кто ее проводил. Главными причинами были: острая, держащая в постоянном напряжении политическая борьба между ветвями власти, потеря уверенности в завтрашнем дне, рост цен и безработица.

Обострилась и демографическая ситуация: усилились тенденции снижения рождаемости и роста смертности. С другой стороны, в Россию хлынул поток беженцев, в конце 1992г. в стране уже находилось около 2 млн русскоязычных граждан бывшего СССР, мигрировавших из бывших союзных республик.

Существенной причиной недовольства стал рост преступности, быстро принявшей организованный характер. Три основных фактора подталкивали его: утрата населением морально-правовых ориентиров, низкая эффективность работы правоохранительных органов и крепнущая в связи с этим уверенность криминальной среды в безнаказанности. За 1992 г. было совершено 1 млн 148 тыс. преступлений (за 1991 – 959 тыс.).

В итоге к концу 1992г. резко сократилось число людей, позитивно оценивавших политическую и экономическую ситуацию в стране (лишь 6% верили, что она улучшится).

На фоне политического противоборства в российском обществе углублялся и духовный раскол. Этому содействовали следующие причины: во-первых, реформы, начатые Б.Н. Ельциным, ввергли основную массу населения в пучину социальных проблем; во-вторых, трансформация общественных отношений оказалась столь резка и велика, что изменила общественное сознание и поставила один из самых трудноразрешимых вопросов: а тот ли путь выбрала Россия? В-третьих, демократизация политической системы не создала перспектив для самореализации основной части общества, вынудив её приспосабливаться к деформациям новых демократических институтов. В-четвертых, свобода слова, отсутствие цензуры имели своей обратной стороной появление суррогатной духовной продукции, вызвали шок в общественном сознании и поляризацию в оценках на уровне отдельных групп населения и даже внутри семьи.[36]

**36)** См.: Голотик С.И., Елисеева Н.Ф. Россия в 1992 – 2000 гг.: экономика, власть и общество // Новый исторический вестник. № 8, 2002.

По мере перехода к рыночной экономике быстро происходила социальная поляризация общества: 80% – бедного населения, 5% – богатых. Процесс формирования среднего класса в России шёл очень медленно и с большим трудом, так как направленной социальной политики по решению этой задачи со стороны руководства государства не проводилось.

Трагедия социального неравенства в постсоветской России вызвана была тем, что сравнительно недавно (до 1990-х гг.) большая часть населения в социальном плане чувствовала себя достаточно комфортно, так как средний уровень потребления, образования, здравоохранения, а также полная занятость гарантировались государством. За несколько лет реформ российское общество превратилось в общество контрастов, главной чертой которого стала социальная поляризация: различия в доходах, источником которых для 70% экономически активного населения была зарплата, которую стали выплачивать нерегулярно.

В целом в российском обществе периода реформ 1990-х гг. происходил активный процесс «размывания» традиционных групп населения и становления новых, группирующихся по уровню доходов, формам собственности, включенности во властные структуры.

Новая социальная структура представляла собой: 1) маргинализацию огромных масс населения; 2) подвижность социальных процессов, обусловленную множественностью форм собственности; 3) неустойчивость, социальная конфликтность и антагонизм даже общества в целом.[37]

Высшее положение в постсоветском обществе заняли представители бюрократического аппарата высокого уровня, новая буржуазия, крупные хозяйственники («директорский корпус»), а также интеллектуалы и финансисты, обслуживающие элиту. Низшее положение заняли работники практических профессий, бюджетной сферы.

Рыночные преобразования методом «шоковой терапии» привели к сокращению общего объёма промышленного производства, закрытию оборонных институтов и лабораторий, что привело к сокращению инженерно-технических и научных работников, служащих, фактически перешедших в армию безработных.

С возникновением рыночной экономики появился целый ряд коммерческих организаций, получавших доходы от посреднической деятельности, другими словами занимались «куплей-продажей» товаров широкого потребления.

С появлением посреднической сферы возросла потребность в наемных работниках: юристах, секретарях,

---

37) Голотик С.И., Елисеева Н.Ф. Указ.соч. С. 24.

бухгалтерах, переводчиках, охранниках, шоферах, строителях. Концентрация таких групп населения особенно велика в Москве, где сосредоточено до 80% российского капитала, и социальное расслоение достигает максимального уровня.

Характерная черта социальной структуры, сложившейся в постсоветской России, – это неоднородность бедности. Среди 37 млн бедных в 1995г. примерно десятая часть (3,5–3,7 млн) находилась в состоянии выживания, то есть крайней физиологической бедности. На наш взгляд, бедность людей – это результат неподготовленности народа к рыночной экономике. Жизнь в Советском Союзе гарантировала прежде всего постоянную заработную плату, пусть не высокую, бесплатное образование и медицинское обслуживание.

## 2. Адаптация корейцев к новым условиям жизни

Российские корейцы, как и все население постсоветской России, были участниками процессов, описанных выше. Массовые потоки корейцев-мигрантов стремились в Россию не только к более высокому уровню экономического и цивилизационного развития, но и в поисках безопасности.

В связи с массовым переселением возникло множество сложных проблем, связанных с получением гражданства, обустройством, трудовой занятостью. Решить одновременно в комплексе все эти сложные вопросы не предоставлялось никакой возможности.

Например, из Калмыкии председатель правления корейского сообщества в республике Г. Ким на имя председателя Совета Национальностей Р.Г. Абдулатипова сообщал: «···Прошло достаточно времени со дня принятия Закона РСФСР, но по отношению к корейцам, а они первыми в стране подверглись массовой репрессии, ничего реального не сделано··· Все проводимые меры распространялись на калмыков. А на корейцев нет.».[38] Эти и другие вопросы решались не в одночасье, а постепенно. На наш взгляд, по сравнению с другими народами корейцы отличаются мобильностью, инициативностью. Эти качества помогли им в очередной сложный исторический период решать жизненные проблемы.

## ◎ Корейцы Калининграда[39]

В СССР в Калининграде и ее области не было корейцев,

---

**38)** Бугай Н.Ф. «Его секрет в жизнелюбии···». Лидер общественного объединения корейцев России – Василий Цо. М., 2015. С. 49.

**39)** Корейцы Калининграда. Дата обращение 26.12.2016.  http://www.koreanclub.ru/history-of-koryo-saram-film-the-koreans-kaliningrad/

но с 1990-х гг. и в эти края началась иммиграция из стран бывшего СССР. В самую западную часть России г. Калининград большинство корейцев приехали из Средней Азии. Менталитет, обычаи и традиции корейцев присущие среднеазиатским корейцам, сохраняются в некоторой степени и после переезда.

Особенно популярным регион стал для иммиграции после запуска в России Программы переселения соотечественников. Близость Калининградской области к Европе, особые условия для переселения, упрощённый способ получения российского гражданства – стали определяющими факторами для многих корейцев, которые решили переехать в Россию из стран СНГ. Прежде всего по программе переселения хорошие привилегии получили высококлассные специалисты, квалифицированные работники. По своему социальному составу, в основном это интеллигенция, врачи, инженеры. Людей, занятых на сельскохозяйственных работах очень мало.

В Калининградской области формируется тенденция к смешанным, интернациональным бракам. Это связано прежде всего с утратой корейцами традиций, а также с взаимопроникновением разных культур. Корейская молодёжь не видит ничего плохого, если их спутники жизни будут другой национальности и культуры. Мультикультурная среда в регионе способствует размыванию национальных границ самоидентификации. Всё больше молодых людей интересуются культурой других народов и национальностей, которые проживают в этом обособленном регионе России.

Совместная жизнь в интернациональной семье накладывает определённые обязательства на каждого участника, т.е. необходимо уважительно относиться к национальной культуре, обычаям и традициям супруга или супруги. Постоянный компромисс и взаимопонимание помогают достичь гармонии в семейных отношениях.

«Русско-корейский культурный центр» в Калининграде продолжает, несмотря на отсутствие должного финансирования. Хотя, интерес к корейской культуре в Калининградской области растёт, особенно после проведения различных культурных мероприятий.

Совместно с государственными органами Калининграда и общественными организациями корейская диаспора принимает активное участие в организации различных культурно-массовых мероприятиях. Большой интерес вызывает у жителей и гостей области далёкая и загадочная Корея, корейская культура, её традиции и обычаи. Уникальные блюда корейской кухни всегда пользовались популярностью и спросом на подобных мероприятиях.

В настоящее время в Калининградской области проживают около тысячи этнических корейцев, приехавшие в этот регион России в разное время и при различных обстоятельствах.

Среди корейцев Калининграда есть государственные служащие высокого ранга, такие как прокурор, руководители крупных государственных компаний, главные врачи региональных клиник и больниц. Некоторые корейцы ранее были выбраны в депутаты местных муниципальных районов, активно принимали участие в работе комиссии по межнациональным отношениям при губернаторе Калининградской области.

Приведенный пример является характерным для современных русскоязычных корейцев. Корейцы в России интегрированы в общественно-географическое пространство России. Они избираются и назначаются на государственные должности, участвуют в конкурентном партнерстве, находят свою нишу в социально-экономическом и культурном развитии российского общества.

# Заключение

Ответить на вопрос, какой процент от всего населения составляют корейцы по занятости в России, сложно. Трудность заключается в том, что, во-первых, невозможно учесть корейцев, переселившихся ещё в начале XX в., отдельными семьями. Эти семьи, интегрировавшиеся в российский социум на местах, все реже общались со своими родственниками, проживающими в местах компактного расселения корейцев. Их дети женились и выходили замуж за представителей других национальностей, у их детей в памяти остаются только воспоминания, что их деды и прадеды были корейцами; во-вторых, в советское время молодые специалисты, после окончания высших учебных заведений распределялись на предприятия в разные уголки СССР, их также учесть не представляется возможным; в-третьих, неизвестна судьба многих корейцев, приговоренных в 1930-е гг. (по ст. 58) как политические преступники и «японские шпионы», сосланные в ГУЛАГ. Известно, что большинство из них после отбывания срока не возвращались на родину, к родственникам, а продолжали трудовую деятельность в регионах, где отбывали свой срок; в-четвертых, в паспорте гражданина Российской Федерации устранена графа «национальность», следовательно, на государственном уровне учет по национальному признаку ведется только по переписи населения.

Данный пробел можно восполнить путём социологических исследований, однако охватить все территориальные регионы страны не представляется возможным. Попытки осуществления подобных исследований предпринимались на практике. Социологические исследования проводились в Тюменском государственном университете под руководством профессора И.С. Карабулатовой на тему: «Обобщенный социально-психологический портрет российского корейца в современном массовом сознании тюменцев». Результаты эксперимента представляют научный интерес. Образ российского корейца был исследован путем выделения когнитивной, социальной и индивидуально-личностной характеристик.[40] Подобное социологическое исследование

40) Карабулатова И.С. Обобщенный социально-психологический портрет российского корейца в современном массовом сознании тюменцев // Корейцы в Тюменском крае. Сборник материалов научной конференции, посвященной 140-летию переселения

в отношении корейцев было проведено впервые, и важной особенностью представляемого портрета является отношение к корейскому этносу и оценка. Социальный аспект выражается в характеристике положения корейцев в обществе, а индивидуально-личностный заключается в рассмотрении психологических особенностей отдельных представителей этноса. Исследование проводилось среди корейцев-мигрантов, приехавших из стран СНГ.

В 2006г. по поручению руководителя Культурного центра «Первое марта» Ли Хён Гына Ким Ильгиза провела социологическое исследование среди корейцев Поволжья.[41] В нем были задействованы 474 респондента Волгоградской (426), Астраханской (4), Саратовской (32), Калмыцкой Республики (12). Все участники обследования – трудоспособное население. По пункту «профессиональный состав и трудовая занятость» отмечалось, что специализация имеет широкий диапазон – от механика-строителя до хореографа и музыканта. При этом 1/3 респондентов составляли корейцы, занятые в сельском хозяйстве. Можно

---

корейцев Россию и 75-летию Тюменского государственного университета. Тюмень, 2005. С. 16, 17.

[41] Ли Хён Кын. Корейское население Нижнего Поволжья (по результатам социологического опроса 2006) // Сборник материалов Международной научной конференции, посвященной 70-летию депортации корейцев с Дальнего Востока в Среднюю Азию и Казахстан «Корейцы в России, радикальная трансформация и пути дальнейшего развития». М., 2007. С. 122–123.

полагать, что вывод исследования вполне экстраполируется применительно и к остальным субъектам Юга Российской Федерации.

В диссертационном исследовании Е.В. Ким «Корейцы Сибири: этносоциальные, этнополитические процессы XX–XXIвв.»[42] приводятся результаты социологического опроса. Диссертантом было проведено анкетирование в 2006–2007г. в городах Новосибирск и Томск, а также в 2012–2014г. в городах Новосибирск, Томск, Иркутск, Омск, Томск, Барнаул. Тест проводился по методу Куна-Макпартленда среди 500 респондентов. Выборка формировалась методом случайного отбора среди корейцев – жителей г. Новосибирска и Томска в возрасте от 18 до 63 лет.[43]

Приведенные социологические исследования были направлены на изучение этнической идентичности и ее особенностей в корейском сообществе. Фактически исследователи пришли к одному выводу, что этническая идентичность корейцев России никогда не теряла актуальности, несмотря на утрату важных этнодифференцирующих признаков: корейский язык, традиции и обряды.

Основные идентификационные характеристики

---

42) См.: Ким Е.В. Корейцы Сибири: этносоциальные, этнополитические процессы XX–XXI вв. Диссерт. ··· к.и.н. Новосибирск, 2014.

43) Там же. С. 91–100.

советских/российских корейцев были связаны с семейно-бытовой сферой. Российские корейцы являются устойчивым сообществом с многоуровневой идентичностью, где отчетливо представлена гражданская составляющая: 150-летняя история проживания корейцев в России привела к возникновению культурной дистанции с исторической родиной. Современное сообщество корейцев не имеет миграционных установок по отношению к Республике Корея. Это означает, что русскоговорящие корейцы в большинстве своем не собираются мигрировать в другие страны. Возможность миграции в Южную Корею может быть связана с временными экономическими трудностями, вынуждающими их ехать на заработки на историческую родину.

К началу 1990-х гг. общая численность корейского населения на территории государств СНГ составляла около 500 тыс. человек. Из них в Российской Федерации проживало около 130 тыс. В Узбекистане – около 200 тыс., в Казахстане – около 100 тыс., в Таджикистане – 13 тыс., в Киргизии – 18 тыс. человек. Корейцы также дисперсно расселялись и в других странах СНГ (Украина, Азербайджан, Грузия), частично проживали в Прибалтике.

В Российской Федерации корейцы расселялись на Северном Кавказе: в Ставропольском, Краснодарском краях, Ростовской области, республиках Северная Осетия-Алания,

Кабардино-Балкария, Чечня, Ингушетия и Дагестан. Северокавказский регион стал заселяться корейцами ещё в начале 1930-х гг., где в то время создавались первые рисовые колхозы.[44]

В 1950–1980-е гг. миграция российских корейцев шла не на Дальний Восток, а на Северный Кавказ. Связано это было с тем, что географическое положение и климатические условия были похожи с Корейским полуостровом, а климат Средней Азии для многих корейцев отрицательно влиял на их здоровье.

Что касается Центральной России и Черноземья. Особой популярностью пользовались южные и восточные области европейской части России: Воронежская, Волгоградская, Тамбовская, Саратовская, города Санкт-Петербург, Москва, Тверь, Нижний Новгород, Казань и др.

Прошло 80 лет со дня трагических событий в истории корейцев в России – тотального принудительного переселения корейцев в Казахстан и республики Средней Азии. Несмотря на весь трагизм, с уверенностью можно сказать, что эти события стали началом новой истории, новым этапом на пути к прогрессу и совершенству корейского народа.

Вряд ли можно найти в мировой истории подобный

---

[44] Сон Ж.Г. Российские корейцы: всесилие власти и бесправие этнической общности. 1920–1930. М., 2013. С. 174–177.

подвиг народа, когда в условиях политических репрессий, тяжелейшего материального положения и отсутствии соответствующих бытовых условий, корейцы не только выжили, но и подняли экономику республик Средней Азии на такие высоты, о которых ещё долго будут писать историки, обществоведы, экономисты.

# Часть **2**

# Третье и четвертое поколение российских корейцев

# Глава 1
# Общественно-политическая деятельность корейцев России

Распад СССР привёл к изменениям во всех сферах жизнедеятельности государства и общества. По мнению многих историков и политологов, именно с исчезновением СССР новые государства и страны так называемого «социалистического лагеря» вступили в эпоху реальной глобализации. Мир превратился в единую информационную, экономическую, политическую систему. В этой новой системе на смену идеологическому конфликту либерализма и тоталитаризма пришли новые конфликты идей и взглядов: межэтнические, гендерные, религиозные, моральные, возрастные, бытовые.[45]

---

[45] Карпенкова Т.В. Кардинальные изменения в мире, вызванные распадом СССР// Известия тульского государственного университета. Гуманитарные науки. Вып. 1. 2013. С. 124–135.

Распад СССР привел к серии межнациональных конфликтов на постсоветском пространстве, причём большинство из них быстро переросли в вооруженные столкновения. В результате чего число беженцев составило не менее 5 млн человек.[46)]

Среди них были и советские корейцы. По приблизительным подсчетам, численность корейских мигрантов достигала от 50–70 тысяч человек. Свое новое прибежище корейцы Центральной Азии нашли на Дальнем Востоке, Волгоградской, Ростовской областях, Краснодарском крае и в Центральной России.

В трудных условиях русскоязычным корейцам приходилось выживать в начале XXIв. Однако через общение с другими народами России, русскую культуру, культуру других народов они сохранили себя, смогли занять достойное место в российском обществе. В связи с этим Президент Республики Корея Ким Дэ Чжун во время своего визита (2001) в Россию отметил, что «несмотря на исторические испытания, наши соотечественники, действуя в единстве с другими народами, сохранили свою национальную идентичность (буквально горделиво выросли как образцовый малый народ), демонстрируя при этом великое упорство корейской нации⋯».[47)]

---

46) Там же. С. 131.
47) Бугай Н.Ф. Корейцы России: вопросы экономики и культуры. М.,

В первой части настоящего исследования мы показали жизнь второго поколения корейцев, родившихся в 1930–1940-е гг. и проживавших в Европейской части Российской Федерации. Во второй части исследования представлена история русскоязычных корейцев третьего поколения, родившихся в 1950–1970-е гг., в постсоветский период.

Третье поколение русскоязычных корейцев имеет гибридную идентичность, сохраняя идентичность корё сарам. Они в большей степени адаптированы в русское сообщество, чем их родители. Корейцы, родившиеся в послевоенные 1950–1960-е гг., учились в русских школах и университетах, по распределению как молодые специалисты направлялись в разные города и республики Советского Союза, пускали свои корни, росли профессионально и делали карьеру.

Безусловно, этому поколению не приходилось решать социально-экономические проблемы, достаточно было получить высшее образование. После окончания высших учебных заведений молодые специалисты обеспечивались работой, у них была стабильная заработная плата и социальная защита.

Однако общеизвестно, что в советский период на территории Российской Федерации имела место

---

2008. С. 105.

дискриминация этнических меньшинств по этническому признаку. Таких примеров было немало, когда выдающиеся в своей области, талантливые личности становились объектом негласного запрета в карьерной «лестнице»; к ним относились национальные меньшинства, причисленные к политически неблагонадежным. Во время «перестройки» национальность все ещё имела значение, но лишь при назначении на высокие государственные посты.

Любые прочные отношения по вектору: государство-власть–народ, по нашему мнению, должны строиться на доверии, так же как и межличностные или межэтнические отношения не складываются при отсутствии доверия. Здесь также имеются в виду такие факторы, как например, экономическая стабильность объекта, общественный имидж, известность, авторитетность, значительный и долговременный опыт деятельности в той или иной сфере, социальные статусы. От всех этих факторов зависит жизнь общества, все они в совокупности влияют на благополучие и благосостояние народа. Взаимосвязь этих факторов наблюдается и в жизни современных корейцев, независимо от территории проживания и профессиональной деятельности.

Изучение истории корейцев в России на разных этапах существования российской государственности с 1864-го года позволяет отчетливо проследить степень доверия между Российским государством и корейскими мигрантами, а также взаимодействие между корейцами и коренными народами России. При отсутствии взаимного доверия вряд ли бы корейцы смогли выжить на русской земле. Можно отметить два периода высокой степени доверия со стороны российских властей к корейцам. Первый период – это 1914г., когда из-за начала Первой мировой войны празднование 50-летия добровольного переселения корейцев в Россию было отменено, второй – 2004 год –140-летие добровольного переселения корейцев.

Два федеральных закона РФ позволили активно заниматься общественно-политической деятельностью и национально-культурным развитием всем этническим сообществам России, в том числе и русскоязычным корейцам:

1. Федеральный закон «Об общественных объединениях» от 19.05.1995 № 82-ФЗ[48];

2. Федеральный закон «О национально-культурной автономии» от 17.06.1996 № 74-ФЗ.[49]

В данной главе описана жизнь и деятельность общественных деятелей корейского движения не только из

---

[48] Президент России. URL: http://www.kremlin.ru/acts/bank/7877 (2020.06.20)

[49] Президент России. URL: http://kremlin.ru/acts/bank/9578/page/2 (2020.06.20)

Европейской части России, но и из других регионов и СНГ. Связано это с тем, что Россия – огромная страна, где корейцы живут повсеместно. Просопографический метод позволил через биографии личностей показать историю корейцев в контексте происходящих событий. Благодаря этой методике автор выявил талантливых людей в науке, культуре, спорте и религии. Была поставлена задача показать жизнь и деятельность неизвестных обществу корейцев, например спортсменов-каратистов корейского происхождения и рассмотреть причины высокой популярности каратэ и тхэквондо в СССР и в современной России.

В советское время пропагандировался атеизм, поэтому религиозность не поощрялась. В соответствии с законами нового демократического государства, человек обрёл право на вероисповедание. С началом перестройки появились православные священники корейского происхождения. Автору также было интересно осветить эту тему.

Важно было на примере биографий разных людей показать, что независимо от территории проживания, все поколения корейцев, стремились выполнить наставления своих родителей.

С другой стороны, очень сложно в контексте огромной Европейской территории России определить конкретный количественный и качественный вклад этих людей в развитие корейского общественного движения. Важно было показать процесс интеграции корейцев в многонациональный российский социум, их участие в политической, экономической и культурной жизни России.

# 1. Роль и значение «Постановления о реабилитации российских корейцев»

Развитие национальных процессов в 1990-е гг. – начале XXIв. в России, других странах СНГ показало, что в среде многих этнических общностей наблюдались колоссальные изменения. Они затронули и российских корейцев. Демократизация общества привела к отходу от былого консерватизма, к проявлению активной этнической мобильности, натурализации этнической общности в целом.

Прежде всего этому способствовало принятие Постановления Верховного Совета Российской Федерации «О реабилитации российских корейцев» № 4721-1 от 1 апреля 1993г. Трудно переоценить историческую роль и значение этого документа для корейского сообщества.

«···Большая незаживающая рана: национальная ущемлённость, чувство и осознание острой несправедливости. Ведь все корейцы находились фактически под гласным надзором. Счастливчикам, оказавшимся в Москве, надлежало проходить ежегодную и ежемесячную перерегистрацию. Существовали другие унизительные ограничения. Угнетало молодого ученого изгнание из насиженных мест, утрата родного языка, страдало национальное самолюбие»[50], пишет Фаина Шабшина о Георгии Фёдоровиче Киме.

Более полувека корейцы в СССР жили с превентивным обвинением в японском шпионаже. Признание незаконными и преступными репрессивные акты против народов, подвергшихся насильственному переселению, и обеспечение их прав, принесло морально-нравственное удовлетворение корейскому сообществу. Многие представители корейской интеллигенции второго поколения ушли из жизни, не дождавшись этих справедливых решений.

Принятие постановления о реабилитации корейцев воодушевляло их на достижение успехов в общественно-политической, экономической и культурной сферах в постсоветское время.

Возвращаясь к началу 1990-х гг. в период подготовки проекта Постановления о реабилитации, стоит с

---

50) Шабшина Ф.И. Наш товарищ Георгий Федорович Ким (1924–1989) / Георгий Федорович Ким. М.: Институт востоковедения РАН, 2015. С. 18–19.

благодарностью вспомнить о тех, кто работал и принимал участие в создании этого важного документа.

Прежде всего в целях реализации Закона РСФСР «О реабилитации репрессированных народов» была образована рабочая группа по подготовке проекта нормативного акта. Группа работала в течение года, в ее состав вошли[51]:

1. Ондар Чимит-Доржу Байырович – народный депутат Российской Федерации, председатель подкомиссии Комиссии по репрессированным и депортированным народам (руководитель группы);

2. Бугай Николай Федорович – ведущий научный сотрудник Института Российской истории Российской академии наук, доктор исторических наук;

3. Доничев Александр Алексеевич – прокурор отдела по надзору за исполнением законов о межнациональных отношениях Генеральной Прокуратуры Российской Федерации, советник юстиции;

4. Пиголкин Альберт Семенович – научный сотрудник Института законодательства и сравнительного правоведения при Верховном Совете Российской Федерации, доктор юридических наук;

5. Калинин Николай Иванович – заместитель начальника

---

51) Интервью Ж.Г. Сон с Ким Ен Уном. 15 декабря 2017 г.; Белая книга. О депортации корейского населения России в 30-40-х годах. Кн. 2 / Авт.-сост.: Ли У Хе, Ким Ен Ун. М. – МККА, 1997. С. 207 – 210.

управления Госконтроля за использованием земель Комитета по земельным ресурсам при Правительстве Российской Федерации;

6. Карлов Андрей Геннадьевич – советник отдела Кореи 1-го управления департамента Азиатско-Тихоокеанского региона Министерства иностранных дел Российской Федерации;

7. Катков Николай Фролович – ведущий специалист сектора Комиссии Совета Национальностей Верховного Совета Российской Федерации по репрессированным и депортированным народам;

8. Ким Ен Ун – президент Международной конфедерации корейских ассоциаций, кандидат философских наук;

9. Ли Владимир Федорович – профессор Дипломатической академии Министерства иностранных дел Российской Федерации, доктор исторических наук;

10. Мироненко Сергей Владимирович – заместитель директора Центра хранения современной документации Комитета по делам архивов при Правительстве Российской Федерации, доктор исторических наук;

11. Нечаева Наталья Семеновна – главный специалист отдела Государственного комитета Российской Федерации по национальной политике, кандидат философских наук;

12. Сафонов Виталий Валентинович – специалист управления конституционного законодательства Министерства юстиции Российской Федерации;

13. Севостьянов Станислав Степанович – заместитель начальника отдела Управления правового обеспечения Министерства внутренних дел Российской Федерации, кандидат юридических наук;

14. Скоробогатько Ольга Рюриковна – ведущий специалист информационного отдела Комитета по делам миграции населения при Министерстве труда и занятости населения Российской Федерации;

15. Спирин Андрей Анатольевич – консультант службы правового обеспечения Министерства безопасности Российской Федерации;

16. Тимошенко Евгения Дмитриевна – начальник подотдела экономических проблем народонаселения и миграции Министерства экономики Российской Федерации.

Неоценимый вклад в реализацию проекта постановления Верховного Совета Российской Федерации «О реабилитации репрессированных корейцев» внёс бывший депутат Верховного Совета СССР, президент Международной конфедерации корейских ассоциаций (МККА) СНГ Ким Ен Ун. Благодаря его настойчивости это дело было доведено до логического завершения.

Ситуация конца 1992 и начала 1993г., вспоминает Ким Ен Ун, диктовала поиск компромиссных решений, поскольку было очевидно, что, если постановление не будет принято в тот момент, то его вообще может не быть. Последовавшие за этим четыре года, показали, что абсолютно правильно было решено обеспечить принятие компромиссного варианта.[52)]

Принятию компромиссного варианта предшествовали длительные дискуссии, обращения в Государственный Комитет Российской Федерации по национальной политике (Госкомнац России)[53)], в Верховный Совет Российской Федерации о пересмотре некоторых статей постановления.[54)]

Разные силы и люди стремились не допустить принятие этого документа, пытались перенести на более позднее время его принятие или оспаривали отдельные пункты проекта.[55)]

---

52) Там же. С. 292.

53) Замечания и предложения по проекту Постановления Верховного Совета Российской Федерации «О реабилитации российских корейцев» были подготовлены главным специалистом Госкомнаца России Б.С. Цоем // Белая книга. О депортации корейского населения России в 30-40-х годах. Кн. 2 / Авт.-сост.: Ли У Хе, Ким Ен Ун. М. – МККА, 1997. С. 224 – 227.

54) Обращение Координационного центра Международной ассоциации по содействию объединения Кореи в Верховный Совет РФ Хасбулатову Р.И. // Белая книга. О депортации корейского населения России в 30-40-х годах. Кн. 2 / Авт.-сост.: Ли У Хе, Ким Ен Ун. М. – МККА, 1997. С. 268 – 271.

55) Белая книга. О депортации корейского населения России в 30-40-х

Лидеры корейской общественности, историки и обществоведы при обсуждении проекта решали и принимали принципиально важные в тот политический момент дискуссионные вопросы. Прежде всего решался вопрос о том, как обозначить в документе самих корейцев, «советскими» или «российскими». К тому времени Советский Союз распался и термин «советские корейцы» уже не имел принципиального значения, поэтому в документе был зафиксирован термин «российские корейцы».

Второй не менее важный вопрос о территориальной реабилитации решался болезненно и вызывал много споров. За воссоздание национального района или национальной автономии корейцев на Дальнем Востоке выступали С.Г. Нам[56], Хо Дин и Б.С. Цой.[57]

В рамках российского законодательства создание территориальной государственности для российских корейцев не имели юридического обоснования, и другие немаловажные факты не позволили принять положительное решение. В дальнейшем вопрос о территориальной реабилитации корейцев был снят по предложению самих

---

годах. Кн. 2 / Авт.-сост.: Ли У Хе, Ким Ен Ун. М. – МККА, 1997. С. 291.

[56] Нам С.Г. Корейский национальный район (Пути поиска исследователя). М.: Наука, 1991. 24 с.

[57] Белая книга. О депортации корейского населения России в 30-40-х годах. Кн. 2 / Авт.-сост.: Ли У Хе, Ким Ен Ун. М. – МККА, 1997. С. 224–227.

корейских общественных организаций.

Прийти к компромиссному решению в первую очередь должны были сами корейские общественные организации. В этом необходимо отдать должное уважение Ким Ен Уну[58], отстоявшего принципиальные позиции проекта и приложившего немало усилий при подготовке и продвижении его в высших эшелонах власти.

При принятии Постановления Верховного Совета Российской Федерации о реабилитации российских корейцев большая помощь была оказана следующими народными депутатами:

**Аникеев А.В.** – председатель Комитета по репрессированным и депортированным народам председатель Совета Национальностей Верховного Совета России.

**Решульский С.Н.** – Председатель Комитета по репрессированным и депортированным народам Верховного Совета России, депутат Первой и Второй Государственной Думы.

**Бабурин С.Н.** – председатель подкомитета Комитета по законодательству.

**Дзасохов А.С.** – член Комитета по международным делам и внешнеэкономическим связям, депутат Госдумы,

---

[58] Белая книга. О депортации корейского населения России в 30-40-х годах. Кн. 2 / Авт.-сост.: Ли У Хе, Ким Ен Ун. М. – МККА, 1997. С. 290 – 293.

заместитель председателя Парламентской группы Российской Федерации.

**Ойкина З.Н.** – секретарь Комиссии по репрессированным и депортированным народам.

**Ким Е.Н.** – член Верховного Совета РСФСР.

**Цой В.Е.** – член Комитета по международным делам, заместитель председателя Комитета по информационной политике и связи Государственной Думы Федерального Собрания РФ.

**Энтырытына М.И.** – член Комиссии по социально-экономическому развитию малочисленных народов.

В сложное во всех отношениях время после распада Советского Союза, в период раскола «советского общества», была проделана огромная работа по подготовке и принятию важного для корейского сообщества документа – «Постановление о реабилитации российских корейцев». Наряду с этим документом было провозглашено право национальной самореализации, что возможно было осуществить только в свободном обществе (идентификация, свобода выбора профессии, изучение родного языка и языка этнического общения, занятость полезным трудом, свобода вероисповедания, удовлетворение других духовных запросов).

Историческая роль этого документа заключается в том, что позволила российским корейцам во всей полноте самореализоваться во всех направлениях экономики, политики, культуры, военной деятельности, связанной с защитой российского государства.

Краткие биографические справки о корейцах, принимавших участие в принятии постановления:

◎ **Ким Ен Ун**[59]

Родился 18 августа 1941г. в Шахтерске Сахалинской обл. в семье рабочего. В 1965г. окончил исторический факультет Иркутского университета. Кандидат философских наук (1973), доцент (1977). В 1975, 1980г. учился на полугодовых курсах повышения квалификации в Уральском и Ташкентском ун-тах. В 1992–1993гг. прошёл годичную переквалификацию в МГУ по специальностям «политология» и «социология». В 1993г. закончил месячные курсы стажировки в университете Кенхи (г.Сеул, Республика Корея).

Доцент кафедры научного коммунизма Иркутского ун-та (1968–1977). Доцент кафедры научного коммунизма (1977–1989), социологии и политологии (1992–1993) Омского ун-та.

---

59) Ким Ен Ун. URL: http://www.ifes-ras.ru/online-library/author/63 8.02.25)

Доцент кафедры теории политических учений Института повышения квалификации преподавателей общественных наук МГУ (1990–1995).

Депутат Верховного Совета СССР, член Комитета ВС СССР по международным делам, заместитель председателя Комитета ВС СССР по государственному строительству (1989–1991); заместитель председателя Комитета ВС СССР по государственному строительству; председатель подкомитета по регламенту (1991). Помощник депутата Государственной Думы по работе в Государственной Думе (1993–2004). Старший научный сотрудник ЦКИ ИДВ РАН (2003–2008), ведущий научный сотрудник ЦКИ ИДВ РАН (с 2008 г.). По совместительству – доцент НИУ Высшая школа экономики при Правительстве РФ (с 2013г.).

Участник многих международных конференций, в том числе в Москве (1990–2016), Алма-Ата (2001), Вашингтоне (1996), Вене (1999), Женеве (1999, 2001), Париже (1989), Пхеньяне (1991), Сиднее (2003), Сеуле (1991,1993, 1995–2000, 2002–2016), Ташкенте (2008), Токио (1995, 1999), Чанчуне (2012, 2014), Чончжу (2013), Шеньяне (2003), 37-й всемирный конгресс востоковедов (Москва, 2004), 8-й всемирный конгресс Международного совета центрально- и восточноевропейских исследований (Стокгольм, 2010), участник конференций и «круглых столов» в ИДВ РАН, ежегодных конференций корееведов в ИДВ РАН (2004–2016).

Член правления Международной ассоциации исследований хилбин (г. Сеул). Активный общественный деятель корейского общественного движения, заместитель Председателя Федеральной национально-культурной автономии корейцев России Тен Юрия (1996–2004).

## ◎ Ким Евгений Николаевич[60]

родился в 1946г. Окончил Дальневосточный политехнический институт. С 1969г. работал на Ульяновском заводе тяжелых и уникальных станков, начальник отдела конструкторского бюро.

Народный депутат РФ (1990–1993), был членом Комитета Верховного Совета РСФСР по промышленности и энергетике, одним из создателей и координаторов фракции «Демократическая Россия». Советник администрации Президента Российской Федерации.

## ◎ Цой Валентин Евгеньевич[61]

Бывший депутат Государственной Думы РФ от Хабаровского края, учёный – специалист в области экономики, управления технологическими процессами,

---

**60)** Ким Евгений Николаевич. URL: https://slovar.wikireading.ru/1223275 (2018.02.25)

**61)** Цой Валентин Евгеньевич. URL: https://dic.academic.ru/dic.nsf/ruwiki/1673676 (2018.01.22)

проектирования и обустройства нефтяных, газонефтяных месторождений, в сфере математического моделирования, стандартизации.

Родился 29 ноября 1952г. в городе Джума, Узбекистан. В 1979г. окончил Приморский сельскохозяйственный институт. В 1995г. окончил Академию народного хозяйства при Правительстве РФ, магистр государственного управления. Доктор экономических наук.

■ **Трудовая деятельность :**

С 1973г. работал в сельском хозяйстве Кировского района Приморского края. С 1977 – в Хабаровском крае бригадиром, начальником цеха, заместителем директора.

С 1985 – директор Хабаровского треста «Птицепром».

С 1988 – председатель правления концерна «Экспа».

В 1990г. был избран народным депутатом РСФСР по 249 одномандатному округу г. Хабаровска. Председатель подкомитета по АТР в составе Комитета Верховного Совета РФ по международным делам и внешнеэкономическим связям. В 1991г. был в числе 43 депутатов, проголосовавших против Беловежского соглашения.

В октябре 1993г. был на стороне защитников Верховного Совета РСФСР.

С 1995 по 1999 – Депутат Государственной Думы Федерального Собрания РФ второго созыва.

– заместитель председателя Комитета ГД СФ РФ по информационной политике и связи

– член комиссии межпарламентской Ассамблеи государств – участников СНГ по вопросам культуры, науки, образования и информации,

– председатель Комиссии Государственной Думы Федерального Собрания РФ и Конгресса по контролю за подготовкой и реализацией совместной программы ГД Федерального Собрания РФ и Конгресса Соединенных Штатов Америки по жилищному строительству в России «Дом для Вашей семьи» и создания правовых основ для развития ипотеки в России.

С 2001г. – вице-президент Российской академии естественных наук (РАЕН) по инновационной деятельности.

Автор имеет 36 свидетельств, 5 патентов.

Прошло почти 30 лет со дня принятия Постановления Верховного Совета Российской Федерации «О реабилитации российских корейцев» № 4721-1 от 1 апреля 1993г. Этим документом была открыта дорога всем поколениям корё сарам, мы можем свободно дышать, ходить и не оглядываться, что кто-то назовет тебя «японским шпионом». Сегодня национальность – кореец популярна в России, на всех уровнях власти ощущается доверие к ним. В политических и экономических структурах корейцы занимают высокие должности.

## 2. Корейцы – воины Российской армии

В этой главе речь пойдет о корейцах – защитниках Отечества. Они гордость корейского народа и всей России. Боевые офицеры, храбрые рядовые, солдаты с корейскими фамилиями⋯ Их немало сегодня, несущих воинскую службу под знаменами Российской армии.

Своим высоким личным примером мужества и героизма корейцы-воины стали гордостью простых российских корейцев. В конце XXв. корейский народ подарил своему Отечеству трёх Героев СССР и России, среди них: Герой Советского Союза Мун Александр, Герой Советского Союза Ким Евгений Иванович (1987), Герой России Цой Олег Григорьевич (1997), Герой России Эм Юрий Павлович (2000), восемь генералов Российской армии и флота, полиции и юстиции, десятки корейцев в чинах подполковников и полковников служат в рядах Российской армии. Ни в одной стране мира, где живут этнические корейцы, нет столько военных-корейцев в звании генерала.

Военный истеблишмент в любой стране – не публичные

люди. Они редко дают интервью, поэтому найти какую-либо информацию сложно. По этой причине о некоторых военных приведены только краткие справочные данные.

Важно отметить, что в СССР корейцы-военнослужащие в военной карьере могли достичь только звания полковника, более высокого ранга им не присваивали по национальному признаку. В советский период национальность имела значение, существовал негласный запрет в отношении национальных меньшинств. В этой главе представлены корейцы-военнослужащие, получившие звание генерала России, полковники, а также военная династия корейской семьи Мунов из Киргизии.

## 3. Герои СССР и России, генералы Российской армии, юстиции, полиции Российской Федерации, полковники

◎ Мин Александр Павлович (1915–1944)[62]

Герой Советского Союза.

Родился 11 декабря 1915г. в с. Чер-Сан-До Шкотовского р-на Приморского края в семье крестьянина. Член ВКП(б) с 1944г.

---

**62)** Мин Александр Павлович. URL: http://www.arirang.ru/veterans/min_ap.htm (2017.12.25)

Учился в Саратовском финансово-кредитно-экономическом институте с сентября 1938г. по май 1941г. 25 мая 1941г. призван в ряды РККА Волжским РВК г. Саратова. С мая по июль 1941г. – красноармеец 511 отдельного строительного батальона. С июля 1941г. по август 1942г. – красноармеец

150 отдельного строительного батальона. Принимал участие в обороне Москвы. С августа по октябрь 1942г. прошел курсы младших лейтенантов при 13 армии Брянского фронта. С октября 1942г. по январь 1944г. – адъютант 1-го стрелкового батальона 605 стрелкового полка 132 стрелковой Бахмаческой Краснознаменной ордена Суворова дивизии. Легко ранен 26 января 1943г.

С января 1944г. – командир батальона 605-го стрелкового полка (132-я стрелковая дивизия, 65-я армия, 1-й Белорусский фронт). В боях за г. Ковель (Волынская обл.) с батальоном в июле 1944г. отразил 5 контратак врага. Преследуя отходящего противника, захватил с.Старые Каширы (Ковельский р-н Волынской обл.). Погиб 9 июля 1944г. при прорыве сильно укрепленной обороны противника в р-не с. Паридубы (Старовыжевский р-н Волын. обл).

Звание Героя Советского Союза присвоено 24.03.1945 посмертно. Награжден орденом Ленина, Александра

Невского, Отечественной войны 2-й ст., Красной Звезды.

Похоронен в братской могиле в пгт Луков Турийского района Волынской области Украины.

## ◎ Ким Евгений Иванович (1932–1998)[63]

Герой Советского Союза. Разведчик службы внешней разведки Комитета государственной безопасности СССР, полковник КГБ СССР.

Родился 27 февраля 1932г. в г.Новая Бухара Узбекской ССР (ныне г.Каган Бухарской области, Узбекистан).

Сотрудник Первого главного управления (внешняя разведка) КГБ СССР, полковник.

После Великой Отечественной войны – сотрудник советской внешней разведки. Был на нелегальной работе в зарубежных странах. К сожалению, пока ещё не пришло время подробно рассказать о его подвигах.

За мужество и героизм, проявленные при выполнении служебного долга, Указом Президиума Верховного Совета СССР от 21 декабря 1987г. полковнику Киму Евгению Ивановичу присвоено звание Героя Советского Союза с

63) Герои страны. Ким Евгений Иванович. UDL: http://www.warheroes.ru/hero/hero.asp?Hero_id=6651 (2018.02.25)

вручением ордена Ленина и медали «Золотая звезда». Награждён орденом Ленина, орденом Красного Знамени (5 сентября 1980), медалями.

После окончания работы за рубежом Е.И. Ким продолжал трудиться в центральном аппарате КГБ СССР.

Жил в Москве. Трагически погиб (сбит автомобилем) 12 ноября 1998г. Похоронен на Троекуровском кладбище в Москве.

## ◎ Цой Олег Григорьевич[64]

Герой Российской Федерации (1997), заслуженный лётчик-испытатель СССР (1986), полковник, мастер спорта международного класса (1990).

Родился 26 мая 1944г. в колхозе им. Ленина Янгиюльского района Ташкентской области. В Советской Армии с 1962г. В 1966г. успешно окончил Черниговское Высшее военное авиационное училище летчиков (ВВАУЛ). Служил в строевых частях Военно-воздушных сил (ВВС) старшим летчиком, командиром звена. Участвовал в

---

**64)** Руденко В. Заслуженные испытатели СССР. Красная звезда. 18.07.1992. UDL: http://xn--80aafy5bs.xn--p1ai/aviamuseum/aviatory/letchiki/sssr-3/sssr-2/ts/tsoj-oleg-grigorevich/

боевых действиях в Египте в 1970–1971г., совершил 42 боевых вылета. Советник в Египте. С октября 1971г. – на лётно-испытательной работе в Государственном лётно-испытательном центре Министерства обороны РФ им. Чкалова. под командованием В.В. Мигунова, затем В.Н. Кондаурова. Участвовал в испытаниях Су-15ТМ, Су-17М2, Су-17М3, Су-24, Су-25 (1980 год, ведущий летчик-испытатель). С 1984г. – летчик-испытатель Опытно-конструкторского бюро им. П.О. Сухого (ОКБ). Поднял в небо и провел испытания многих модификаций СУ.

В 1987–1988 – установил 8 мировых рекордов на П-42, в том числе 18 декабря 1987г. – мировой рекорд по времени подъема на высоту 2000 м с грузом 2118 кг – 27,7 сек.

19 апреля 1988г. он одолел высоту 6000 м с грузом 1000 кг за 38 сек., а 17 мая с грузом 1000 кг, время подъёма на высоты 3000, 9000 и 12000 м составило 28, 48 и 59 сек. соответственно.

За мужество и героизм, проявленные при испытании специальной авиационной техники, 16 апреля 1997г. заместителю начальника лётно-испытательной и доводочной базы по лётной работе АО «ОКБ Сухого» О.Г. Цою было присвоено звание Героя России. За время лётной деятельности освоил 35 типов самолетов.

■ Награды:

Медаль «Золотая Звезда» Героя России; Два ордена Боевого Красного Знамени; Орден «За службу Родине в Вооружённых Силах СССР» III степени; медали.

С 1994г. – в отставке.

## ◎ Эм Юрий Павлович[65]

Родился 12 сентября 1953г. в Пермском крае, пос.Курган Чердынского района в семье ссыльных поселенцев. Отец – военный летчик, кавалер ордена Красного Знамени Эм Дюн Во, репрессирован в 1937г. как «японский шпион». Мать – из поволжских немцев, выселена в 1941г. В 1931г. под лозунгом: «Комсомольцы — все на самолеты!». Молодому Эму Дюн Во удалось стать курсантом Балашовского лётного училища. В 1933г. вступил в ВКП(б). Как лучшего летчика его оставили в училище преподавателем-инструктором. Сталинские репрессии не обошли стороной и эту семью, в 1937г. по обвинению в шпионаже в пользу Японии Эма Дюн Во приговорили к 15 годам ГУЛАГа, несмотря на то, что он был

---

65) Эм Юрий Павлович. Герой России. http://www.warheroes.ru/hero/hero. asp?Hero_id=5482 (2018.02.25)

кавалером ордена Боевого Красного Знамени – одной из высших воинских наград СССР. Долгих 15 лет он работал на лесоповале в лагере Пермской области. В пос. Курган Черненского района Эм Дюн Во познакомился с белокурой Амалией Геринг, волжской немкой по происхождению, принудительно выселенной в Пермскую область.

Там и появился на свет у Эма Дюн Во и Амалии сын Юрий Эм. В интернациональной семье корейца и немки вырос выдающийся воин, герой России, генерал-майор. Нет сомнений, что несмотря ни на какие репрессии со стороны власть предержащих, сын воина-лётчика, пошёл по стопам своего отца и достойно дослужился до высшего воинского звания.

В 1971г. Юрий после окончания школы служил в Вооруженных Силах СССР. В 1975г., завершив образование в Алма-Атинском высшем общевойсковом командном училище, он был распределён в Воздушно-десантные войска. Служил в Киргизской ССР, г.Ош. Сначала был командиром взвода, затем – командиром батальона.

С 1980 по 1982г. воевал в Афганистане, где был начальником штаба парашютно-десантного батальона. Юрия Эма должны были представить к присвоению звания Героя Советского Союза, однако в итоге он был награждён орденом «За службу Родине в Вооружённых силах СССР». Вернувшись из Афганистана, он поступил в Военную академию им. М.В. Фрунзе. Окончил ее в 1985г.

Командовал батальоном, а в 1988г. был назначен замом командира 21-й отдельной воздушно-десантной бригады ВДВ в Закавказье. Спустя несколько лет стал командиром этой бригады. Юрий Эм участвовал в боевых действиях в Нагорном Карабахе, Южной Осетии, Абхазии.

Прошёл первую чеченскую войну (1994–1996) во главе бригады. Был представлен к званию Героя РФ, но не был награжден. В 1998г. эта бригада была сокращена, а на ее базе сформировали 247-й десантно-штурмовой полк 7-й гвардейской воздушно-десантной дивизии. Командиром полка остался Юрий Павлович Эм. Воевал в Дагестане, за участие в этих боевых действиях вторично был представлен к званию Героя России, но указ снова не был подписан, потому что кореец по национальности.

С октября 1999г. по январь 2000г. его полк воевал в Чечне. Бойцы брали с боем станицу Шелковскую, участвовали в освобождении Гудермеса, Шали и Аргуна. В одном из боёв командир был контужен. В составе этого полка сражался командир разведывательной роты, старший сын Юрия Эма Александр, который был награждён орденом Мужества. В семье Эма три сына, двое из них пошли по стопам отца и деда, стали военными.

Наконец в мае 2000г. Юрию Эму было присвоено звание Героя РФ. В этом же году он занял пост заместителя председателя Правительства Чеченской Республики. В этой должности он отвечал за координацию действий правоохранительных органов Чеченской Республики с войсками Объединенной группировки российских войск на Северном Кавказе.

В 2002г. стал главным федеральным инспектором Южного федерального округа. В 2004г. вступил в должность заместителя военного комиссара Калужской области, а годом позже стал военным комиссаром Ульяновской области.

В 2007г. ему было присвоено звание генерал-майора.

В марте 2008г. он был назначен военным комиссаром Ставропольского края. Тогда же получил диплом Поволжской академии государственной службы.

В декабре 2011г. Юрий Эм был избран депутатом Государственной Думы РФ шестого созыва. В апреле 2012г. его назначили заместителем председателя Правительства Ставропольского края – руководителем аппарата правительства.

В 2013г. вновь был избран депутатом Государственной Думы РФ. 6 апреля 2016г. добровольно сложил полномочия депутата Госдумы.

■ Сам о себе[66]

«Мне иногда говорят: не лезь в политику, ты — командир, вот и занимайся войсками, управляй боем. А я так не считаю. Когда мы взяли Гудермес, практически без боя, без потерь, у нас даже раненых не было, многие изумлялись: как такое могло получиться? А нам, чтобы предотвратить солдатские потери, пришлось попотеть, головы поломать, прежде чем полевые командиры приняли наши доводы в бесполезности кровавых потерь с обеих сторон. Мы нашли с ними общий язык···».

В этой войне Эм и его десантники с боями прошли всю Чечню. Сначала были на Дагестанской границе, в Ботлихском районе, потом ушли назад, вернулись в Шелковской район, затем – Гудермес, Аргун, Шали, Беной, Ведено, поднялись в горы, пробивались на главном направлении. Боевую технику там и оставили, передали другому полку···.[67]

Герою России Юрию Эму довелось побывать во многих ипостасях: боевой офицер-десантник, чиновник, военный комиссар, депутат Государственной Думы России. И справедливости ради нужно отметить, что во всех этих

66) Ильинов И. Папа –Палыч. Подвиг военного комиссара Ставропольского края Юрия Эм / Ставропольская правда. 15.01.2011. http://www.stapravda.ru/20110115/podvig_voennogo_komissara_ stavropolskogo_kraya_yuriya_em_50742.html (2018.02.25)

67) Там же.

качествах Юрия Павловича отличали профессионализм, ответственность, целеустремлённость. А ещё – умение быть всегда и во всём первым, не прячась за чьи-то спины и не перекладывая работу и ответственность на других. Вот и сегодня, когда кадровому военному доверен важнейший на региональном уровне пост заместителя председателя правительства Ставропольского края, руководителя аппарата краевого правительства, Юрий Эм прикладывает все свои силы, чтобы быть максимально полезным родине. И в мирной жизни он руководствуется девизом десантников «Никто, кроме нас···»

■ **Награды** :

Орден «За личное мужество»; орден «За военные заслуги»; орден Красной Звезды; орден «За службу Родине в Вооруженных силах СССР» 3-й степени; медали СССР и Российской Федерации; Ведомственные медали Министерства обороны Российской Федерации.

## ◎ Цай Владимир Ильич (1946–2016)[68]

Родился 5 декабря 1946г. в колхозе им. Крупской, Вильямский с/с, Гулистанского района Ташкентской области. Отец – Цай Илья Павлович, умер в 1949г. Мать – Мун Варвара, 1921г.р. В 1976г. Цай В.И. окончил

---

**68)** Энциклопедия корейцев России. Цай В.И. М., 2003. С. 1221.

Симферопольское высшее военно-политическое училище по специальности командно-штабная оперативно-тактическая. В 1986г. окончил Дагестанский государственный университет, историк. В 1988г. окончил Военную академию тыла и транспорта.

Указом Президента РФ от 29 ноября 1993г. присвоено воинское звание генерал-майор.

Был командиром в/ч 28201, заместителем командира в/ч 52718, заместителем командующего войсками Закавказского военного округа, зам. командующего Группой российских войск в Закавказье. С 1997г. проходил службу в Центральном аппарате Министерства обороны.

Учёная степень кандидата исторических наук. Почётный строитель России. Награждён орденом «За службу Родине в Вооружённых Силах СССР» III степени, орденом «За военные заслуги», орденом Мужества, медалью «За боевые заслуги».

■ **Жена:**

Цай Светлана Ивановна (1953), учитель; сын – Цай Игорь Владимирович (1976); дочь – Цай Дина Владимировна (1976), врач; внук – Владимир (1994). 4 мая 2002г. на II съезде МСКА стран СНГ и Балтии Цай В.И. был избран президентом МСКА. Член совета ООК. Скончался в 2016г.

◎ **Ким Алексей Ростиславович**[69]

Заместитель командующего Сухопутными войсками по миротворческой деятельности, генерал-лейтенант, профессор, кандидат технических наук.

В марте 2017г. являясь начальником Центра по примирению враждующих сторон в Сирийской Арабской Республике, генерал-лейтенант Алексей Ким в ходе встречи с делегацией депутатов Госдумы и парламентариев Совета Европы на авиабазе Хмеймим сообщил о том, как российские военные медики с начала оказания гуманитарной помощи в Сирии помогли более чем 15,5 тысячам мирных жителей. «В составе центра есть группы медицинского обеспечения. При совершении каждой гуманитарной акции медики выезжают с группой доставки гуманитарных грузов и оказывают медицинскую помощь, потому что во многих населенных пунктах и вокруг нет медицинских работников»[70], – сказал А.Р. Ким.

Глава Центра по примирению напомнил, что Россия

**69)** Ким Алексей Ростиславович. URL: http://vvo.milportal.ru/novaya-struktura-uzhe-rabotaet/ (2018.02.25)

**70)** Генерал-лейтенант Ким рассказал о помощи российских медиков мирным сирийцам. URL: https://ria.ru/syria/20170321/1490514044.html (2018.02.25)

активно оказывает гуманитарную помощь в виде продуктовых наборов и обеспечения нуждающегося населения горячим питанием. Такая помощь была оказана в 310 населенных пунктах. Ким отметил, что всего офицеры центра оказали гуманитарную помощь примерно 11 тысячам мирных граждан.[71]

## ◎ Ким Вячеслав Ильич[72]

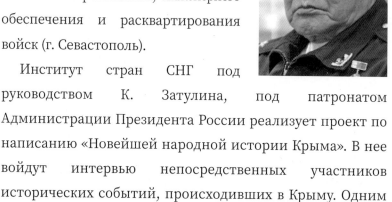

Генерал-майор. В 2001г. – заместитель командующего Черноморским флотом РФ, Начальник строительства, инженерного обеспечения и расквартирования войск (г. Севастополь).

Институт стран СНГ под руководством К. Затулина, под патронатом Администрации Президента России реализует проект по написанию «Новейшей народной истории Крыма». В нее войдут интервью непосредственных участников исторических событий, происходивших в Крыму. Одним из участников этих событий является Ким Вячеслав Ильич. По известным причинам мы не располагаем

71) Там же.
72) Горбачев С., Потоцкая Ю. Из «Из Новейшей народной истории Крыма». UDL: http://blackseafleet-21.com/news/15-03-2016_iz-novejshej-narodnoj-istorii-kryma (2017.12.25)

автобиографическими данными Кима, а предлагаем выдержки из некоторых его интервью.

Ким В.И. в 1992г. был назначен начальником морской инженерной службы Черноморского флота и очень много сделал для российского Черноморского флота, несмотря на прессинг и всевозможные дивиденды со стороны украинских властей. Ему говорили украинские генералы: «Ты не русский, тебе не все равно, где служить? Мы тебе через три дня генерала дадим, только перейди». Он не пошёл. «Я генерала получу и в России», отвечал Ким В.И.

Генерал-майор Ким В.И. служил на Черноморском флоте под командованием выдающихся адмиралов флота И.В. Касатонова, Э.Д. Балтина, В.П. Комоедова. Будучи начальником строительства, инженерного обеспечения и расквартирования войск, он возглавил строительство в Севастополе дома для военнослужащих, детского сада, школы и много других объектов. В.И. Ким в своем интервью отмечает огромную роль правительства Москвы под руководством Ю.М. Лужкова, оказавших огромную материальную и моральную помощь в сохранении российского Черноморского флота.[73]

На вопрос, почему же В.И. Ким не перешел в Военно-морские силы Украины, ответ был простой: «Я ведь принимал присягу Советскому Союзу. Великая Россия для

---

[73] Там же.

меня – это Родина моя. Пойти в Украину служить я категорически отказался – не позволяли принципы и «советское» воспитание».[74]

## ◎ Ким Виктор Анатольевич[75]

Генерал-майор полиции. Заместитель начальника Главного управления по обеспечению охраны общественного порядка и координации взаимодействия с органами исполнительной власти субъектов Российской Федерации.

## ◎ Ким Афанасий Павлович[76]

Генерал-лейтенант юстиции. Родился в 1948г. Военный прокурор Федеральной пограничной службы Российской Федерации с 1994г. После окончания Саратовского юридического института в 1970г. служил следователем гарнизонной прокуратуры Бакинского округа ПВО, проходил службу в Афганистане, был военным прокурором Самаркандского гарнизона.

74) Там же.
75) Ким Виктор Анатольевич. UDL: http://mfc112.ru/userpage/kim-viktor-anatolevich/ (2017.12.25)
76) Ким Афанасий Павлович. UDL: http://eurasian-defence.ru/?q=node/4692 (2017.12.25)

## ◎ Тен Дмитрий Моссавич[77]

Генерал-майор полиции.

Заместитель начальника Управления Федеральной службы войск национальной гвардии Российской Федерации по Московской области. Начальник штаба.

Родился 12 ноября 1970г. в с. Карджин, Республика Северная-Осетия. В 1992г. окончил Пермское высшее военное командное училище Министерства Внутренних Дел России. Прошел курс обучения в Общевойсковой Академии Вооруженных Сил Российской Федерации. Проходил службу во внутренних войсках в должностях командира взвода, командира роты, командира батальона, начальника штаба, командира полка и командира дивизии.

В 2017г. опытный офицер вновь повысил уровень персонального образования, окончив Военную академию Генерального штаба Вооруженных Сил РФ в г.Москва. С 2017 по 2018г., замещал руководящие должности в Центральном округе войск национальной гвардии Российской Федерации.

Указом Президента Российской Федерации от 11 июня

---

77) Тен Дмитрий Моссавич. URL: https://ruspekh.ru/people/item/ten-dmitrij-mossavich

2019г., полковнику полиции Тен Дмитрию Моссавичу присвоено звание генерал-майора полиции.

## ◎ Ким Дмитрий Владимирович

Начальник Сибирского юридического института МВД России, генерал-майор полиции, доктор юридических наук, профессор.

Родился 26 мая 1972г. в г. Караганда Казахской ССР. В 1994г. окончил Карагандинский государственный университет им. Е.А. Букетова с отличием. В 2018г. прошел переподготовку в Академии управления МВД России по программе «Профессиональная переподготовка сотрудников, включенных в федеральный кадровый резерв Министерства внутренних дел Российской Федерации».

В органах внутренних дел служит с 1994г. С 1995–2019г. проходил службу в Барнаульском юридическом институте МВД России, был заместителем начальника института по учебной работе. За годы научной деятельности издано свыше 160 научных (в том числе – 8 монографий) и 27 учебно-методических трудов.

30 сентября 2019г. Указом Президента Российской Федерации №474 назначен на должность начальника

Сибирского юридического института МВД России.

Награжден государственной наградой медалью ордена «За заслуги перед Отечеством» 2-й степени, наградным оружием – пистолетом Макарова, генеральским кортиком, ведомственными наградами, неоднократно поощрялся исполнительными и законодательными органами Алтайского края и г.Барнаула.

Женат, воспитывает сына и трех дочерей.

10 ноября 2020г. Указом Президента Российской Федерации №686 Дмитрию Владимировичу Киму присвоено специальное звание «генерал-майор полиции».

## ◎ Ан Рудольф Николаевич (1955—2006)[78]

Полковник медицинской службы, доктор медицинских наук, заслуженный врач РФ, заслуженный врач Республики Северная Осетия-Алания, начальник медицинской службы Северо-Кавказского военного округа (СКВО) (2001–2006). В 1995г. Президент России Б.Н. Ельцин вручил ему орден «За военные заслуги» за участие в антитеррористической акции в первой чеченской войне. В

---

78) Рудольф АН: «Служу Отечеству!» // АРИРАН, №8, ФЕВРАЛЬ 2002.

2000г. присвоено почетное звание «Заслуженный врач РФ».

К глубокому сожалению, в 2006г. Ан Р.Н. трагически погиб в авиакатастрофе.

Большая семья Анов проживала в Узбекистане в колхозе им. Ленина. Отец Рудольфа очень хотел, чтобы из шести сыновей кто-нибудь получил профессию врача. Четверо из них стали врачами, а два сына получили техническую специальность. Старший сын Феликс поступил в Кемеровский медицинский институт. Родители Рудольфа, чтобы дети не скитались по общежитиям, купили в Кемерово небольшой дом. И все шестеро детей знали, что поедут учиться в Кемерово. По примеру старшего брата, который избрал специальность уролога, кандидат медицинских наук, Рудольф поступил в Кемеровский медицинский институт, а затем перевелся в Томск на военно-медицинский факультет, который закончил через два года в звании лейтенанта.

Первое свое назначение Рудольф Ан получил в Дальневосточный военный округ. Однако в связи с напряженными в то время отношениями СССР с Китаем, всех корейцев перевели во внутренние округа. Ана Рудольфа отправили в Туркестанский военный округ. В 1970-х гг. судьба корейцев-военнослужащих зависела от внешнеполитической ситуации на Дальнем Востоке. Затем он служил в Германской Демократической республике

(ГДР). В 1981г. после вывода военнослужащих из ГДР, Ан Рудольфа направляют в г.Гродно в Белоруссию. В 202-м мотострелковом полку прошёл путь от младшего врача до начальника медицинского полка.

В 1985г. опять служил в Германии в Западной группе войск сначала начальником медицинской службы полка, затем командиром отдельного медицинского батальона.

В 1990г. перевелся в Грозный командиром отдельного медицинского батальона. В связи с реформированием дивизии в 1992г. был назначен начальником военного медицинского госпиталя. В 1996г. его назначили начальником волгоградского военного госпиталя. А в 2000-м – начальником окружного клинического военного госпиталя Северо-Кавказского военного округа. В 2001г. получил новое назначение – начальника медицинской службы Северо-Кавказского военного округа.

В конце XXв. Ан Рудольфу пришлось служить во всех «горячих» точках, в том числе в Афганистане и в Чечне. В течение пяти месяцев он был прикомандирован ко врачебной бригаде, которая занималась вывозом раненых и больных с территории Афганистана в Узбекистан и Россию.

В 1994г. началась первая Чеченская контртеррористическая операция. Ан Рудольф прошёл её полностью. В период второй чеченской кампании принимал раненых из Чечни. До конца своих дней занимался вопросами по медицинского обеспечения войск Северо-Кавказского округа.

По свидетельству Ан Рудольфа, в Чеченской войне среди солдат и офицеров было много корейцев. Есть корейцы и среди погибших. 6 марта 1996г. погиб начальник квартирно-эксплуатационной части (КЭЧ) в Грозном подполковник Ли. Он был направлен в Чечню для прохождения службы из Московского военного округа. В день гибели он выехал спасать своих сотрудников.

Много корейцев – командиров частей – участвовали в войне. Например, командир саперного батальона подполковник Хван. Двоюродный брат Рудольфа Ана служил в Чечне, участвовал в первой чеченской кампании в Ханкале, сейчас проходит службу во Владикавказском военном округе. Майор Лим, начальник медицинского Ханкалинского госпиталя, был командиром роты Владикавказского медицинского батальона. Так что корейцы в России не скрывались и не скрываются от военной службы. Они служат Отечеству.

Известна история корейца из Узбекистана, который принял ислам. Он участвовал в боевых действиях на стороне боевиков, попал в плен. О его дальнейшей судьбе ничего не известно.

С 1950-х гг. в Чечне проживало довольно много корейцев. Особенно крупная корейская диаспора была в г.Аргун. В связи с военными действиями многие выехали из Чечни в Кабардино-Балкарию, Ставропольский, Краснодарский края. С корейцами из Чечни Ан встречался и в других городах России. Они с грустью вспоминают о том довоенном времени, ведь многие родились и выросли в Чечне.

Во время военных действий для моральной поддержки военнослужащих в военных частях и госпиталях российские артисты давали концерты. Артисты корейской национальности также принимали участие в этих мероприятиях. В июне 2001г. в Ростове-на-Дону проводились дни корейской культуры, приезжала большая группа артистов: Галина Шин, Анита Цой, Марина Цхай и другие. Они дали концерт в военном госпитале. Ан отмечает, что это очень важно, когда представители культуры и искусства считают нужным общаться с теми, кто побывал в Чечне, посмотреть им в глаза, спеть им. Чтобы они почувствовали какую-то заботу, что о них помнят.

Доктор медицинских наук, начальник медицинской службы Северо-Кавказского военного округа Ан Рудольф в своем интервью также отметил, что уменьшается количество корейцев, имеющих высшее образование. По сравнению с прошлым периодом, когда корейцы занимали одно из первых мест в СССР по числу лиц с высшим образованием, в последнее время молодёжь меньше стремится к знаниям, получению образования. И конечно же, для решения всех проблем нам необходимо прежде всего объединиться, больше общаться друг с другом, считает Ан Рудольф.

## ◎ Дин, Юрий Владимирович[79]

Полковник юстиции, руководитель Волжского межрегионального природоохранного следственного управления Следственного комитета Российской Федерации.

Родился 24 апреля 1966г. в г. Моздок (Республика Северная Осетия – Алания). В 1992г. окончил Северо-Осетинский государственный университет, юрист. Трудовую деятельность в органах прокуратуры начал с 1992г. помощником Прохладненского межрайонного прокурора Кабардино-Балкарской Республики, впоследствии трудился на различных прокурорско-следственных должностях: следователем Прохладненской межрайпрокуротуры; следователем, прокурором-криминалистом прокуратуры г.Грозного; заместителем, первым заместителем прокурора Грозного, заместителем прокурора Веденского района Чеченской Республики; старшим помощником прокурора

79) Старшинина Е. Человек с Кавказа. UDL: http://baikal-info.ru/friday/2011/20/005002.html (2017.12.25)

Костромской области по надзору за исполнением законов на транспорте и в таможенных органах; заместителем прокурора Красносельского района Костромской области; первым заместителем прокурора Костромы, а также старшим помощником прокурора Костромской области по обеспечению собственной безопасности и физической защите прокуратуры.

После образования Следственного комитета при Прокуратуре Российской Федерации был назначен на должность первого заместителя руководителя следственного управления Следственного комитета при Прокуратуре Российской Федерации по Свердловской области. С января 2011г. был исполняющим обязанности первого заместителя руководителя следственного управления по Свердловской области.

В мае 2011г. Указом президента РФ назначен главой следственного управления Следственного комитета России по Иркутской области.

28 мая 2013г. работал в должности руководителя Волжского межрегионального природоохранного следственного управления Следственного комитета Российской Федерации в звании полковника юстиции в Твери.

Награжден медалью «За заслуги перед Отечеством» II степени, нагрудным знаком «Почетный работник

Прокуратуры Российской Федерации». Женат, трое детей.

## ◎ Мун Владимир Сергеевич (1937–2016)[80]

Родился 3 марта 1937 г. в Читинской области в с. Шахтама. На одной из многочисленных золотодобывающих шахт комиссаром (инструктором) от Красноярского крайкома ВКП(б) был Мун Сергей (Хон-Бом), отец Владимира Сергеевича Муна. Мун Хон Бом (Сергей) родился в 1902 г., участвовал в антияпонской борьбе в Корее и в Китае. На территории России оказался в 1920-х гг., где продолжал борьбу с японцами в составе партизанского отряда под командованием Пака Михаила Захаровича[81], родным дядей матери Пак Домны Алексеевны.

Сталинские репрессии не обошли стороной и семью Мунов. В 1935 г. по доносу Мун Сергей был арестован и обвинен в шпионаже в пользу Японии. В связи с отсутствием доказательной базы через пять месяцев его выпустили из тюрьмы. При аресте он был исключен из членов ВКП(б) и

---

80) Материал архива семьи Мунов. (2017.12.25)

81) Пак Михаил Захарович. Энциклопедия корейцев России Под ред. Цой Брони. М., 2003. С. 807. [Мун Михаил Захарович, организатор Корейского и Табанского партизанского отряда, воевал в 1920–1921 гг. на Красной речке, Хабаровске, Верино, Ново-Николаевске]

снят с должности. После освобождения из тюрьмы Муна Сергея не восстановили в партии и в должности. Реабилитирован.

Мун Владимир Сергеевич с детства мечтал стать военным. В 1956г. успешно сдав экзамены, стал курсантом Ленинградского военно-морского авиационного училища. Осенью 1957г. его как отличника учебы направляют в Армавирское военно-авиационное училище лётчиков-истребителей в г.Майкоп. Здесь впервые в порядке эксперимента обучали курсантов управлять реактивными самолётами Миг-15.

В 1959г. после завершения учебной программы подготовки летчиков на истребителях Миг-15 Владимиру было присвоено звание «лейтенант» и его направили в Киевский военный округ.

В мае 1961г. его утверждают лётчиком-инструктором в Харьковском высшем военно-авиационном училище. Через несколько месяцев направляют в г.Луганск на переучивание управления вертолетами Ми-4 и Ми-6.

В мае 1963г. по личной просьбе по семейным обстоятельствам его переводят во Фрунзенский центр для подготовки авиаспециалистов из развивающихся стран. Здесь он прослужил с мая 1963г. по июль 1989г., из них 10 лет лётчиком-инструктором на самолётах и вертолётах. За это время он обучил более 50 пилотов из 14 стран Европы, Азии,

Африки, Латинской Америки.

В 1968г., продолжая обучение курсантов лётному делу, он заочно окончил Фрунзенский политехнический институт по специальности «электропровод и автоматизация промышленных установок».

В 1973г. был списан с летной работы по состоянию здоровья и назначен преподавателем в учебно-леёный отдел самолетовождения, где прошел путь от преподавателя до начальника отдела.

В 1975г. окончил Высшие академические курсы при Военно-воздушной академии им. Гагарина. В 1983г. ему присвоено звание «полковник». В 1989г. Владимир Сергеевич Мун был уволен в запас с правом ношения формы. За 33 года безупречной службы в Советской Армии был награжден 12-ю медалями и Почетной грамотой министра обороны СССР.

## ◎ Сын – Мун Александр Владимирович[82]

Родился в декабре 1960г. в г.Умань Черкасской области Украинской ССР. До 17-ти лет жил по местам военной службы отца – Муна Владимира Сергеевича в гарнизонах Киевского и Среднеазиатского военных округов.

1968–1978гг. учился в средней школы №2 в г.Фрунзе

---

[82] Материал архива семьи Мунов. (2017.12.25)

Киргизской ССР. В 1978–1982гг. учился в Сызранском высшем авиационном училище лётчиков. 1982–1985гг. проходил военную службу в Забайкальском Военном Округе в 11-й отдельной десантной штурмовой бригаде г.Могоча в должности командира экипажа МИ-24. В 1985–1992гг. проходил службу на центральных курсах по подготовке и усовершенствованию авиационных кадров (5 ЦК ПУАК) в должности лётчика – инструктора. Выпустил в самостоятельный полет 40 курсантов из 7 стран: Венгрии, Йемена, Никарагуа, Перу, Ливии, Афганистана и Мозамбика. 1978–1992гг. проходил службу в Приволжском военном округе, Забайкальском, Среднеазиатском, Туркестанском военном округе.

Награжден медалями и орденом за службу Родине в Вооруженных силах СССР. Квалификация: военный лётчик, капитан, инструктор I класса.

С 1992г. стал заниматься бизнесом, что сподвигло получить второе высшее образование. В 1998г. окончил юридический факультет Кыргызского государственного университета.

В настоящее время эффективно занимается производством мебели, имеет фабрику, международной торговлей (экспорт-импорт), строительство.

С 2017г. избран председателем правления Общественной организации корейцев Кыргызстана (ООККР). Женат, четверо дочерей.

## ◎ Сын – Мун Игорь Владимирович[83]

Родился 12 декабря 1962г. в с. Ивановка Чуйской области Кыргызской Республики в семье военнослужащего Муна Владимира Сергеевича.

1969–1979 – учился в средней школе № 2 г.Фрунзе Киргизской ССР. 1980–1983 – в Сызранском высшем авиационном училище лётчиков. По состоянию здоровья перевёлся в Фрунзенский политехнический институт на специальность «Автоматика и телемеханика» (1984–1988).

В 1988–1990 работал по специальности на заводе им. Ленина в г.Бишкек в должности инженера-электроника; 1990–1995 – работал в г.Бишкек на малом предприятии «Чондо» в должности директора; 1995–1996 – работал в г. Бишкек на кыргызско-германском совместном предприятии «К и Г» в должности директора. 1996–2002 – генеральный

---

83) Материал архива семьи Мунов. (2017.12.25)

директор общества с ограниченной ответственностью «Туран» в г.Бишкек.

С 2002 – генеральный директор ТОО «MOON Company» в г.Алматы, Республика Казахстан.

Награды: ТОО «MOON Company» является номинантом Международной почётной премии «Золотой Феникс», дипломантом международных выставок «Мебель и интерьер», «KazBuild» «За высокое качество выпускаемой продукции», «За внедрение передовых технологий в мебельное производство», «За стабильное высокое качество и широкий ассортимент выпускаемой продукции». Генеральный директор ТОО «MOON Company» торговая марка «PORTE» Мун Игорь Владимирович за выдающиеся заслуги в укреплении сотрудничества в экономической сфере награждён орденом «Дружба наций».

Женат, имеет двух дочерей.


В современной России специальность военнослужащего среди корейцев остается актуальной и престижной. Несмотря на ограничения по продвижению по службе и влияние внешнеполитических факторов в отношении советских корейцев, которые отражались на судьбе военнослужащих в СССР, многие корейцы стремились стать военными. После принятия «Постановления о реабилитации российских корейцев» (1993) в высших эшелонах власти, а именно в Министерстве обороны и Министерстве внутренних дел РФ, появились корейцы – генералы. Многие духовные ценности, воспитанные в советский период, такие как патриотизм, служение Родине активно проявляются в жизни русскоязычных корейцев.

## 4. Депутаты и лидеры корейского общественного движения

17 июня 1996г. был принят Федеральный закон №74-ФЗ «О национально-культурной автономии» в соответствии с которым и были созданы Федеральные национально-культурные автономии национальных меньшинств, в том числе и корейцев России (ФНКА корейцев России). Первым её председателем стал депутат Государственной Думы РФ Тен Юрий Михайлович (с 1996 по 2004). В течение этого периода Тен внес значительный вклад в корейское общественное движение и укрепление российско-корейских отношений. В 2000г. Тену Юрию был вручен орден «За дипломатические заслуги» (Республика Корея, 2000).

## ◎ Тен Юрий Михайлович [84] (1951–2003)

Депутат Государственной Думы с 1993 по 2003гг., предприниматель, генеральный директор АО «Труд».

Родился в г. Невельске Сахалинской области. Отец – Тен Мун Ман, мать – Ким Ден Ок.

В 1978г. окончил Иркутский государственный технический университет по специальности «горный инженер». Трудовую деятельность начал рабочим. Был начальником смены и начальником участка открытых работ шахты «Тихвинская» Сахалинской области, старшим инженером НИИ «Иргиредмет» и Сибирского института физиологии и биохимии растений (г. Иркутск), старшим прорабом треста «Иркутсксельстрой», начальником участка треста «Агропромстрой».

В 1989г. создал дорожностроительный кооператив, в дальнейшем – АО «Труд» (г. Иркутск), являлся его президентом, генеральным директором.

В 1993г. избран в Государственную Думу первого созыва, был членом фракции ПРЕС, в Думе второго созыва — членом фракции НДР, заместителем председателя Комитета по

---

**84)** Тен Юрий Михайлович. URL: https://ruspekh.ru/people/item/ten-yurij-mikhajlovich (2017.12.13)

промышленности, строительству, транспорту и энергетике.

В 1999г. был избран депутатом Государственной Думы третьего созыва по Иркутскому одномандатному избирательному округу № 82, выдвигался избирательным объединением «Наш дом — Россия».

В 1997г. выдвигался на пост губернатора Иркутской области, однако незадолго до выборов отказался от участия.

В Думе третьего созыва являлся членом группы «Народный депутат», членом Комитета по промышленности, строительству и наукоемким технологиям, членом Комиссии по развитию ипотечного кредитования и Комиссии по рассмотрению правовых вопросов пользования недрами на условиях раздела продукции.

Ранее избирался членом Высшего совета Российской объединенной промышленной партии, членом политсовета движения «Наш дом — Россия».

Умер 21 июля 2003г. в Центральной клинической больнице (ЦКБ) в Москве после продолжительной болезни. Похоронен на Троекуровском кладбище.

Именем Юрия Тена названы улица в Иркутске (2005), перевал на автодороге «Чита–Хабаровск» (2010), Благотворительный фонд.

■ **Награды** :

Орден «За заслуги перед Отечеством» II степени (8 апреля

2002) за активную законотворческую деятельность и многолетнюю добросовестную работу.

## ◎ Тян Любомир Индекович[85]

Бывший депутат Государственной думы РФ четвертого созыва (2003–2007), бывший президент зерновой компании «Линдек», бывший депутат Нижегородского областного Законодательного собрания.

Родился 25 мая 1959г. в Узбекистане в многодетной семье.

### ▪ Образование:

В 1981г. окончил Казанский инженерно-строительный институт. В 2001г. – Институт повышения квалификации руководящих работников в Нижегородском филиале Государственного университета Высшей школы экономики.

### ▪ Профессиональная деятельность :

С 1981 по 1985г. работал на Костарихинском заводе железобетонных конструкций, с 1985 по 1987г. – работал главным механиком, главным инженером на Военной базе № 5926. С 1987 по 1988г. работал сезонным рабочим Совхоз

---

85) Тян Любомир Индекович. URL: http://lobbying.ru/printp.php?id=989 (2017.12.13)

«Багаевский» Ростовской области. С 1988 по 1991г. – ведущий специалист, заместитель генерального директора по коммерческим вопросам на нижегородской производственной коммерческой агрофирме «Горький-агропромэкспорт». В 1991г. организует торгово-закупочное предприятие «Сораксан». В 1993г. возглавляет нижегородскую зерновую компанию «Линдек». С 1996 по 2003г. – председатель совета директоров ОАО «Нижегородский мукомольный завод», ОАО «Володарский комбинат хлебопродуктов», ОАО «Дзержинский мукомольный завод», Хлебозавод ОАО «Волжский хлеб». С 1998 по 2002г. депутат законодательного собрания Нижегородской области. С 2002 по 2003г. – заместитель председателя Комитета по аграрной политике, советник губернатора Нижегородской области по формированию зернового рынка Нижегородской области, член партии «Единая Россия». В 2003г. был избран депутатом Государственной Думы ФС РФ четвёртого созыва от избирательного округа 120 (Канавинский округ, Нижегородская область). Заместитель председателя Комитета ГД по аграрным вопросам.

■ **Награды** :

Газетой «Зарубежные корейцы» объявлен

человеком года (2005); Медаль «Профессионал России»

(2004); Орден за дипломатические заслуги Республики Корея (2003); Награждён именными часами Президента РФ В.В. Путина (2001); Диплом журнала «Эксперт» – «Лучший менеджер России 2001года»; Международный орден ООН (2000); медаль МЧС России «Участнику чрезвычайных гуманитарных операций»; орден Республики Корея; победитель конкурса «Менеджер года 2000 по Нижегородской области»; включен в состав «Золотого кадрового резерва России»; награжден Почётной грамотой Нижегородской области за значительный вклад в становление и развитие российской благотворительности и меценатства; орден Русской Православной церкви (1998); Святого князя Даниила Московского III степени; орден Почёта за заслуги перед государством и многолетний труд.

Лидер корейского общественного движения, большой вклад внес в развитие Национальной культурной автономии корейцев Нижнего Новгорода. Женат, имеет сына.

## ◎ Ким Олег Чанбокович[86]

Почётный консул Корейской Народно-Демократической Республики в Нижнем Новгороде с августа 2007г. Член общественной организации «Бомминрён». Депутат по муниципальному избирательному округу от НРО ПП КПРФ

---

[86] Ким Олег Чанбокович. URL: http://nn-now.ru/dossier/kim-oleg-chanbokovich/ (2017.12.13)

в Нижнем Новгороде. Генеральный директор ООО «Нижегородрапс». Состоит в комиссии по имуществу и земельным отношениям, комиссии по экономике, промышленности и предпринимательству. Принадлежит фракции КПРФ в городской Думе.

Родился 28 мая 1952г. в Узбекистане (УССР). Окончил Ташкентский институт народного хозяйства. Учился при ЦК КПСС в Саратовской высшей партийной школе, которую окончил с отличием.

С 1975г. работал в самых разных должностях – заместителем директора по экономическим вопросам асфальто-бетонного завода, директором совхоза, заместителем начальника Управления сельского хозяйства. В 1988г. по «партийной линии» его отправляют в Горький (Нижний Новгород) на должность заместителя председателя Плодовощторга. Здесь он получает второе высшее образование в Волго-вятской академии государственной службы (степень доктора экономических наук).

В 1993г. Олег Чанбокович баллотируется на выборах в депутаты Государственной Думы от КПРФ, но терпит поражение и уходит из политики на 15 лет.

С 2010г. – депутат городской Думы Нижнего Новгорода по партийному списку КПРФ.

## ◎ Тен Сергей Иннокентьевич[87]

Активный деятель корейского общественного движения, с 2004–2008гг. председатель Федеральной национально-культурной автономии корейцев России.

Родился 3 мая 1967г. в с.Арка Ошской области Киргизской ССР. В 1983г. после окончания школы работал в свеклосовхозе, затем в МРПО Киргизсельхозхимия. В 1992г. окончив торгово-экономический факультет Ташкентского института народного хозяйства, работал в Москве в российском Американо-Швейцарском торговом доме «Карина» в качестве директора.

В 1994г. переехал в г. Ростов-на-Дону, организовал торговый дом «Лайф» по реализации нефтепродуктов. В 1997г. занялся игровым бизнесом, стал акционером в АО «Азовский рынок».

В 2003г. стал владельцем туристической базы «Кубань». 26 ноября 2000г. был избран на пост президента ассоциации корейцев Ростовской области (АКРО). С его приходом ассоциация заметно активизировала свою деятельность по возрождению культуры, этноса, языка, обычаев, обрядов и

---

87) Тен Сергей. URL: http://www.arirang.ru/biografy/tensi.htm (2017.12.13)

традиций. Заметным событием стало проведение празднования 10-летия АКРО. Торжества вылились в грандиозный Фестиваль корейской культуры. Основная работа Ассоциации проходит в первичных организациях, созданных в г. Ростове-на-Дону, Батайске, Таганроге, в селах Кулешовке, Веселом, Ольгинской. Созданы Советы старейшин для оказания моральной и материальной поддержки пожилым людям. Создаются классы по изучению родного языка в Ростове-на-Дону, Батайске, Таганроге, в селах Кулешовке и Ольгинской. 7 февраля 2001г. был создан молодежный центр «Хваран».

17 мая 2001г. при содействии и поддержке АКРО создан Ростовский областной фонд корейской культуры и просвещения Республики Корея. Фонд занимается: популяризацией корейского языка среди российских корейцев и других национальностей, организацией обучения корейскому языку, содействует сохранению и развитию корейской национальной культуры и традиций. 30 августа 2001 г. началось издание областной корейской газеты «Путь».

Член координационного совета Общероссийского объединения корейцев, член консультативной комиссии объединения России, стран СНГ и Восточной Европы, Комитета по мирному объединению Кореи.

Председатель Национального совета Федеральной

национально-культурной автономии российских корейцев (2004–2009).

28 апреля 2004г. назначен заместителем губернатора Алтайского края, отвечал за формирование экономической и инвестиционной политики, координацию деятельности по вопросам предпринимательства и торговли.

15 июня 2007 – вошел в состав регионального политсовета Тувинского отделения партии «Единая Россия».

В 2007–2012 – первый вице-премьер, министр экономики Республики Тува.

С 2012–2016 – временно исполняющий обязанности директора «Гарнизона» (бывший «Оборонсервис»).

2017 – Военно-промышленный комплекс РФ.

Награжден медалью «За службу в УФСКН России».

## ◎ Пак Олег Борисович[88]

Статс-секретарь – заместитель министра связи и массовых коммуникаций Российской Федерации с 28 декабря 2012г.

Родился 2 мая 1976г. в г.Ленинск Кзыл-Ординской области Республики Казахстан. В 2000г. окончил Московскую государственную юридическую академию. Присуждена

---

[88] Назначен замминистра связи, ответственный за ИТ в госсекторе. URL: http://m.cnews.ru/news/top/naznachen_zamministra_svyaziotvets tvennyj (2017.12.10)

квалификация «юрист» по специальности «юриспруденция». В 1999–2005гг. работал в ОАО «Федеральный центр проектного финансирования», г.Москва.

С 2005–2012гг. работал в Министерстве экономического развития Российской Федерации. С августа 2010г. по август 2012г. занимал должность заместителя директора Департамента государственного регулирования в экономике Минэкономразвития России.

В августе 2012г. назначен директором Департамента государственной политики в области информационных технологий и координации информатизации Министерства связи и массовых коммуникаций Российской Федерации.

Распоряжением Правительства РФ №2588-р от 28 декабря 2012г. Олег Пак возведён в должность заместителя министра связи и массовых коммуникаций Российской Федерации.

Проработав несколько месяцев директором департамента координации информатизации в Минкомсвязи, Олег Пак стал заместителем министра связи, куратор по вопросам, связанным с информатизацией органов власти. В должности заместителя министра Олег Пак занимался разработкой и реализацией государственной политики, и нормативно-правовым регулированием в сфере развития информационного общества и повышения эффективности расходов федерального бюджета на информатизацию.

Женат, воспитывает сына.

## ◎ Ким Сергей Николаевич[89]

Главный редактор «Сибирского агентства новостей»

Родился 27 сентября 1955г. Окончил Пензенский государственный педагогический институт им. В. Белинского.

■ **Трудовая деятельность:**

1975–1976 – учитель физики. 1976–1977 – второй секретарь Малосердобинского райкома ВЛКСМ Пензенской области.

1976–1979 – первый секретарь Малосердобинского райкома ВЛКСМ Пензенской области.

1979–1981 – слушатель Высшей комсомольской школы при ЦКВЛКСМ.

1981–1983 – второй секретарь Ленинского райкома ВЛКСМ Красноярска. 1983–1985 – заведующий отделом студенческой

---

молодёжи Красноярского крайкома ВЛКСМ.

1985–1988 – директор Красноярской зональной комсомольской школы.

1988–1989 – начальник бюро социологии и психофизиологии труда лаборатории Красноярского металлургического завода им. В.И. Ленина.

1989–1990 – инструктор идеологического отдела горкома КПСС.

1990–1992 – редактор, комментатор Красноярского краевого комитета по телевидению и радиовещанию.

С 1992г. – главный редактор ЗАО «Красноярская телерадиокомпания Афонтово».

2001–2006 –депутат Законодательного Собрания Красноярского края, выдвинут избирательным объединением «Партия «Единство».

С марта по октябрь 2007г. – глава управления общественных связей СФУ.

С июля 2011г. – главный редактор «Сибирского агентства новостей».

С сентября 2013г. – председатель Общественного совета при Управлении ФСКН России по Красноярскому краю.

Женат, имеет сына и дочь.

## ◎ Пак Анатолий Алексеевич[90]

Родился 23 октября 1948г. в г.Усть-Каменогорск Восточно- Казахстанской области. В 1971г. окончил Ленинградский инженерно-строительный институт (квалификация – инженер-строитель); в 2003г. окончил Северо-Западную академию государственной службы (квалификация – менеджер). Председатель Общественного совета при Департаменте имущественных отношений Вологодской области, заместитель губернатора области с 2002г., член правительства области.

■ **Профессиональная деятельность** :

Работал строительным мастером, старшим прорабом, начальником столярного цеха; 1979–1992 – работал в должностях от главного инженера проектов института «Вологодгражданпроект» до заместителя директора АО «Вологдапроект»; 1992–2002 – председатель Комитета по управлению государственным имуществом, заместитель главы администрации Вологодской области; 2002–2012 – начальник департамента имущественных отношений

---

**90)** Анатолий Алексеевич Пак. URL: http://b-uchet.ru/whitepages/79053. php (2017.12.10)

Вологодской области, заместитель губернатора области, член правительства области.

Награждён орденом «За заслуги перед Отечеством II степени», неоднократно поощрялся областными наградами.

## ◎ Пак Сидор Николаевич[91]

Родился 14 Мая 1970г. в г. Ленинабад, Таджикская ССР.

Заместитель уполномоченного по защите прав предпринимателей в Московской области с 26.03.2014г.

В 1988–1990гг. проходил службу в рядах Советской Армии, в Военно-воздушных силах. Трудовую деятельность начал в 1992г. пилотом Маганского авиапредприятия (Саха – Якутия). Затем работал на руководящих должностях в коммерческих организациях ООО «Фортлайн», г. Москва, ООО «Модум Гратис», г. Москва, ООО «Рикко», г. Москва.

С 2010г. – руководитель центрального исполнительного комитета Объединения потребителей России (Москва). Активно занимается общественной деятельностью, член консультативного совета Роспотребнадзора Московской области.

---

91) Пак Сидор Николаевич – биография. URL: http://viperson.ru/people/ pak-sidor-nikolaevich (2017.12.10)

В 1992г. окончил Краснокутское лётное училище гражданской авиации по специальности пилот, в 2011г. – Российский университет дружбы народов по специальности лингвистика.

С 2010г. – руководитель центрального исполнительного комитета общероссийского общественного движения в защиту прав и интересов потребителей «Объединение потребителей России».

Пак С.Н. – доверенное лицо Президента РФ В.В. Путина; член Консультативного совета Роспотребнадзора Московской области; координатор проекта «Народный контроль» в Московской области.

## ◎ Син Александр Ченсанович[92]

Родился в г.Орджоникидзе Днепропетровской области в апреле 1961г. В 1983г. окончил Киевский государственный университет им. Т. Шевченко (специальность – общая физика). В 2001г. – Запорожскую государственную инженерную академию (финансы), в 2005г. – Национальную академию управления при Президенте

---

92)  Син Александр Ченсанович. URL: https://zp.vgorode.ua/refperson/4326-syn-aleksandr-chensanovych (2017.12.10)

Украины (государственное управление).

1983–1994 – сотрудник производственного объединения «Гамма». Прошел путь от инженера-технолога до заместителя генерального директора объединения – заместителя директора по экономическим вопросам завода «Гамма» производственного объединения «Гамма» (Запорожье).

1994–1999 – заместитель председателя Запорожского горсовета (до апреля 1997г.), 1999–2006 – заместитель председателя Запорожской областной государственной администрации, с февраля по июль 2006 – первый заместитель запорожского губернатора.

2006–2007 – начальник контрольно-ревизионного управления Запорожской области.

С июня 2007–сентябрь 2008 – заместитель генерального директора по юридическим вопросам и корпоративным рискам Запорожской АЭС.

С сентября 2008 – апрель 2010 – заместитель главы Запорожской областной государственной администрации.

С апреля по октябрь 2010г. – советник главы правления ЗАО «Запорожский автомобильный завод».

31 октября 2010г. победил на выборах городского головы Запорожья. Приостановил членство в партии «Батьківщина» (лидер – Юлия Тимошенко). В апреле 2012г. перешел в «Партию регионов».

С 31 октября 2010 – 25 ноября 2015 – мэр г.Запорожья.

Женат. Растит дочь.

В 1990-х гг. несмотря на политический кризис в бывшем СССР русскоязычные корейцы не остались в стороне, принимали активное участие в политической жизни, многие из них возглавили корейское общественное движение, содействовали развитию внешнеполитических связей между Россией и Республикой Корея.

Глава 2

# Российские корейцы в экономике, науке, образовании, культуре, православии и спорте

## 1. Экономика

Мировой экономический кризис не обошел стороной и Россию. По оценке Всемирного банка, российский кризис 2008 года «начался как кризис частного сектора, спровоцированный чрезмерными заимствованиями частного сектора в контексте глубокого тройного шока: со стороны внешней торговли, оттока капитала и ужесточения условий внешних заимствований». Произошёл обвал на фондовом рынке России, а также девальвация рубля, снижение промышленного производства, ВВП, доходов населения, а также рост безработицы. Антикризисные меры правительства потребовали значительных трат. По состоянию на 1 июля 2009г. международные резервы Центрального банка составляли $412,6 млрд. По сравнению с 1 июля 2008г., когда объём международных резервов России составлял $569 млрд, этот показатель снизился на 27,5%. В мае 2009г. ВВП России снизился на 11% по отношению к аналогичному месяцу прошлого года. Экспорт за этот месяц упал по сравнению с маем 2008 на 45%, составив $23,4 млрд; объём импорта уменьшился на 44,6% до $13,6 млрд. Сальдо торгового баланса уменьшилось в 1,8 раза. Во второй половине 2009г. экономический спад был преодолён, в III и IV кварталах этого года рост ВВП России с учётом сезонности составил 1,1% и 1,9% соответственно.

По итогам 2009г. ВВП России упал на 7,9%, что являлось одним из худших показателей динамики ВВП в мире, в то же время показав лучшую динамику, чем несколько стран бывшего СССР. Данные показатели позволили России выйти на третье место по ВВП на душу населения среди стран бывшего СССР, обогнав Латвию и уступив только Эстонии и Литве.

В 2009г. валовой внутренний продукт России оценивался в 2 109 млрд долл. Аналогичный ВВП имеют Великобритания (2 281 млрд долл.), Франция (2 097 млрд долл.) и Бразилия (2

030 млрд долл.). ВВП на душу населения России – 14 900 долл., В Соединенном Королевстве – 35 900, Франции – 33 100, в Бразилии – 10 600 долл. Осенью 1999 внешний долг России (включая долг СССР) достиг 160 млрд долл., и по этому показателю она вышла на первое место в мире. Долг был фактически полностью погашен в 2005–2007гг.

В марте 2010г. в докладе Всемирного банка отмечалось, что потери экономики России оказались меньше, чем это ожидалось в начале кризиса, что отчасти это произошло благодаря масштабным антикризисным мерам, которые предприняло российское правительство.

По итогам первого квартала 2010г., по темпам роста ВВП (2,9%) и роста промышленного производства (5,8%) Россия вышла на 2-е место среди стран «Большой восьмёрки», уступив только Японии. По итогам 2010г. рост ВВП России составил 4,0%, Россия вышла на 6-е место среди стран мира по объёму ВВП по ППС. В 2011г. ВВП России, согласно оценкам, вырос на 4,2%.

Объем промышленного производства в РФ за 2012г. увеличился лишь на 2,6% по сравнению с результатом 2011г., когда был зафиксирован рост промышленного производства на 4,7%. За 2012г. объем производства в обрабатывающих отраслях промышленности – на 4,1%, производство и распределение электроэнергии, газа и воды увеличилось на 1,2%.[93]

---

**93)** Экономика России. Основные черты российской экономики. URL:

Экономические трудности приходилось преодолевать всему российскому народу. С другой стороны, появилась возможность проявить все свои интеллектуальные и коммерческие способности в организации бизнеса, открытии новых производств и различных коммерческих организаций. Российские корейцы принимали активное участие во всех этих процессах и достигли немалых успехов.

# Нижний Новгород

## ◎ Югай Вячеслав Михайлович[94)]

Генеральный директор Общества с ограниченной ответственностью «Газпром трансгаз Нижний Новгород».

Родился 17 июля 1963г. в Республике Казахстан.

Образование:

Казахский политехнический институт им. В. И. Ленина по специальности «Автоматика и телемеханика».

Клинский институт охраны и условий труда по

(2020.06.12.) http://www.ereport.ru/articles/weconomy/russia.htm
94) Вячеслав Михайлович Югай. URL: http://n-novgorod-tr.gazprom.ru/about/managers/yugaj/ (2017.12.10)

специальности «Общие вопросы аттестации рабочих мест по условиям труда».

Wintershall Holding GmbH – повышение квалификации по специальности «Менеджмент персонала», Германия.

■ **Профессиональный опыт** :

Трудовую деятельность в системе ПАО «Газпром» начал сразу после института в 1986-м году в должности инженера контрольно-измерительных приборов и автоматики (КИПиА) Пелымского линейно-производственного управления магистральных газопроводов ООО «Тюментрансгаз».

2007–2009 – Заместитель генерального директора по эксплуатации компрессорных станций ООО «Тюментрансгаз».

2009–2011 – Главный инженер — первый заместитель генерального директора ООО «Газпром трансгаз Югорск».

2011–2012 – Исполняющий обязанности генерального директора ООО «Газпром трансгаз Югорск».

С мая 2012 – Генеральный директор общества с ограниченной ответственностью «Газпром трансгаз Нижний Новгород».

■ **Награды и звания** :

2004 – Почетная грамота ОАО «Газпром».

2005 – медаль «Честь и польза» международного

благотворительного фонда «Меценат столетия».

2010 – медаль «За вклад в развитие газового дела в России».

2011 – благодарность Министерства энергетики РФ 2013, звание «Почётный работник ОАО «Газпром».

# Санкт-Петербург

© Дю Игорь Сан-Сенович[95]

Председатель правления Группы компаний «Галактика», Гатчина.

Родился в 1959г. в г.Гатчина, Ленинградская область. В 1982г. окончил Ленинградский политехнический институт (СПбГПУ), энергомашиностроительный факультет, кафедра двигателей внутреннего сгорания.

ГК «Галактика», куда помимо одноименного комбината входят ещё три молочных завода, занимает около 3% российского рынка молока и входит в пятерку крупнейших производителей молочных продуктов.

В 1988г. Игорь Дю был избран директором Гатчинского молочного завода, в 2006г. возглавил совет директоров.

---

**95)** Дю Игорь Сан-Сенович. URL: http://milknews.ru/interviu-i-blogi/biographii/biographii_61.html (2017.12.15)

В 2008г. открыл в Гатчине комбинат «Галактика», инвестировав в него 2 млрд руб.

Занимал 155 место в «Рейтинге миллиардеров ДП – 2015». Состояние оценивалось в 2,6 млрд руб. По данным компании, оборот ГК «Галактика» в 2015г. вырос на 15%, до 7 млрд руб.

Занимал 246 место в «Рейтинге миллиардеров ДП – 2016». Состояние оценивалось в 1,2 млрд руб.

Участвует в «Рейтинге миллиардеров ДП – 2017».[96]

Председатель правления ГК «Галактика»[97] Игорь Дю представил результаты деятельности некоммерческого партнерства Центр качества молока на Втором съезде производителей молока России.

Этот центр качества молока создан на базе молочного комбината «Галактика» в 2009г. Помимо комбината, в него входят Государственная служба ветеринарного надзора, Академия менеджмента, компании Valio, Tetra Pak, ряд других структур. Проект осуществляется при поддержке областного правительства и Ленинградской торгово-промышленной палаты.

За 2 года деятельности центру на отдельных сельхозпредприятиях удалось увеличить производство

---

96) Кто есть кто. URL: http://whoiswho.dp.ru/cart/person/794640/ (2017.12.15)

97) Галактика. URL: http://www.mnogomoloka.ru/press/our_news/10024 (2017.12.15)

количество молока в категории «Супер Элита», соответствующего требованиям Евросоюза, до 90%.

Игорь Дю наглядно показал, почему сельхозпредприятиям выгодно производить высококачественное молоко – оно на 30% прибыльнее, чем молоко с более низкими показателями качества.

Игорь Дю предложил представителям власти и делегатам съезда присоединиться к работе «Центра качества молока» и применить успешный опыт его работы на федеральном уровне. Он также пригласил всех участников съезда принять участие во всероссийском совещании по качеству молока на комбинате «Галактика» – полностью автоматизированном, одном из самых современных молочных предприятий в Европе.

Подтверждением высокого уровня системы качества комбината является решение компании Valio (Финляндия) с декабря 2009г. производить продукцию под своим брендом в России именно на МК «Галактика». На мероприятии также обсуждались необходимые меры господдержки молочной отрасли до 2020г., основные проблемы молочной отрасли России, результаты взаимодействия производителей и переработчиков молока.

Важным событием съезда стало подписание соглашения между «Союзмолоко» и ММВБ о запуске совместного проекта биржевой торговли молочными продуктами. Кроме того, было подписано соглашение о сотрудничестве с ОАО «Росагролизинг».

Учредителем съезда является Национальный союз производителей молока («Союзмолоко») при поддержке правительства и министерства сельского хозяйства РФ.

# Москва и Московская область

◎ Борис Ким[98]

Председатель совета директоров ЗАО «Киви Банк»

Окончил МГУ им. М. В. Ломоносова в 1985г. по специальности «химия», Российский финансово-экономический институт в 1996г. по специальности «финансы и кредит», Московскую юридическую академию в 2000г. по специальности «юриспруденция», МГУ им. М.В. Ломоносова в 2004г. по специальности «психология» и МГУ им. М.В. Ломоносова в 2007г. по специальности «философия».

■ Профессиональная деятельность :

Является одним из ведущих российских

---

98) Борис Ким. URL: https://www.kommersant.ru/doc/3391234 (2017.12.15)

предпринимателей в финансовой сфере более чем с 20-летним опытом работы в индустрии платежных услуг. В настоящее время занимает посты председателя совета директоров группы QIWI, исполнительного директора ассоциации «Финтех».

С 1993 по 1996г. Борис Ким занимал должность финансового директора группы компаний TJ Collection (Россия). С сентября 1993г. по январь 1999г. был председателем правления Частного банка. С 1996 по 1999г. работал советником председателя правления АКИБ «Цюрих», входил в состав совета директоров. С 1999г. по 2004г. – советник председателя правления банковской и финансовой группы Zerich. С 1999 по 2007г. – президент группы e-port, совладелец Объединенной системы моментальных платежей (позднее преобразованы в группу QIWI). С 2007 по 2012г. возглавлял комитет по платежным системам и банковским инструментам Национальной ассоциации участников электронной торговли (НАУЭТ).

Ким продемонстрировал, как с нуля создать, по сути, отдельную отрасль экономики. Система мгновенных платежей Qiwi с терминалами, которые сегодня в больших городах можно увидеть на каждом углу, впервые появилась именно в России и именно благодаря его усилиям. Его компания развивает этот бизнес уже в 20 странах.

## ◎ Тян Трофим Николаевич[99]

Родился в 1950г. Лауреат Премии Ленинского комсомола. Окончил Московский физико-технический институт (МФТИ). Автор свыше 100 научных трудов, около 20 изобретений. Участвовал в испытаниях всех пилотируемых космических аппаратов (КА) в СССР, также в создании автоматизированных систем управления КА, обработки научной информации с КА и информационно-аналитических систем для народного хозяйства.

Награждён медалью «В память 850-летия Москвы», имеет знак «Изобретатель СССР», знак «Заслуженный специалист НПО».

## ◎ Александр Кан[100]

Родился 11 октября 1970г., московский ресторатор.

Является партнером, соучредителем и совладельцем проектов: «Прожектор», «Квартира», «K-Town», «Никуда не едем», «True Cost», «354 Exclusive height».

---

99) Тян Трофим Николаевич. URL: http://saint-elisabeth.ru/gallery/travel-notes/2969-the-rally-queens-baikal-korolev.html (2017.12.15)

100) Александр Кан. URL: http://www.moscow-restaurants.ru/who/kan.html (2017.12.15)

Александр Кан на заре своей профессиональной деятельности работал барменом, вместе со своим нынешним партнером Илиодором Марачем. До 2012г. управлял различными проектами и бизнесами. С 2012г. открыл свой ресторан Timeout Bar, совместно с другими партнерами. В этот же период работал обозревателем по барам с журналом Timeout.

## ◎ Цой Сергей Данилович[101]

Внук Цой Кериба (Чхве Керип, Чхве Бонг Соль) (1897–1973), героя Кореи. Член Совета Региональной общественной организации «Потомки борцов за независимость Кореи 1910–1945гг.», принимает активное участие в общественной жизни организации.

Родился 25 ноября 1965г. в Узбекистане. Директор корейского ресторана «Белый журавль» г. Москва.

Окончил в 1987г. химико-технологический факультет Ташкентского политехнического института. До 1993г. работал старшим научным сотрудником в лаборатории высокомолекулярных полимеров в Ташкентском

---

101) Интервью с Цой Сергеем 5 января 2018 года.

политехническом институте. Будучи перспективным ученым, Цой Сергей из-за экономической ситуации, вынужден был уйти из института и заняться коммерцией.

Родители Сергея одни из первых корейцев Узбекистана уехали в 1990-х гг. в г.Уссурийск, однако не прижившись на Дальнем Востоке, в 1994г. вернулись в Узбекистан, а затем переехали в Москву. Сергею пришлось заниматься разными видами коммерческой деятельности, начиная с «кобонди» и торговли. Женат, имеет двух дочерей.

## 2. Наука и образование

В науке также происходили кардинальные изменения. Учёые с мировым именем по приглашению зарубежных университетов стали выезжать за границу читать лекции, участвовать в международных симпозиумах и конференциях, получать гранты международных научных фондов. В СССР существовало понятие «невыездной», это значило, что ученый, который занимался секретными государственными разработками, не имел право выезда за границу. Обычному советскому гражданину для выезда за границу требовалось специальное разрешение и проверка в Комитете государственной безопасности (КГБ). С наступлением демократических реформ российские ученые получили свободу действий на перемещение, переезд в другие страны, право выбора научных исследований.

## ◎ Сон Эдуард Евгеньевич (1944–2021)[102]

Академик РАН по Отделению энергетики, машиностроения, механики и процессов управления РАН, по специальности «Электрофизика», доктор физико-математических наук, профессор, проректор по научной работе МФТИ.

Родился 29 сентября 1944г. в с. Куйбышево Ахангаранского района Ташкентской области. В 1948г. Сон Э.Е. переехал с родителями в с.Каскелен Алма-Атинской области, где окончил 7 классов средней школы с отличием и поступил в 1960г. в Алма-Атинский техникум железнодорожного транспорта. После окончания 2-х курсов техникума в 1962г., поступил в МФТИ, который окончил с отличием в 1968г. по специальности аэродинамика и термодинамика. В 1968г. поступил в аспирантуру МФТИ, которую окончил в 1971г. Диссертацию на соискание кандидата физико-математических наук на тему

102) Академик РАН Сон Эдуард Евгеньевич. URL: http://www.jiht.ru/about/supervisor/son.php (2017.12.15)

«Кинетические свойства неидеальной плазмы» под руководством члена-корреспондента АН СССР В.М. Иевлева защитил в 1972 г.

В 1971г. работал в МФТИ в качестве ассистента, в 1976 – доцент по кафедре физической механики МФТИ. В 1983 – защитил диссертацию на соискание доктора физико-математических наук по специальности «Кинетические явления в низкотемпературной плазме». В 1989 г. Сон Э.Е. – профессор на кафедре физической механики МФТИ. С 1991 – заведующий кафедрой физической механики, а с 1993 – проректор МФТИ по научной работе.

Ученый с мировым именем ведет успешную научно-исследовательскую работу, специалист по электрофизике, теплофизике и физике низкотемпературной плазмы, автор 160 публикаций, в том числе 14 монографий и учебных пособий. Э.Е. Соном подготовлено 6 докторов и 15 кандидатов наук. Э.Е. Сон являлся руководителем и исполнителем по ряду грантов в России и за рубежом (Грант INTAS 1994–1996 Nucleation, Growth and Spectroscopy of Ceramic and Metallic clusters in Laser Driven Synthesis, около 15 грантов РФФИ и Минобразования РФ), профессором Фулбрайта, Британского Совета, членом Американского физического общества.

Э.Е. Сон является членом: Американского физического общества; членом четырех Ученых советов в России; членом научно-экспертного совета РФФИ (1993–1995гг.); членом оргкомитетов и участником многих международных конференций. Опубликовано более 200 работ, включая 10 монографий. Э.Е. Сон был приглашен Британским советом в 1990г. для чтения лекций в Университетском колледже Сванси (Уэльс), Кембриджском университете и Империал-колледже (Лондон).

В 1991г. читал лекции в Массачусетском институте технологий (Бостон, США), в 1994г. был приглашенным профессором ряда университетов Южной Кореи, в 1995г. получил грант фонда Сороса по исследованиям пусковой плазмы, в 1994–1995 – руководитель российской частью проекта ИНТАС по исследованиям роста комплексов и агрегатов под действием лазерного излучения и созданию сверхпрочных материалов для высокотемпературной энергетики.

В 1996г. под руководством Э.Е. Сона был проведен комплекс исследований по моделям турбулентных течений высокотемпературных сред применительно для газовых турбин совместно с научным центром АВВ (Aaea Brown Boveri, Швейцария).

Руководит проектами по транспортировке нефти по заказу компании Шлемберже и является руководителем научного проекта «Экстремальные состояния вещества» российско-американского фонда «Фундаментальные исследования и высшее образование».

## ◎ Хан Сергей Александрович[103)]

Родился в 1963г. в г. Небит-Даг, Туркменской ССР. В 1985г. с отличием закончил Туркменский политехнический институт по специальности «Технология и комплексная механизация разработки нефтяных и газовых месторождений». В 1992г. защитил кандидатскую диссертацию «Разработка методов определения фильтрационно-емкостных свойств сложнопостроенных объектов по картам изобар». Постоянно повышая свою профессиональную квалификацию, проходил обучение в лучших российских и европейских образовательных учреждениях, таких как:

Московский институт нефти и газа им. Губкина (1986–1987); очная аспирантура ВНИИГАЗа (1987–1990); Нефтяной колледж г. Оксфорд, Великобритания (1994–1995); ACTIM, г.Париж, Франция (1996); Международная академия менеджмента, г. Дайдесхайм, Германия (1999-2000 );

---

**103)** Хан Сергей Александрович. URL: http://www.gubkin.ru/faculty/oil_
and_gas_development/chairs_and_departments/gas_field_
development_and_operation/Sergey%20Alexandrovich%20Han.php
(2017.12.15)

Академия народного хозяйства при Правительстве РФ, ВШКУ, г.Москва (2000–2003). Занимается профессионально-общественной деятельностью, является представителем ОАО «Газпром» в совете Международного газового союза (с 10.2010), а также членом Центрального совета российского общества инженеров нефти и газа (РОСИНГ).

Награждён званием «Почётный работник газовой промышленности», почётной грамотой Международного газового союза (МГС), премиями им.Губкина, им.Байбакова и премией ОАО «Газпром» в области науки и техники (2002, 2006).

Опубликовано более 40 статей.

В РГУ нефти и газа (НИУ) им. И.М. Губкина занимает должность профессора. Читает лекции по дисциплине Подземное хранение газа и жидкости.

## ◎ Цой Любовь Николаевна[104]

Родилась в 1948г. окончила философский факультет МГУ им. М.В. Ломоносова, кандидат социологических наук, чл.-корр. РАЕН, доцент кафедры управления человеческими ресурсами факультета менеджмента ГУ-ВШЭ,

---

**104)** Цой Любовь Николаевна. URL: http://conflictmanagement.ru/coj-lyubov-nikolaevna (2017.12.15)

социолог, философ.

Защитила кандидатскую диссертацию на тему «Практическая конфликтология в управленческом консультировании» (1997) в Институте социологии РАН.

Один из ведущих российских специалистов по конфликтологии. Этой теме посвящены более сотни ее научных работ, книг и авторских патентов. В 1997г. под ее руководством при Институте социологии РАН и Российского общества социологов была организована «Московская школа конфликтологии», в рамках которой были реализованы несколько проектов по разрешению конфликтов в Москве.

- Член Зиновьевского клуба МИА «Россия сегодня».
- Генеральный директор Московской школы конфликтологии.
- Руководитель курса повышения квалификации «Социология конфликта» НОЦ Института социологии РАН.
- Руководитель исследовательского комитета «Социология конфликта» Российского общества социологов.
- Специалист в области социологии конфликта и социологии города.
- Автор более 100 научных работ и двух книг: «Практическая конфликтология» и «Организационный

конфликтменеджмент:111 вопросов и 111 ответов».

- Разработчик авторского курса «Организационный конфликтменеджмент» для направления 080200.68 «Менеджмент» подготовки магистра.

- Единственный конфликтолог (социолог) в России, имеющий Патент №32383 на модель: «Система разрешения конфликтов на строительных объектах». Руководитель проектов по разрешению градостроительных конфликтов в г. Москве.

- Эксперт публичных слушаний.

- Эксперт НП «Национального центра общественного контроля в сфере «ЖКХ контроль».

- Преподает авторский курс «Организационный конфликт менеджмент» в московских вузах.

■ **Публикации:**

- Цой Л.Н. Место конфликта в корпоративной культуре организации // Журнал Kosmetik international EXPO Москва «Академия Научной красоты», 2003г.

- Цой Л.Н., Сергеев С.С. В контексте конфликтологии: тренинги в организациях, технологии и тренеры // Материалы встречи ODN 24 декабря 2002г., Москва.

- Цой Л.Н., Редюхин В.И. Социальный конфликт: от теории к практике «здравого смысла» // Материалы встречи ODN 25 февраля сентября 2003г., Москва.

- Цой Л.Н. Профилактика преступлений террористической направленности: мыслить глобально, действовать локально // Экстремальные ситуации, конфликты, согласие. Материалы научно-практической конференции, 27 ноября 2002г. Москва: Академия управления МВД, Институт социологии РАН, 2002г.
- Цой Л.Н. Во что играют консультанты // Материалы встречи ODN 24 сентября 2002г., Москва.
- Цой Л.Н. Опыт согласования интересов конфликтующих сторон // Россия: трансформирующееся общество / Под редакцией В.А. Ядова. М.: Издательство «Канон-пресс-Ц», 2001 и др.

## ◎ Потомки О Сон Мука
### – Героя Кореи, борца за независимость Кореи[105]

Русское имя – Пётр Александрович, корейское – О Сон Мук (Осенмук), известный просветитель-учитель, автор учебников корейского языка на советском Дальнем Востоке, участник Гражданской войны, участник антияпонского движения.

Фамилию О Сон Мука переделали

---

105) Семейный архив потомков О Сон Мука, предоставлен внучкой Цой Ольгой. Интервью с Цой Ольгой 2018.01.05.

сотрудники советского ЗАГСа, приписав ее семерым детям: Кильмен – Михаил (1918–1938), Анна (1921–2009), Татьяна (1925–2014), Донмен – Анатолий (1927–2008), Икмен – Александр (1928–2001), Семен – Марк (1934–2013), Лилия (1937), 14 внуков, 26 правнуков и 23 праправнука. Потомки О Сон Мука в большинстве своем, как их дед, выбрали профессию учителя.

## ◎ Югай Юрий Александрович (сын Татьяны Петровны)[106]

Родился 24 января 1947г., г.Душанбе, Таджикская ССР. Школа – 1965г., КазПТИ – 1972г., автоматизация металлургического производства, вычислительная техника, программирование, информационные технологии, преподавание, работа в Управлении государственной и муниципальной службы Московской области. На заслуженном отдыхе – пенсионер. Живет в Красногорске, Московская область. Женат. Двое детей, 2 внука.

---

[106] Семейный архив потомков О Сон Мука, предоставлен внучкой Цой Ольгой. Интервью с Цой Ольгой 2018.01.05.

◎ **Осенмук Алексей Маркович (сын Марка Петровича)[107]**

Родился в 1966г. в г.Москва.

Вице-президент по экономике и финансам ЗАО «Золотобывающая компания Полюс», бывший заместитель генерального директора Московской межбанковской валютной биржи (ММВБ). Служба в армии с 1984 по 1986гг. 1989г. окончил факультет международных экономических отношений Московского финансового института (в настоящее время – Государственная финансовая академия).

В 1990 г. прошел курс трейдера на Сингапурской валютно-фондовой бирже (SYMEX).

1991–1992 – работал в Центре проведения межбанковских валютных операций (валютная биржа) Государственного банка СССР; 1992–1997 – заместитель генерального директора, член дирекции ММВБ, курировал работу по стратегическому развитию ММВБ; 1997–1998 – заместитель начальника управления корпоративной клиентуры ОНЭКСИМбанка; 1999–2003 – начальник управления организации клиентского обслуживания Росбанка;

---

107) Семейный архив потомков О Сон Мука, предоставлен внучкой Цой Ольгой. Интервью с Цой Ольгой 2018.01.05.

С 2004 – CFO золотодобывающей компании Полюс-Золото;

С 2012 – генеральный директор компании «Управление горными проектами (геологоразведка и разработка золотых и медно-полиметаллических месторождений на Дальнем Востоке)».

В должности заместителя генерального директора ММВБ, сотрудничество с международными финансовыми институтами.

## ◎ Осенмук Валерия Владимировна (супруга Алексея Марковича Осенмука)[108]

Родилась в 1967г. В 1989г. окончила Отделение истории искусства исторического факультета МГУ, в 1992г. – аспирантуру.

В 2001–2002гг. стажировалась в Центральной Академии художеств в Пекине. С 1993г. преподает на факультете теории и истории искусства МГАХИ им. В.И. Сурикова, в 2005–2006г. занимала должность проректора по научной работе. В 2005–2008гг. работала в Государственном институте искусствознания (отдел Азии и Африки, старший научный сотрудник). В

---

108) Семейный архив потомков О Сон Мука, предоставлен внучкой Цой Ольгой. Интервью с Цой Ольгой 2018.01.05.

2013г. награждена почетной грамотой Министерства образования и науки РФ. Преподавание на кафедре всеобщей истории искусства исторического факультета МГУ начала в 1999г., с 2016г. является штатным сотрудником в должности доцента.

Научные интересы: Буддийское искусство; Искусство Дальнего Востока и Центральной Азии; Психология искусства.

Педагогическая деятельность Валерии Владимировны Осенмук тесно связана с научными интересами в области истории искусства Дальнего Востока, Южной и Юго-Восточной Азии, психологии творчества и восприятия изобразительного искусства Востока. Она является ведущим специалистом в области средневековой китайской живописи и художественной культуры буддизма. Более двадцати лет Валерия Владимировна вела занятия в МГАХИ им. В.И. Сурикова, работала в Секторе искусства стран Азии и Африки Государственного института искусствознания.

С 1999г. В.В. Осенмук начала преподавать на историческом факультете МГУ. Сегодня она ведёт разнообразную педагогическую работу: читает лекции по обязательным дисциплинам «Искусство Индии, Дальнего Востока и Юго-Восточной Азии» и «Искусство стран ислама», ведет спецкурс «История буддийского искусства» и спецсеминар «Искусство Востока», плодотворно развивая школу изучения художественной культуры Востока, существующую в Московском университете.

В 2013г. за значительный вклад в подготовку высокопрофессиональных специалистов и научно-педагогических кадров В.В. Осенмук была награждена Почётной грамотой Министерства образования и науки Российской Федерации. Алексей Маркович и Валерия Владимировна имеют двух сыновей.

## ◎ Осенмук Галина Донменовна
## (дочь Донмена Петровича)[109]

Родилась 14 августа1957г., пос. Асу-Булак Уланского р-на Восточно-Казахстанской области.

В 1974г. окончила среднюю школу №4 в Усть-Каменогорске, поступила в педагогический институт (физико-математический факультет), работала завучем и учителем математики, потом на конденсаторном заводе программистом, а затем освобождённым секретарём комитета комсомола завода. В 1984г. уехала на север в г. Сыктывкар на работу в должности заместителя начальника жилищно-коммунальной конторы. В Усть-Каменогорске занималась торговлей более 30 лет. Живет в Усть-Каменогорске с мамой.

---

109) Семейный архив потомков О Сон Мука, предоставлен внучкой Цой Ольгой. Интервью с Цой Ольгой 2018.01.05.

## ◎ Цой (Осенмук) Ольга Николаевна
   (дочь Осенмук Анны Петровны)[110)]

Родилась 19 октября 1959г. в г.Усть-Каменогорске Восточно-Казахстанской области, Казахстан, СССР.

Окончила Московский институт Управления, по специальности автоматизированные системы управления. Работала в Государственном информационный вычислительный центр (ГИВЦ) министерства тяжелого машиностроения в Москве.

В 1987г. решила полностью сменить направление деятельности на педагогическую, работала воспитателем и учителем музыки в школе-интернате. С 1990г. - эксперт, автор концепций в сфере альтернативного образования и социокультурного проектирования.

В 1990г. открыла совместно с друзьями одну из первых альтернативных школ в России, учредитель, содиректор частной школы Лицей Троице-Лыково. С 2000г. - руководитель Центра детской культуры «Академия ТИМЕЙ». С 2015г. - создатель проекта «Академия фонариков» – живого пространства целостного развития человека. Автор

---

110) Семейный архив потомков О Сон Мука, предоставлен внучкой Цой Ольгой. Интервью с Цой Ольгой 2018.01.05.

образовательного курса «Культура Намерения», трансформационный тренер, мотивационный спикер. Автор методик эвристической среды, социокультурных проектов, курсов, песен и сказок. Член российских и международных организаций по альтернативному образованию.

# 3. Культура

В советское время о деятелях культуры и искусства из этнических меньшинств информации не было. О корейцах совсем не писали, был негласный запрет. Тем не менее, художники, литераторы, поэты корейского происхождения творили свои произведения и продолжают творить.

## Династия скульпторов из Воронежа

◎ Пак Эльза Николаевна[111]

Скульптор, родилась 15 мая 1942г. в г.Той-Тюбе,

---

111) Союз художников России. Пак Эльза Николаевна. URL: http://vrnsh. ru/%D1%85%D1%83%D0%B4%D0%BE%D0%B6%D0%BD%D0%B8%D 0%BA%D0%B8/%D0%BF/%D0%BF%D0%B0%D0%BA- %D1%8D%D0%BB%D1%8C%D0%B7%D0%B0-%D0%BF%D0%B5%D1 %82%D1%80%D0%BE%D0%B2%D0%BD%D0%B0; URL: http://www. fenkar.ru/proektyi/rossiya-mnogonaczionalnaya/elza-nikolaevna-pak. html (2018.01.23.)

Узбекистан. 1964г. – окончила Ташкентское художественное училище, 1970г. – Ленинградский институт живописи, скульптуры и архитектуры им. И.Е. Репина. Автор произведений монументальной, станковой, декоративной скульптуры.

Член Союза художников СССР с 1974г. В 1970–2001г. работала в Воронежских художественно-производственных мастерских Художественного фонда РСФСР. Преподавала в Воронежском художественном училище с 1970г., в Воронежском архитектурно строительном институте с 1971г. по 1972г. Лауреат Государственной премии России 1990г., заслуженный художник России (1992), заслуженный деятель искусств (2001), академик Петровской академии наук и искусств.

Эльза Николаевна Пак – известный воронежский скульптор, создавший ряд произведений, которые сегодня определяют внешний вид столицы Черноземья.

Скульптурная группа возле театра кукол в Воронеже – одна из лучших работ Эльзы Николаевны. Рядом находится ещё одно ее произведение – герой повести Гавриила Троепольского сеттер Бим. Эльза Николаевна никогда не творила без своего мужа и напарника – Ивана Дикунова. Этот чудесный семейный и творческий союз подарил Воронежу много замечательных скульптур. В том числе – несколько памятников отечественным писателям и поэтам. По мнению искусствоведов, скульптуры Платонова, Пушкина и другие являются частью наследия отечественной культуры.

Только один раз предметом творчества Э. Пак и И. Дикунова стал один из конъюнктурных образов советской эпохи. Будучи мастерами высшего разряда, они получили заказ местного районного комитета КПСС на создание памятника В. И. Ленину. Помимо этого, было оформление фасада Театра драмы, детского парка и другие работы.

Талант Эльзы Николаевны Пак получил признание как в Воронеже – местная администрация отметила её работы целым рядом наград, – так и по всей стране. На закате советского времени Эльза Пак стала лауреатом государственной премии, чуть позже - заслуженным художником РСФСР, а ещё десть лет спустя – заслуженным деятелем искусств Российской Федерации. Разумеется, её труд отмечен многочисленными дипломами, медалями, грамотами.

В 2000-х гг. Эльзу Николаевну Пак увлекли религиозные мотивы. Так, перед Благовещенским собором в 2003г. появилась скульптурная композиция: бронзовая фигура святителя Митрофания, окружённая четырьмя ангелами. Это был совместной проект руководства воронежской епархии и художников.

Ещё одна работа на религиозную тему была создана Эльзой Николаевной Пак для Задонска, который расположен по соседству с Воронежем. Она изображает местного святителя Тихона, которого почитают во всей стране.

Помимо творчества, Эльза Пак занимается и общественной деятельностью, являясь председателем национально-культурной автономии корейцев Воронежской области. Стараниями Эльзы Николаевны Пак в Воронеже и в других городах организовывались разнообразные просветительские, образовательные и культурные мероприятия.

За более чем 40 лет Эльза и Иван вырастили и воспитали целую династию скульпторов. Старший и младший сыновья – Максим и Алексей пошли по стопам родителей и вместе с родителями работают в Воронеже. Дочь Наталья занимается графикой и живёт в Москве. Её дипломная работа в художественном училище называется «Моя семья». Больше десяти портретов всех родственников выполнены в графике. При этом в доброй половине зарисовок зафиксированы ежедневные будни большой семьи художников. Мать лепит эскиз, брат смотрит на скульптуру, отец вытачивает памятник. Совместные работы есть у всей семьи, а характер их творчества – симбиоз культур. Сын Максим признается, что в его мировоззрении сочетаются две культуры – русская и корейская.

Эльза Пак родилась после принудительного переселения в Узбекистан. По её рассказам, сначала они с мамой жили в небольшом г.Нукус. В корейском колхозе «Полярная звезда» выращивали хлопок, рис. Дети в школе учили корейский язык и дома родители с ними говорили на корейском языке. Вспомнить язык сейчас Эльзе Пак удаётся не часто. Туристическая поездка в Южную Корею заставила её вспомнить родную речь.

Эльза была хорошо знакома с культурными течениями, архитектурными стилями Кореи. На исторической родине, она чувствовала, что оказалась в очень знакомых местах.

Для скульптора Эльзы семья, дом, работа – это Воронеж, здесь прошла вся жизнь, родились и выросли дети, творческий путь прошел в этом городе, а родина – Узбекистан, где прошло ее детство.[112]

# Династия художников из Санкт-Петербурга

## ◎ Пен Варлен (1916–1990)[113]

Советский живописец и график, член Ленинградского Союза художников, профессор Ленинградского института живописи, скульптуры и архитектуры им. И. Е. Репина.

Родился 29 сентября 1916г. в дер. Юран-чон Шкотовского района Приморского края. В 1940г. поступил на живописный факультет Ленинградского института живописи, скульптуры и архитектуры, который закончил в 1947г. по мастерской А. Осмёркина с присвоением квалификации художника живописи. Дипломная работа — картина «Корейские рыбаки».

---

112) Там же.
113) Пен Варлен российский художник корейского происхождения. URL: https://remch-ch.livejournal.com/1376377.html (2018/01/23)

В 1947–1950гг. учился в аспирантуре института, кандидат искусствоведения, с 1950г. преподавал в этом же институте, профессор (1977).

В 1953–1954гг. по направлению Министерства культуры СССР работал советником в КНДР, оказывая помощь в восстановлении системы обучения в Художественном институте Пхеньяна, одновременно создавая новые произведения.

Продолжая работать в Академии, он с 1960-х гг. часто ездил на родину в Приморье, пейзажные образы которого стали постоянной приметой его офортов. Художник сумел соединить с западными традициями академической школы рисунка восточные принципы авторской графики, а многолетняя ежедневная работа позволяет сегодня сказать – он не просто жил искусством, он принял искусство как смысл своей жизни.

Участник выставок с 1947г. Писал портреты, пейзажи, жанровые композиции, занимался офортом и литографией. На рубеже 1980-х и 1990-х гг. работы Пен Варлена в составе экспозиций произведений ленинградских художников были представлены европейским зрителям на целом ряде зарубежных выставок.

Пен Варлен скончался 26 мая 1990г. в Ленинграде на семьдесят четвёртом году жизни.

Произведения художника находятся в музеях и частных

собраниях в России, КНДР, Франции, Японии, США, Корее и других странах, в том числе коллекциях: Государственного Русского музея, Музея истории Санкт-Петербурга, Музея городской скульптуры, Музея Арктики и Антарктики, Центрального Военно-морского музея, «Пушкинского дома» РАН, Российской национальной библиотеки, Государственного музея искусств Узбекистана, Ярославского художественного музея, Орловского областного художественного музея, Костромского историко-архитектурного и художественного музея-заповедника, Михайловской картинной галереи (Алтайский край), Астраханской государственной картинной галереи им. П. М. Догадина, коллекции Шина Ёнг Ука (Сеул, Республика Корея).

## ◎ Сын – Пен Сергей Варленович[114]

Художник, заслуженный художник Российской Федерации, профессор кафедры живописи факультета изобразительного искусства Российского государственного университета им. А.И. Герцена, член Санкт-

___

114) Пен Сергей Варленович. URL: http://fii-herzen.spb.ru/ru/staff/dept-painting/pen (2018/01/23)

Петербургского Союза художников. Родился в 1952г. в г. Ленинграде. В 1976г. окончил Ленинградский институт живописи, скульптуры и архитектуры им. И. Е. Репина (факультет живописи), мастерская народного художника СССР В. М. Орешникова. С 1980 – член Союза художников России. Художник – маринист. С 1987г. работает в Центральном военно-морском музее (ФГКУ «ЦВММ» Минобороны России).

С 1989 – художественный руководитель Студии художников-маринистов ФГКУ «ЦВММ» Минобороны России.

В 1996 – награждён медалью «В честь 300-летия Российского Флота».

В 1997 – присуждено звание, Заслуженный художник Российской Федерации.

В 2004 – награждён медалью «В память 300-летия Санкт-Петербурга».

Педагогическая деятельность:

С 1978 по 1979 – преподавал на кафедре рисунка факультета изобразительного искусства РГПУ им. А. И. Герцена.

С 2006 – работает на кафедре живописи факультета изобразительного искусства.

Более 50 произведений художника находятся в коллекции и экспозиции музея ФГКУ «ЦВММ» Минобороны России.

Публикации:

Каталог персональной выставки в ФГКУ «ЦВММ» Минобороны России, 2002.

Альбом живописных работ, издан в Китае, 2009.

# Архангельск

## ◎ Шек Надежда Капитоновна[115]

Родилась 9 сентября 1951г. в пос. Дальверзин Ташкентской области, скульптор, заслуженный художник России, член Союза художников России. Окончила в 1974г. Пензенское художественное училище, в 1980г. – Московский государственный художественный институт им.  Сурикова по специальности художник-скульптор.

С 1976г. участвует в областных, зональных, республиканских и всесоюзных художественных выставках. В 1989г. вступила в Союз художников России.

Надежда Шек (Сок) работает и в бронзе, и в дереве, и в гипсе, но камень её всегда привлекал особо. Связь скульптора с камнем генетическая. В переводе с корейского «сок» означает «камень». Камень – это покой и вечность, это сама

---

115) Камень Надежды Шек. URL: https://kotlaslib.aonb.ru/doc/kamen.pdf (2018/01/23)

сила в её природном исполнении. Известные работы Надежды Шек: «Крест», «Кошка, «О вечном», «Николай Рубцов» и др. В Архангельской области Надежда Шек и супруг Николай Овчинников – единственные профессиональные скульпторы.

Лауреат премии 2013г. деятелей культуры России за художественное решение и создание мемориальной доски, посвящённой памяти историка и краеведа Евгения Овсянкина. Живет в Архангельске, имеет двух сыновей.

## Эстония

◎ Лим Сергей[116]

Сергей Лим – человек, который влюблён в морскую стихию и творит кистью. Он закончил железнодорожный техникум, стал механиком рефрижераторной секции — сейчас этой профессии и не существует. Не имея специального художественного образования, тем не менее он занялся любимым делом.

Из интервью Лима[117] известно, что дедушка с бабушкой с

---

116) Лим Сергей. URL: http://hesburger.arts.in.ua/gallery (2018/01/23)
117) Лим Сергей. URL: http://hesburger.arts.in.ua/gallery (2018/01/23)

маминой стороны родом с Дальнего Востока, где дед был учителем, а бабушка колхозницей. Сергей их помнит, так как застал в живых, но уже в Узбекистане. А с отцовской стороны родственники умерли ещё до рождения Сергея.

Отец Сергея - инженер гидротехнических сооружений после окончания института в Санкт-Петербурге был распределён в Таллинн.[118] Мама родилась и жила на Сахалине, где они познакомились, когда он служил в армии. Отец принимал участие в строительстве Таллинского порта, набережной в Пирита. Мама по образованию преподаватель английского языка.

Сергей считает, что художником стал с рождения - на свой «асянди»(돌) первое, что он взял в руку, был карандаш. Сколько себя помнит всегда любил рисовать. Однако полностью себя этому посвятил лет 8 назад.

Самое важное в профессии художника, утверждает он – это найти себя, выбрать направление и следовать ему, постоянно совершенствуясь. Главной темой в творчестве Лима – морская. Но в детстве больше любил рисовать людей, и как все мальчишки рисовал, конечно, войну.

Сергей объясняет, что «Таллинским Айвазовским»[119] его называют в Эстонии потому, что здесь никто не пишет море

---

118) Таллин - столица Эстонской республики.
119) Айвазовский Иван (1817 – 1900) – выдающийся русский художник-маринист.

так, как это получается у него. Сравнивать себя с великим И.К. Айвазовским он даже не мечтает. Но плох тот рядовой, который не метит в генералы⋯ Во всяком случае, для Эстонии через какое-то время может и стану почти Айвазовским, смеётся Лим Сергей.

Размышления на тему национальной идентичности:

Я родился в Таллине, Эстонская ССР. Учитывая, что мои родители оба советские корейцы и вырос я почти в корейской семье (мы жили в Эстонии вдали ото всех родственников), то конечно я кореец⋯ по крови и где-то в душе.

Эстония была обособленной республикой, и рос я в соответствии с местным менталитетом, хотя и в русскоязычной среде. Это отложило, конечно, в моем сознании свои отпечатки. Даже двоюродные сестры и братья говорят, что я не кореец. Культура также разная. Попадая в среду корейцев, я не всегда понимал, что я делаю не так. Например, в корейских колхозах, где жили родственники, чувствовал себя «белой вороной».

Менталитет у меня, наверное, уже европейский. И я полный профан в традициях⋯ Но историю, и, в частности, историю советских корейцев, изучал. Многое рассказал отец. Он хоть и сам прожил вдали от родных почти 50 лет, всё же хранит и помнит и культуру, и историю, и корейский язык. К сожалению, мама моя умерла давно, но я помню, что они часто между собой говорили по-корейски.

На вопрос о том, готовлю ли блюда корейской кухни, и какое любимое? Сергей с удовольствием ответил: «Да, конечно готовим! Но не я. Отец в этом деле повар – профессионал. Будучи на пенсии, он до сих пор работает. Так что частенько балует традиционными блюдами. А самое любимое, это «кукси», конечно. Тубу обожаю, но удаётся им насладиться только в Средней Азии, а там я бываю не часто, к сожалению. У нас этого, не купить».[120]

Главной чертой корейцев остается труд и ещё раз труд, считает художник. Только становясь профессионалом, ты осознаёшь свою значимость, получаешь удовлетворение от своего труда.

# Москва

◎ Хван Александр Фёдорович[121]

Родился 28 декабря 1957г., г. Чебоксары, Чувашская АССР, СССР, российский кинорежиссёр, сценарист, актёр, композитор.

120) Сергей Лим: только вдохновение рождает шедевры. URL: https:// ru.sputnik-news.ee/culture/20170308/5021306/sergej-lim-tolkp-vdohnovenije-rozdajet-shedevry.html (2018/01/23)

121) Хван Александр Федорович. URL: http://www.kino-teatr.ru/kino/ director/ros/4608/bio/ (2018/01/23)

Окончил художественную школу, в 1980г. режиссёрский факультет ВГИКа (мастерская Льва Кулиджанова и Татьяны Лиозновой).

Известность получил в 1992г., когда снял фильм «Дюба-Дюба» с Олегом Меньшиковым в главной роли. «Дюба-дюба» был удостоен приза кинопрессы за лучший дебют и имел успех в нескольких кинофестивалях, в том числе и в Каннском. Кроме того, режиссёр сам написал и музыку для этого фильма.

С 1996г. является членом правления Киностудии им. Горького. Секретарь правления Союза кинематографистов России.

**Актёрская деятельность :**

| год | Фильм | Роль |
|-----|-------|------|
| 1996 | Научная секция пилотов | *художник* |
| 1996 | Мания Жизели | *«китаец»* |
| 1997 | Странное время | *приятель Саши* |
| 2004 | Дети Арбата | *Березин* |
| 2005 | Sказка О Sчастье | *Файзо* |
| 2006 | Питер FM | *дворник* |
| 2009 | Предлагаемые обстоятельства | *режиссёр* |
| 2011 | Физика или химия | *Чен, отец Джана* |

**Режиссёрская деятельность :**

- 1990 – Хозяин (в киноальманахе «Доминус»)
- 1992 – Дюба-дюба

- 1995 – Свадебный марш (новелла из киноальманаха «Прибытие поезда»)
- 1998 – Дрянь хорошая, дрянь плохая
- 1999 – Умирать легко
- 2001 – Шатун
- 2002 – Кармен
- 2005 – Риэлтор
- 2006 – Секретные поручения
- 2007 – Поводырь
- 2008 – Вареники с вишней
- 2009 – Предлагаемые обстоятельства
- 2010 – Хитровка
- 2010 – Гаражи
- 2011 – Группа счастья
- 2012 – Марьина роща
- 2013 – Нарочно не придумаешь
- 2013 – Ожерелье
- 2013 – Цена любви
- 2013 – Мирт обыкновенный
- 2014 – Кровь с молоком
- 2014 – Сильнее судьбы
- 2014 – Полцарства за любовь
- 2015 – Взгляд из вечности

## Награждён:

- 1990 – Специальный приз прессы на КФ «Дебют» в Москве за новеллу «Хозяин» в составе к/а «Доминус».
- 1992 – Приз за режиссуру на ОКФ «Киношок» в Анапе за х/ф «Дюба-дюба».
- 1992 – Приз кинопрессы за лучший дебют года за х/ф «Дюба-дюба».

- 1994 – Приз в номинации «Кино XXI века» на МКФ молодого кино «Кинофорум» за х/ф «Дюба-дюба».
- 1995 – Приз FIPRESCI на ОРКФ «Кинотавр» в Сочи за новеллу «Свадебный марш» в составе к/а «Прибытие поезда».
- 1995 – Приз кинопрессы за лучший фильм года за новеллу «Свадебный марш» в составе к/а «Прибытие поезда».
- 2001 – Специальный приз жюри на РТФ «Сполохи» в Архангельске за новеллу «Ведьма» в составе к/а «Черная комната».
- 2003 – Главный приз им. В. Приемыхова на КФ «Амурская осень» в Благовещенске за х/ф «Кармен».
- 2003 – Гран-при на КФ в Бердянске за х/ф «Кармен».

## ◎ Пак Валерий Юрьевич[122]

Певец, композитор. Заслуженный артист России, лауреат российских и международных конкурсов и фестивалей, лауреат премии Московского комсомола.

Родился в Москве 8 апреля 1957г. Детство и юность провел в г.Кентау КазССР, где окончил среднюю школу и музыкальную школу по классу баяна. После окончания музыкальной школы самостоятельно овладел 6-струнной гитарой и начал работать в вокально-инструментальных ансамблях г.Кентау. С этого периода начинается его композиторская деятельность. В 1975г. поступил и в 1979г.

---

[122] Валерий Пак. Биография. URL: http://vpak.ru/ob-avtore/biografiya/ (2018/01/23)

закончил Московский государственный институт культуры по специальности «Дирижёр оркестра русских народных инструментов». Своей удачей считает факультативные занятия по классу вокала у Максимовой М.Я. и по классу композиции у Смехнова Ф.Ф.

После окончания института в 1979г. начинает работать в Москонцерте в качестве солиста-вокалиста ВИА «Акварель». В 1979г. призывается в СА. Солист хора и оркестра ансамбля песни и пляски Московского военного округа. С 1981г. – солист-вокалист Москонцерта.

В репертуаре Пака В.Ю. около 200 авторских песен на стихи русских поэтов. Он написал большие вокальные циклы на стихи русских и советских поэтов – А.С. Пушкина, С.А. Есенина, Н.М. Рубцова, Б.А. Чичибанина. Были созданы сольные авторские программы – «Я песней с Вами говорю», «Остановиться⋯оглянуться⋯», «Романса теплое дыханье». На ТВ и радио были сделаны авторские программы – «Народный романс», «Телевизионный клуб охотников», «6 песен на «бис», «Романс растревожил».

В Курске и Москве в течение 5 лет проводил фестиваль «Праздник русского романса». Более чем в 35 странах представлял советское и российское искусство и культуру. Активно участвовал в программах поддержки наших спортсменов на крупных спортивных мероприятиях – олимпиадах (Сараево, Сеул), чемпионатах мира и Европы.

Давал концерты и в «горячих точках».

Изданы следующие альбомы: «Не судите любовь», «Правдивый романс». Готовы к изданию и ждут своей очереди новые.

## ◎ Хегай Александр Анатольевич[123]

Родился 18 августа 1956г. в Москве, популярный автор-исполнитель, лауреат и дипломант различных конкурсов и фестивалей авторской песни.

Воспитывался в семье советских корейцев. В детстве Александр начал играть на шестиструнной гитаре, и это хобби осталось с ним на всю жизнь.

В 1975г. он увлекся бардовской музыкой и сочинил первую песню – «Звонница». После школы поступил в Московский электротехнический институт связи и после окончания института работал по специальности. Без отрыва от профессии он стал лауреатом многих бардовских фестивалей.

Александр Хегай работает в ОАО «Ростелеком», но при этом активно дает концерты, участвует в фестивалях

---

123) Хегай Александр Анатольевич. URL: http://www.bards.ru/person.php?id=2051 (2018/01/23)

авторской песни в России и за границей, участвует в жюри конкурсов и т.д. Помимо собственных композиций в его репертуар входят произведения классиков авторской песни, народные песни, фрагменты саундтреков к советским кинофильмам. Особенно слушатели ценят юмористическое направление в творчестве Александра Хегая.

В качестве большого знатока городского и дворового фольклора Александр был постоянным участником и даже соведущим передачи «В нашу гавань заходили корабли» Эдуарда Успенского и Элеоноры Филиной. Программа выходила сначала на «Радио России», затем появилась телеверсия, которая с 1999 по 2011г. транслировалась на различных телеканалах.

В 2002г. программа выходила в эфире «Радио Шансон». Песни из «Гавани» вошли в основу первого альбома в дискографии Александра Хегая: он вышел в 2004г. и назывался «В нашу гавань заходили корабли», части I и II. Спустя год появился диск «Любимые песни», а в 2008-м собственные произведения барда вышли на пластинке «Несерьезные песни».

Композиции Александра Хегая выходили в таких изданиях, как «Сборник медицинских песен» (2003), «Приэльбрусье 2004–2009гг.», «Лучшие песни клуба "Бард-Ретро"» (2008) и в других проектах. А. Хегай также является соучредителем «Творческого содружества «ТвердЪ» и руководит в нем культурно-массовым отделом.

Достижения и награды: 1975 – лауреат конкурса МЭИСа; 1976 – лауреат конкурса МФТИ; дипломант многочисленных фестивалей авторской песни «А знаете ли вы, что···».

Любимые авторы Александра Хегая — Сергей Никитин, Юлий Ким, Юрий Визбор, Владимир Качан. На досуге исполнитель любит рыбачить. Хиты: «В белом платье с пояском», «Дорожная серая юбка», «Монолог Деда Мороза», «Монолог зятя» «Романс», «Маруся и электрик».

## ◎ Ким Су Хан[124]

Художник-график из Москвы. Родился на Сахалине, в пос. Пятиречье Холмского района. В 1976г. окончил Иркутское училище искусств.

Как признается сам художник, «началось желание рисовать, наверное, с дедушки, который красиво писал кистью восточную каллиграфию, нравилось наблюдать за движением кисти на бумаге». Творчествомзанимается Ким Су Хан с 2010г. после переезда в столицу России.

---

**124)** Слава Ким (Ким Су Хан). URL: https://graff.in.gallerix.ru/ (2018/01/23)

Ким Су Хан состоит в Творческом Союзе художников России (ТСХР). Участвовал в нескольких выставках в ЦДХ.

# Санкт-Петербург

### ◎ Ли Нелли Петровна (1942–2015)[125)]

Родилась 5 февраля 1942г. Окончила в Ленинграде музыкальное училище им. Н.А. Римского-Корсакова (класс заведующей вокальным отделением Е.П. Андреевой) и консерваторию в 1970г. (класс Т.Н. Лавровой).

Начала свою концертную деятельность ещё в годы учёбы в консерватории и выступала с известнейшими композиторами: Сергеем Слонимским, Михаилом Феркельманом, Юрием Фаликом, Дмитрием Толстым (сыном знаменитого писателя), Давидом Прицкером. С ними продолжила свои выступления и по окончании обучения, объездив весь Советский Союз – от Ленинградаа до Красноярска, Мурманска, Северодвинска, до Сибири, была в столицах всех союзных республик, очень часто выступала в Прибалтике, в Киеве и, конечно же, в

---

125) Ли Нелли Петровна. Биография. URL: http://www.kino-teatr.ru/teatr/acter/w/sov/385864/bio/print/ (2018/01/25)

Ленинграде.

В течение десяти лет была солисткой Ансамбля солистов оркестра Государственного академического Большого театра СССР под управлением главного дирижёра Большого театра А.Н. Лазарева. Исполняла произведения А. Шнитке, Э. Денисова, С. Губайдуллиной, Т. Монсурян и др.

Часто выезжала на гастроли за рубеж. Помимо камерно-концертной музыки исполняла партии в операх.

В 1988г. приглашена на должность профессора Национальной консерватории в Сеуле, где проработала десять лет. Преподавала в музыкальном училище им. Н.А. Римского-Корсакова, а позже и в консерватории в течение двадцати лет. Преподавала вокальное мастерство при благотворительном фонде им. П.И.Чайковского в Санкт-Петербурге. Заслуженный деятель искусств Российской Федерации. Умерла 2 декабря 2015г.

Театральные работы:

«Травиата», «Свадьба Фигаро», «Иоланта», «Манон».

Призы и награды:

Дипломант Всесоюзного конкурса вокалистов им. Глинки (1971); Международный почётный орден «За служение музыке» (1993); Удостоена отличия Американского биографического центра «За достижение всей жизни»; «Кавалер Ордена искусств» за пропаганду французской музыки.

# ◎ Цой Виктор Робертович (1962–1990)

Легенда русского рока. Певец, поэт, композитор и киноактер Виктор Цой родился 21 июня 1962г. в Ленинграде (ныне Санкт-Петербург). Отец Виктора – кореец, родом из Казахстана, работал инженером, мать-русская, коренная ленинградка, учитель физкультуры. У Виктора с  раннего детства проявилась склонность к рисованию, поэтому в четвертом классе (1974) родители определили его в художественную школу, где он и проучился до 1977г.

Музыка, как и рисование, была одним из постоянных увлечений Виктора. Первую гитару родители подарили ему в пятом классе. Во время учебы в художественной школе он познакомился с Максимом Пашковым, с которым впоследствии организовал группу «Палата №6».

В 1978г. Виктор Цой поступил в Ленинградское художественное училище им. В.А. Серова, на оформительское отделение. Но шрифты и плакаты были ему в тягость. Гораздо большее удовлетворение приносило увлечение музыкой. В 1979г. он был отчислен из училища «за неуспеваемость» и пошел работать на завод, и поступил в вечернюю школу. Позже учился в СГПТУ №61 по специальности «резчик по дереву», после окончания которого по распределению недолго работал в реставрационных мастерских Екатерининского дворца-музея в г.Пушкин Ленинградской области.

В 1980г. Цой начал выступать на квартирных концертах в Москве вместе с участниками группы «Автоматические удовлетворители». В 1981г. состоялся его сценический дебют в качестве бас-гитариста в ленинградском кафе «Трюм». Летом 1981г. возникла группа «Гарин и гиперболоиды», куда входили Виктор Цой, Алексей Рыбин и Олег Валинский. Осенью 1981г. группа вошла в Ленинградский рок-клуб. После ухода Олега Валинского группу переименовали в «Кино».

В 1982г. группа «Кино» дебютировала на сцене Ленинградского рок-клуба, после чего вышел первый альбом группы, продюсером которого стал Борис Гребенщиков (лидер группы «Аквариум»). Осенью 1982г. Виктор Цой работал в садово-парковом тресте резчиком по дереву.

19 февраля 1983г. состоялся совместный концерт «Кино» и «Аквариума», на котором прозвучали такие песни, как «Алюминиевые огурцы», «Электричка» и «Троллейбус». Весной 1983г. Алексей Рыбин покинул группу, причиной были разногласия с Виктором Цоем.

Весной 1984г. группа «Кино» выступила на втором

фестивале Ленинградского рок-клуба и получила звание лауреатов, а песня Виктора Цоя «Я объявляю свой дом безъядерной зоной» была признана лучшей антивоенной песней. Во второй половине 1984г. бы сформирован второй состав группы «Кино». Виктор Цой (гитара, вокал), Юрий Каспарян (гитара, вокал), Георгий «Густав» Гурьянов (барабаны, вокал), Александр Титов (бас, вокал). Через некоторое время на место Титова пришёл Игорь Тихомиров.

Летом 1984г. группа записала альбом «Начальник Камчатки», затем альбомы «Это не любовь» (1985), «Ночь» (1986), песни из которого «Мама анархия» и «Видели ночь» быстро стали популярными. Весной 1985г. группа «Кино» стала лауреатом третьего фестиваля Ленинградского рок-клуба, а через год на очередном, четвертом, рок-фестивале группа «Кино» получила приз за лучшие тексты. В 1986г. группы «Кино» и «Аквариум» выступили с концертной программой в США и там же записали альбом «Красная волна» (Red Wave).

Запреты на выступления и гонения Виктора Цоя вынудили его осенью 1986г. устроиться работать машинистом в знаменитую котельную «Камчатка». Весной 1987г. состоялось последнее выступление на фестивале рок-клуба, где группа «Кино» получила приз «за творческое совершеннолетие».

Кроме музыкального творчества Виктор Цой был

известен и своими работами в кино. Он снимался в фильмах «Йа хха!» (режиссер Рашид Нугманов), «Конец каникул» (режиссер Сергей Лысенко), «Рок» (режиссер Алексей Учитель) и «Асса» (режиссер Сергей Соловьев). В фильме Рашида Нугманова «Игла» (1988) Виктор Цой сыграл главную роль Моро.

Он продолжал также заниматься живописью. В 1988г. на прошедшей в Нью-Йорке выставке ленинградских современных художников 10 картин принадлежали кисти Виктора Цоя.

В 1988г. вышел альбом «Группа крови» и был записан альбом «Звезда по имени Солнце», который вышел в конце 1989г. – первый и последний альбом в истории группы, записанный в профессиональной студии. Летом 1989 года вместе с Юрием Каспаряном Виктор Цой ездил в США, а весной 1990г. побывал в Японии. 24 июня 1990г. в Лужниках в Москве состоялся последний концерт группы «Кино». Был устроен специальный салют и зажжен олимпийский факел.

15 августа 1990г. в 12 часов 28 минут Виктор Цой трагически погиб в автокатастрофе, возвращаясь с ночной рыбалки в Юрмале за рулем «Москвича». Машина Цоя врезалась в рейсовый пассажирский автобус «Икарус». По версии следствия, певец заснул за рулем.

Он похоронен в Санкт-Петербурге на Богословском кладбище.

Что же касается личной жизни музыканта, в 1984г. Цой женился на девушке по имени Марьяна, которая с 1982г. работала администратором коллектива «Кино». 5 августа 1985г. у них родился сын Александр. Пара рассталась за несколько лет до гибели Цоя, но официально супруги не разводились.

27 июня 2005г. вдова Виктора Марьяна Цой после тяжелой и продолжительной болезни скончалась.

Позже музыканты «Кино» решили «доработать» и выпустить последний сборник. В декабре 1990г. вышел «Чёрный альбом», посвящённый Виктору Цою. Группа «Кино» перестала существовать.

В 1990г. в Москве в Кривоарбатском переулке появилась «Стена Виктора Цоя». Ее исписали цитатами из песен группы «Кино». Поклонники певца собирались у стены два раза в год 21 июня, в день рождения, и 15 августа, в день смерти.

В 2006г. стена Цоя была закрашена участниками движения Art Destroy Project, но потом вновь восстановлена фанатами. 15 августа 2002г. в Латвии на 35-м километре трассы Слока – Талси на месте гибели музыканта был установлен памятник (авторы – художник Руслан Верещагин и скульптор Амиран Хабелашвили).

В Петроградском районе Петербурга существует Клуб-музей Виктора Цоя «Котельная Камчатка», где музыкант числился штатным кочегаром. Он открылся в конце 2003г. В бывшей котельной на месте котла расположена небольшая сцена, а в фондах музея хранятся гитара Цоя, афиши, фотографии, пластинки, билеты с концертов группы «Кино». Клуб считается одним из традиционных мест паломничества «киноманов».

В 2009г. было объявлено о начале конкурса на изготовление и установку памятника Виктору Цою в Петербурге. 20 ноября 2010г. состоялось открытие памятника легендарному рок-музыканту в Барнауле (Алтайский край) возле корпуса Алтайской государственной педагогической академии.

## ◎ Цхай Марина Петровна[126)]

Родилась 15 сентября 1960г. в г.Джамбуле (ныне Тараз) Казахской ССР. Петь начала ещё в четырёхлетнем возрасте. Окончила в 1975г. музыкальную школу по классу аккордеона, а в 1981г. – музыкальное училище им. Мусоргского по классу народного пения. В том же году Марина Цхай стала солисткой вокально-инструментального

---

126) Марина Цхай. Биография. URL: http://www.kino-teatr.ru/kino/acter/w/ star/37134/foto/22645/ (2018/01/25)

ансамбля Ленконцерта «Веселые голоса», где и началась её артистическая карьера.

С 1990г. Марина солировала в театре «Бенефис» под руководством М. Боярского, а с 1996г. она является солисткой-вокалисткой «Петербург–концерта». В 1990г. Марина Цхай стала призером телевизионного конкурса «Юрмала–Ялта». Ей достался приз зрительских симпатий и приз жюри за обаяние и артистизм. В 1996г. она получила первую премию Всероссийского конкурса Советской песни. В 1995г. был выпущен 30-минутный телефильм «Марина», снятый Российским телевидением в Европе.

В 1997г. Марина на гастролях в германском городе Касселе исполнила русские народные песни и старинные романсы. В 2000г. она открыла в себе ещё одну грань – талант организатора. Она успешно провела два праздника в «Олимпии», где была режиссёром, затейником и администратором, сама оформляла сцену, приглашала людей, друзей артистов, которые выступали с необычным воодушевлением. Вот уже несколько лет Марина занимается благотворительной деятельностью: выступает для детей-инвалидов и сирот, сотрудничает с благотворительными обществами и является активным участником программ ОБД «Золотой Пеликан».

# Самара

## ◎ Кан Диана Елисеевна[127]

Родилась 10 мая 1964г. – член Союза писателей России, поэтесса. Автор книг «Високосная весна», «Согдиана», «Бактрийский горизонт», «Подданная русских захолустий», «Междуречье», а также многих публикаций в московских и региональных российских изданиях.

Родилась в военном городе-гарнизоне Термез (Узбекистан), в семье кадрового офицера Советской армии. Закончила МГУ им. Ломоносова и Высшие литературные курсы. Лауреат всероссийской литературной премии «Традиция» Правления Союза писателей России за серию публикаций стихов о России высокого гражданского звучания (2002). Лауреат всероссийской премии «Имперская культура» в номинации «Поэзия» (2007).

Отец – этнический кореец, кадровый офицер Советской Армии. Мать – русская, с казачьими корнями. В Термезе Кан окончила школу, в 1983г. семья переехала в Оренбург, тогда же Кан начала писать стихи.

---

127) Лютый В. Диана Елисеевна Кан // http://hrono.ru/avtory/moloko/kan_diana.php (2018/01/25)

В 1984–1990гг. училась на факультете журналистики МГУ им. М.В. Ломоносова, а затем вернулась в Оренбург. Несколько лет работала в газете «Оренбургская неделя».

Первая книга стихов Кан «Високосная весна» вышла в Калуге в 1993г.

В 1994г. Кан принята в Союз писателей России, в 1995г. зачислена на Высшие литературные курсы при Литературном институте им. А.М. Горького в семинар Ю.П.Кузнецова. Стихотворения Кан публикуются многими центральными («Москва», «Наш современник» и др.) и региональными периодическими изданиями России.

С 1997г. Кан живёт в г. Новокуйбышевске Самарской обл.

Как художник Кан – дитя двух культур. «Мои стихи – это довольно причудливый сплав полярного – православия и мусульманства, Востока и Запада, любви и смерти. Так или иначе сложилась судьба. Родилась я и выросла в православной семье – в Средней Азии», – писала Кан в предисловии к сборнику «Бактрийский горизонт».

Вместе с тем «не строки, обнажающие темперамент поэтессы, дают право говорить о ее зрелости, а те новые философско-православные интонации, которые появились в ее второй книге и подняли ее поэзию на качественно новый уровень,– подчеркнула критик М. Переяслова.– Вдоволь оттосковав по Востоку («Я выплакала свой Восток, / покорная судьбе, / всей тяжестью гремучих строк, / поющих о тебе»), героиня Дианы Кан стала принимать жизнь такой, какой её даровал Создатель···».

Первая книга Кан «Високосная весна» представляет драму любви, сотрясающей внутренний мир поэтессы. Языковое многообразие, свобода поэтической речи, мастерски живописуемые коллизии стали своего рода творческим обещанием автора. Заметная цветаевская интонация подчёркивала острый драматизм стихотворного сюжета: «Поутру с причитаньями снимут, / сложат руки на стылой груди, / домотканую простынь накинут··· / Стой поодаль! И не подходи. / Не гляди на меня на такую. / От такой невелик тебе прок···» («Поутру с причитаньями снимут···», 1993). В «Високосной весне» у Кан достаточно вольное отношение к православному распорядку, несмотря на, казалось бы, прямые поэтические заявления: «Тебя хранит Аллах. / Меня хранит Христос. / Отсюда на губах / извечный привкус слёз» («Тебя хранит Аллах···», 1993). Драма любви безоглядно отодвигает все другие приоритеты на периферию жизни.

Вторая книга Кан «Согдиана» (1998), несмотря на заглавное среднеазиатское обозначение всего корпуса стихотворений, содержит властный, идущий от сердечного труда, православный и русский акцент. Миросозерцание автора становится православным по существу, а не по букве: «Золотые отшвырнув оковы, / по миру босое – Боже мой! – /

русское заплаканное Слово, / ты идешь с поникшей головой. / ···Бедами болезными твоими / Русь живет и крепнет, не шутя. / Ты у Божьей Матери Марии / тайное любимое дитя» («Слово», 1998). Отношение Кан к Русскому Слову, как к тайне и красоте, интонация, проникнутая убежденностью в своей правоте, и наряду с этим отсутствие шумливой легковесности поэтической речи – таковы черты художественного характера поэтессы. Русское и азиатское начала нашли своё место в её мироощущении: Святая Русь – это дух и сердце, Азия – это душа и плоть. Ключ к такому необычному родству – в понятии «империя». Только в рамках имперского миросознания соседство и взаимопроникновение России и Азии не покажется ложным: «О, Согдиана, родина моя! / Я руку протяну, а ты отпрянешь / и острие дамасского копья, / обороняясь, в грудь мою направишь» («О Согдиана, родина моя···», 1998); «Все чаще, неизбежней и шальней / ты снишься мне, казацкая фуражка, / степное ржанье яицких коней, / имперский посвист есаульской шашки. / ···Заплакать бы над Родиной навзрыд, / завыть сквозь торжество хазарских луков··· / Глядит с портрета — плакать не велит / мой дед – казак Андрей Степаныч Струков» («Всё чаще, неизбежней и шальней···», 1998). Этническая «родина» у Кан пишется со строчной буквы, духовная «Родина» — с прописной: именно так устроен её художественный и нравственный космос.

В третьей книге «Бактрийский горизонт» (2000) продолжаются художественные и духовные искания поэтессы. Она пишет в предисловии: «У археологов, работающих на территории Средней Азии, есть образное выражение – «бактрийский горизонт», означающее, что искать всегда надо глубже, чем искали до тебя··· Мне думается, что понятие «бактрийского горизонта» применимо не только к археологии, но – к любой человеческой деятельности. Тем более к русской поэзии, которая вообще не терпит поверхностности». В стихотворении о чудотворной Табынской иконе Божьей Матери, которую взяли с собой в изгнание казаки атамана Дутова, картина скорбного ухода на чужбину русского воинства, потерпевшего поражение на своей земле, кажется написанной с натуры – столь отчётлив словесный рисунок автора: «Табынская икона Божьей Матери, / дожди хлестали Твой пресветлый лик··· / Вилась дорога поминальной скатертью, / вела за ледяной Карасарык. / Рубцом легла передовая линия / последней бранной воле вопреки, / где как лампасы яицкие синие, / китайские сияют ледники···» («Табынская икона Божьей Матери···», 1999). Совершенно иная, мягкая, тихая речь в почти домашнем стихе. «Власьев день···» (2000): «Власьев день. / Вкушай, Бурёнушка, / хлеб с крещенскою водой··· / Пей родимую до донышка. / Слаще нет её, родной! / Пусть сметаною не доишься / ты, кормилица семьи, / за грехи людские молишься, / злак вкушаешь от земли».

Интонационная широта поэтического голоса Кан включает в себя и стихи обострённо гражданского звучания, и исторические реминисценции, и любовную лирику, и сатирический жест, а также фольклорную осеннюю песню, фонетика которой наглядно демонстрирует как сладость русской речи, так и любовное, почти материнское отношение к ней поэтессы: «Осень-несмеянушка ронит дробны слёзыньки. / Золотые-рдяные расплетает косыньки. / Светится опятами и горчит рябиною, / исходя крылатою песней журавлиною» («Осень-несмеянушка⋯», 2003).

Четвёртая книга стихотворений Кан «Подданная русских захолустий» (2003) представила её творчество как поэтическое явление всероссийского масштаба. В этой книге голосовой и тематический спектр поэтессы представлен во всей своей полноте. Реалии современного мира взвешиваются художником на весах правды, красоты, совести. Поэтическая эмоция у Кан может быть и взрывной, и очень сдержанной, что говорит о внутренней творческой устойчивости и мировоззренческой определённости. Её отрицание не должно отличаться страстностью, категоричностью: «Пусть меж Тигром и Ефратом / вечно соловьи поют. / Нам с тобой туда не надо. / Мы с тобой сгодимся тут. / ⋯А когда слова умолкнут, / воцарится вновь покой / меж Урал-рекой и Волгой, / меж Днепром и Дон-рекой. / Потому что между речью / свыше Господом дана / православному наречью / золотая тишина» («Знай, скрипи своим оралом···», 2002). Предельная степень оскорбленности родового чувства – источник гражданских мотивов в поэзии Кан. Вместе с тем православие, преображая родовое и осветляя его, не позволяет тёмной мстительности не только взять верх, но и заявить о себе – и потому даже гневные стихи Кан не теряют духовной прозрачности и речевой гармонии.

В стихах Кан очень много биографического, а порой и житейского. Очевидна насыщающая ее сердце грусть о несбыточном, которая сближает поэтический голос Кан с образом певца, который догадывается о небесном происхождении своей поющей и скорбной души, — в первую очередь с М.Ю. Лермонтовым. Отношения родового и православного в поэзии Кан определяются во многом природными свойствами её поэтического голоса и проживаемой судьбой. Первый, родовой переворот в сознании поэта связан с семьёй: «Только сегодня, сейчас! — поняла: / самое женское в мире занятие / хлебные крошки сметать со стола»; «···ни на минуточку не забывать / в мире занятье не менее женское — / детские слёзы в подол собирать». Но и сама семья оказывается тем камнем, на котором установится православный душевный строй, когда из глубины женско-материнского начала вымолвится: «··· Гляжу, словно малых деток по головушкам, / грустным взором золотые купола···»; «В кругу молчаливых монашек, / смирив горделивую грусть, / в букет монастырских ромашек / лицом покаянно уткнусь».

По словам В. Ганичева, имя Кан «сегодня отражает состояние и уровень духовности нового литературного поколения» (Российский писатель. 2002. №24. С.4). Кан – лауреат премий журнала «Наш современник» (1998, 2000), Всероссийской литературной премии «Традиция» (2002).

# Вологда

## ◎ Югай Лета[128]

Поэт, художник. Родилась и живёт в г.Вологда. Кандидат филологических наук (тема диссертации «Ключевые образы плача: на материале похоронных и поминальных причитаний Вологодской области»).

Стихи публиковались в газетах «Литературная Россия», «Литературная газета», журналах

---

128) Югай Лета. http://cultinfo.ru/literature/literature-in-the-vologda-region-personalities/yugay-leta.php (2018/01/25)

«Дружба народов», «Новая Юность», «Дети Ра», «Звезда» и других.

- **Книги стихов:**

Паж. Вологда: Арника, 1999.

Сиреневый лес. Вологда: Книжное наследие, 2001.

- **Составление сборников фольклора:**

«Не пристать, не приехати ни к которому бережку»: похоронные и поминальные причитания Вологодской области / Сост., авт. вступ. ст. и коммент. Е. Ф. Югай. Вологда, 2011. Вып. 1: Тотемский, Тарногский, Бабушкинский и Никольский районы.

- **Публикации в сборниках, альманахах и антологиях:**

Подборка стихотворений // Зерно. Калуга, 2009.

Подборка стихотворений // Зёрнышко: читаем детям. Калуга, 2009.

- **Публикации в периодике:**

Подборка стихотворений // Новый Петербург. 2001. № 42.

Подборка стихотворений // Санкт-Петербургский университет. 2001. № 32.

- **Сборники фольклора:**

Древо жизни. Вып. № 9. / под ред. З.К. Бакулиной и Е.Ф. Югай. Вологда: БОУ ДОД ВО «Вологодский областной детскоюношеский центр традиционной народной культуры», 2015.

■ **Статьи по фольклористике и этнографии:**

«Живое» и «мёртвое» в похоронных и поминальных причётах Вологодской области // Мортальность в литературе и культуре: сб. науч. тр. М.: Новое лит. обозрение, 2015. С. 159 – 172.

Сравнение в похоронных причитаниях востока Вологодской области // Русская речь. 2015. № 5.

Судьбы людей, представленных в этой части книги, не связаны между собой ни родственными, ни профессиональными узами – это представители российской интеллигенции с корейскими корнями. Они живут в разных уголках России и являются профессионалами своего дела. Они не знают корейского языка, потому что родной язык – русский. Они осуществили заветы своих предков, стали в этой стране достойными гражданами России.

# 4. Православие

До распада СССР религия была под запретом, поэтому появление в конце XX–начале XXIв. среди российских корейцев православных священников, можно назвать религиозным феноменом, хотя тысячи первых корейских переселенцев принимали православие и были верными служителями церкви. Ленинско-сталинская идеология уничтожила религию и церковь, внедрив свою «коммунистическую религию». После 1990-х гг. духовная жизнь стала возрождаться, по всей России построено много церквей и приходов. Россияне стали посещать церковь. В 1990-х гг. в Россию приехало много христианских миссионеров из США, Германии и Республики Корея. Русскоязычные корейцы первоначально стали приобщаться к протестантизму, но сегодня среди них и немало православных корейцев, возведенных в высший православный сан.

◎ Владыка Феофан (Ким)[129]

в миру Ким Алексей Илларионович: первый епископ в России корейского происхождения.

---

129) Феофан, архиепископ Корейский (Ким Алексей Илларионович. URL: http://www.patriarchia.ru/db/text/1648588.html (2018/01/25)

Родился 19 января 1976г. в г.Южно-Сахалинске. В 1993г. окончил Восточный лицей г.Южно-Сахалинска, в 1997г. – Южно-Сахалинский филиал Московского коммерческого университета, в 2000г. – Смоленскую духовную семинарию. В 2010г. окончил Московскую духовную академию.

С 1995г. нес клиросное послушание в храме святителя Иннокентия г.Южно-Сахалинске затем в Воскресенском кафедральном соборе г. Южно-Сахалинска. 14 августа 1997г. – епископом Южно-Сахалинским и Курильским Ионафаном был пострижен в монашество с наречением имени Феофан в честь святого преподобного Феофана Исповедника, епископа Никейского. 17 августа 1997г. Преосвященным епископом Ионафаном был рукоположен в сан иеродиакона, 19 августа 1997г. – в сан иеромонаха.

С 1997 по 1998г. являлся священником Воскресенского кафедрального собора г.Южно-Сахалинска, одновременно исполняя обязанности регента соборного хора и редактора епархиальной газеты. С 1998 по 1999г. проходил служение в Смоленском кафедральном соборе, одновременно обучаясь в Смоленской духовной семинарии. С 2000г. – клирик Абаканской и Кызыльской епархии.

В сентябре 2000г. благословением Высокопреосвященнейшего Кирилла, Митрополита Смоленского и Калининградского, председателя Отдела внешних церковных связей Московского патриархата направлен в Южную Корею для совершения пастырского служения среди русскоязычных граждан, проживающих в Республике Корея.

6 мая 2006г. было присвоено звание «Почетного гражданина Сеула». 13 августа 2006г. в Северной Корее состоялось освящение первого в стране православного храма, расположенного на живописном берегу реки Тэдон в южной части Пхеньяна, в годы войны практически разрушенном. Первыми священнослужителями храма стали выпускники Московской духовной семинарии – священники Феофан (Ким) и Иоанн Ра.

В октябре 2011г. Священный синод постановил возвести игумена Феофана (Кима) в сан епископа Кызыльского и Тывинского.

## ◎ Сон Александр Иванович[130]

Родился в 1962г. в г.Кокчетаве (КазССР), с 1978г. живет в Москве. Отец Александр – штатный священник Заиконоспасского ставропигиального мужского монастыря.

---

**130)** СонАлександр.Биография.URL:http://xn--80aafbpa2agfwhgdoki9gxdh. xn--p1ai/tag/aleksandr-son/ (2018/01/25)

В 1979г. окончил среднюю школу № 25, в 1984г. – с красным дипломом окончил переводческий факультет МГПИИЯ им. М. Тореза. Работал переводчиком, научным сотрудником, преподавателем кафедры перевода, занимал руководящие должности в международных маркетинговых компаниях и отечественных PR-агентствах.

Святое крещение принял в 1984 г. в Покровском храме (с. Акулово, Одинцовский р-н). Венчался с супругой Цой Ольгой в храме Илии Обыденного г. Москвы в 1991г., воспитывает шестерых детей.

В 2001г. по благословению о.Петра (Афанасьева) создал и возглавил деятельность Славяно-корейского православного общества. С 2003г. алтарник Патриаршего подворья храма Спаса Нерукотворенного образа Заиконоспасского и Николо-греческого монастырей. В 2007г. рукоположен в сан диакона. В 2009г. заочно окончил Московскую духовную семинарию.

В 2008г. был командирован Священноначалием по вопросам регистрации православных приходов в храм Успения Пресвятой Богородицы (г. Сингапур); в 2015г. – в храм Архангела Михаила (г. Куала-Лумпур). В 2010г.

рукоположен в сан пресвитера. В 2012г. закончил курс Московской духовной академии.

Имеет богослужебные награды.

◎ Ким Николай Анатольевич[131]

Протоиерей, клирик Будапештской епархии Московского Патриархата, настоятель прихода в честь иконы Божьей матери «Живоносный источник» в Хевизе.

Родился в 1960г. в Ленинграде в русско-корейской семье. В 1977г. окончил физико-математическую школу и поступил в Ленинградский Политехнический институт на физико-механический факультет. После окончания ВУЗа работал научным сотрудником в ряде ленинградских НИИ.

В 1988г. женился на Ольге Стративной.

По его признанию, он пошёл в науку, чтобы найти ответы на главные мировоззренческие вопросы, поэтому духовный поиск никогда не оставлял его. Однажды он попал в Иосифо-Волоцкий монастырь под Волоколамском, где и почувствовал какое-то озарение, ощущение обретения истины. Потом

131) Ким Николай Анатольевич. Биография. URL: https://drevo-info.ru/articles/16340.html (2018/01/25)

ездил в Оптину пустынь.

С 1989г. – прихожанин, затем алтарник и чтец восстанавливаемого Феодоровского государева собора в г. Пушкине (Царское Село).

29 января 1992г. получил благословение протоиерея Николая Гурьянова на принятие священства. Старец сам подозвал его и сказал, что он будет священником, а жену благословил, чтобы помогала.

20 сентября того же года был рукоположен в сан диакона, а 4 октября – в сан пресвитера митрополитом Санкт-Петербургским Иоанном в храме Смоленской иконы Божией Матери (у блж. Ксении Петербуржской) в Санкт-Петербурге. Проходил служение диаконом, а затем штатным священником в церкви Вознесения Господня в г.Колпино.

После окончания Санкт-Петербургской духовной семинарии в 1997г. был принят в Санкт-Петербургскую духовную академию, которую закончил в 2001г. с ученой степенью кандидата богословия.

В январе 2000г. по личным мотивам переехал на постоянное проживание в Венгрию, где сложились хорошие отношения с будапештским священником Иоанном Кадаром. Тогда предполагалось начать строительство русского храма в Будапеште, и отцу Иоанну требовались помощники, поэтому священноначалие благословило переезд. Архиепископом Берлинским Феофаном был принят на временное служение вторым священником Сергиевского прихода в Будапеште по просьбе настоятеля прихода протоиерея Иоанна Кадара.

В январе 2001г., по представлению архиепископа Венского Павла зачислен в состав местных клириков Венгерской епархии указом председателя ОВЦС митрополита Кирилла. Однако отток из Венгрии русского населения, а также тяжба с Константинопольским Патриархатом из-за Успенского собора перечеркнули планы строительства русской церкви.

Тогда отец Николай взял на себя труды по восстановлению храма-усыпальницы великой княгини Александры Павловны в г.Ирем и возобновлению там регулярных богослужений. В сентябре 2001г. указом архиепископа Павла благословлен на восстановление этой церкви с сохранением обязанностей второго священника Сергиевского прихода в Будапеште. 6 сентября 2003г. на торжествах по случаю 200-летия храма указом епископа Венского Илариона назначен настоятелем Иремского храма.

В 2007г. был возведен в достоинство протоиерея.

По учреждении Общецерковной аспирантуры и докторантуры Русской православной церкви стал её докторантом.

Решением Священного Синода от 5 марта 2010г. был освобожден от должности клирика Венгерской епархии и направлен в распоряжение председателя ОВЦС. В том же году являлся сотрудником секретариата Отдела внешних церковных связей по межправославным отношениям.

4 октября 2012 г. был вновь переведён в клир Будапештской епархии. 26 декабря 2012 г. был назначен настоятелем новообразованного прихода в честь иконы Божией Матери «Живоносный источник» в г. Хевизе.

■ Труды:

• Тысячелетнее царство. Экзегеза и история толкования XX главы Апокалипсиса, СПб: «Алетейя», 2003.

• Рай и человек. Наследие преподобного Никиты Стифата. СПб: «Алетейя», 2003.

• Ряд статей на личном сайте: http://onkim.orthodoxy.ru/

■ Награды:

• камилавка (1995)

• наперсный крест (2001)

• орден Русской православной церкви преподобного Сергия Радонежского 3-й степени (2004)

# 5. Спорт

Выдающихся спортсменов корейской национальности в России не так много. Антропологические данные: невысокий рост, азиатский тип лица, физические отличия давали возможность заниматься только определенными видами спорта, такими как спортивная гимнастика, борьба и восточные единоборства.

Особая страница в истории русскоязычных корейцев принадлежит спортсменам. В последние годы в обществе русскоязычных корейцев редко вспоминают о корейцах-спортсменах, мастерах восточных единоборств, среди которых самым популярным в 1970–1980гг. было каратэ.

Корейская молодёжь достигшая определённых успехов в этом виде спорта, отличается особым характером, присутствием силы духа, выдержкой, чувством интернационализма. Многие из них остаются на этом поприще и сегодня, обучая молодых людей каратэ и тхэквондо, являются признанными учителями с большой буквы – Сэнсей.

## Из истории появления каратэ в СССР

В 1964г. на Олимпиаде мастера каратэ впервые показали свое искусство и приемы этого вида борьбы широкой публике. Не на соревновательной основе. Всем понравилось. С тех пор карате стало бурно развиваться почти во всем мире. А сколько фильмов вышло, где супермены махали ногами разнообразные «вертушки». В СССР каратэ «завезли» иностранные студенты.

К числу пионеров советского карате следует отнести Тэцуо Сато, Хасимото, Александра Подщеколдина, Владимира Ковалева, Ако Таулуева. Они начинали преподавать каратэ ещё в начале 1960-х гг., и вполне легально. Популярность каратэ быстро прогрессировала и пугала руководство страны, потому что не поддавалась контролю со стороны властей.

1972г. – первое официальное упоминание о каратэ: «Указ Спорткомитета СССР о запрещении секций культуризма, каратэ, женского самбо и карточной игры в бридж».[132]

В 1977г. возникла идея создания Центральной школы каратэ-до. В нее решили собрать лучших из лучших. Когда в школу А. Штурмина и Т. Касьянова объявили открытый набор, в очередь выстроилось более 10 тыс. человек, а требовалось всего 50. По официальным данным в СССР в конце 1970-х занималось каратэ 6 млн человек.[133]

13 марта 1978г. была создана Всесоюзная комиссия по каратэ при Госкомспорте СССР во главе с Алексеем

---

132) Каратэ в СССР. URL: http://livefight.ru/karate-v-sssr/ (2018.01.10)
133) Каратэ в СССР. URL: http://livefight.ru/karate-v-sssr/ (2018.01.10)

Борисовичем Штурминым, а 13 ноября 1978г. Спорткомитет СССР издаёт приказ «О развитии борьбы каратэ».[134] В ноябре 1979г. по инициативе спортивной общественности Всесоюзная комиссия по каратэ преобразовалась во Всесоюзную федерацию каратэ. Её президентом стал полковник КГБ Виктор Куприянов. Методическую комиссию по каратэ СССР возглавил член президиума федерации Илья Гульев, судейскую – Владимир Артюх, аттестационную – Тадеуш Касьянов.

В 1979г. был проведён первый чемпионат Москвы. В мае того же года, в Таллинне, прошёл первый международный турнир «Большой кубок Таллинна», а в декабре – первые Всесоюзные соревнования. В октябре 1980г., в Ленинграде состоялись вторые всесоюзные соревнования. В феврале 1981г. в Ташкенте прошёл первый чемпионат СССР по каратэ.

11 ноября 1981г. выходит Указ Президиума Верховного Совета РСФСР за №6/19 и №6/24 «Об административной и уголовной ответственности за нарушение правил обучения каратэ» и внесение ст. №219/1 в Уголовный кодекс РСФСР – об уголовной ответственности за «незаконное обучение каратэ».[135]

В марте 1982г. в Таллинне проходит второй чемпионат

---

134) Там же.
135) Там же.

СССР по каратэ. Через год, в мае 1983, – третий чемпионат СССР по каратэ.

17 мая 1984г. – Спорткомитет СССР издаёт приказ №404 «О запрещении обучения каратэ в спортивных обществах».[136] С этого момента начался второй период «тотального запрета» каратэ в СССР.

Но этот «запрет» не сломил энтузиастов, многие из них ушли в «подполье», в подвалы, и под прикрытием других видов спорта, продолжали заниматься и обучать других каратэ. Одни за это пострадали и понесли ответственность, другие ушли в спецслужбы и продолжали заниматься каратэ. Некоторые «прикрылись» другими стилями, так как в этот период начался лавинообразный рост различных видов боевых искусств, не имеющих в названии слово «каратэ», такие как ушу, тхэквондо, джиу-джитсу, айкидо, кикбоксинг, тайбоксинг и многие другие.

Запретный плод всегда сладок, поэтому в период «запрета» в СССР у людей появился повышенный интерес ко всем видам боевых искусств, практически в каждом городе, посёлке или селе была секция по какой-нибудь борьбе.

К концу 1980-х гг. популярность единоборств приобрела огромные масштабы. Существовало много самодеятельных

---

136) Рыбкин В. Центральная школа каратэ. М., 2013. С.25.

«секций», с доморощенными тренерами. В каждой секции была своя методика обучения, в большинстве случаях – неграмотная, тренеры не имели профессиональной подготовки, а многие – знаний. Во многих клубах среди занимающихся преобладали трудные подростки, которые использовали свой опыт на улицах в хулиганских целях. В секциях ставился упор на развитие физической силы, а духовная составляющая, имеющая наибольшее значение, отсутствовала. Не было в стране единой системы подготовки тренеров по каратэ.

Ученики Центральной школы каратэ выезжали во все регионы страны и открывали школы каратэ. Занимались все – лётчики-испытатели, шахтёры, домохозяйки. Это была духовная потребность в перестройке своего внутреннего мира. Каратэ содействовало духовно-нравственному и физическому становлению личности человека через воинскую культуру. На тренировках инструкторы внушали ученикам о победе духовного начала над материальным, о прощении и великодушии, об уважении к старшим, о дисциплине, чётко выверенной методике преподавания базовой техники – и всё это не для получения золотых медалей, не для рекордов, а для каждого человека, идущего путём самопознания.[137]

---

[137] Рыбкин В. Центральная школа каратэ. М., 2013. С.345.

18 декабря 1989г. Госкомспорт СССР принимает постановление №9/3 «О развитии восточных единоборств в СССР». Согласно этому постановлению, «запрет» на каратэ в СССР был снят.[138]

В январе 1991г., в целях упорядочивания развития каратэ Госкомспорт СССР проводит первые курсы подготовки инструкторов по каратэ. Теперь развитие каратэ принимает цивилизованные рамки, появляются всесоюзные федерации, отвечающие за тот или иной стиль. Все эти федерации объединил СОК – Союз организаций каратэ-до при Олимпийском комитете СССР. Появилась строгая иерархическая система, координирующая развитие каратэ в СССР.[139]

В Советском Союзе выросла целая плеяда выдающихся мастеров каратэ: Пак Виталий, Шин Олег, Хан Виктор, Пак Вениамин, Ли Адик, Цой Олег и многие другие советские корейцы.

## ◎ Пак Виталий Васильевич[140]

Родился 7 февраля 1953г. в Узбекистане, спортсмен, мастер спорта СССР по каратэ, чемпион Москвы по каратэ

---

138) История развития каратэ в СССР // http://www.uspekh-karate.ru/content/karate/history1.php

139) Там же.

140) Из дневниковых записей Пак Виталия.

(1979, 1980, 1981), чемпион СССР по каратэ (1981), чемпион СССР по техническому комплексу ката (1982), 7-й дан тхэквондо (ВТФ), 3-й дан Сёринзи-рю Кенкокан каратэ-до. Президент Московской федерации тхэквондо с 1990–1994гг., первый вице-президент федерации тхэквондо СССР.

В 1975г. окончил архитектурный факультет Московского института инженеров землеустройства. В 1974г. познакомился с искусством каратэ, почти 16 лет активно, фанатично отдавался тренировкам.

Сам Виталий пишет о себе: «Выбрав Путь каратэ, я рисковал, чтоб познать себя и контролировать свой страх, совершенствуя искусство поединка, постоянно обогащал свой Путь, чтоб исполнить своё предназначение и обрести самого себя».[141] В этих словах вся жизнь с её взлетами и падениями, вся любовь к каратэ, в которой заключается смысл жизни – познать себя.

«Виталий Пак – "фарфоровый кореец", мастер несравненной красоты и изящества, человек очень творчески и тонко воспринимающий жизнь»[142] – так характеризует Виталия друг и соратник по каратэ известный скульптор А.И. Рукавишников.[143]

---

**141)** Рыбкин В. Центральная школа каратэ. Кн. 2. М., 2013. С.376.

**142)** Рыбкин В. Центральная школа каратэ. Кн. 1. М., 2013. С.27.

**143)** Рукавишников А.И. – народный художник Российской Федерации, Заслуженный художник РСФСР и Киргизской ССР, действительный член Российской академии художеств, профессор. Мастер

Пак Виталий стоит в первой когорте спортсменов – мастеров каратэ, воспитанных в Центральной школе каратэ с корейским названием «СЭН Э» под руководством ее основателя А.Б. Штурмина. Он непосредственно принимал активное участие в становлении новой версии единоборства спортивно-боевой направленности – «советское каратэ».

Впервые с техникой тхэквондо Виталий Пак познакомился в 1987г. в Венгрии на чемпионате мира по тхэквондо, когда появилась возможность выезжать за рубеж гражданам СССР после завершения «холодной войны». Технический арсенал тхэквондо поразил мастера каратэ, и он окончательно решил улучшить свою ударную технику ног. Стал приглашать мастеров тхэквондо из Европы (с Республикой Корея не было дипломатических отношений до 1990 г.) и проводить мастер-классы и семинары по тхэквондо в спорткомплексе «Раменки». Один из первых, проводивших мастер-класс по тхэквондо, был Гранд мастер Хван Дае Джин, обладатель 8-го дана WTF, президент Финской федерации тхэквондо.

В настоящее время Виталий Пак в составе профессиональных специалистов – лидеров сборной команды России по пара-тхэквондо, продолжает свою

---

монументальных и станковых композиций, скульптурных портретов. Занимался каратэ под руководством А.Б. Штурмина – основоположника русской школы каратэ, обладатель «черного пояса».

практику, перенимая и совершенствуя комплекс эффективных методик и принципы универсальной подготовки (UMADO), развивающие великолепное владение телом и работы ног, необходимых для реабилитации лиц с поражениями верхних конечностей и обучения их техническим навыкам тхэквондо.

- **Из воспоминаний Пака Виталия**[144]

По началу увлёкся каратэ, желая научиться некоторым реальным приёмам для самообороны, со временем понравились сами занятия каратэ как наука побеждать. Получая от тренировок истинное удовольствие, учился управлять волей и эмоциями. И на самом деле, ежедневные тренировки в окружении огромной армии молодых прогрессивных ребят, тренируя их, вместе с ними креп духовно и физически, формировалось иное мировоззрение.

Благодаря преданности и постоянным тренировкам в каратэ, я достиг понимания Дзэн. Для достижения полного духовного единства необходима постоянная практика Дзэн в любое время и в любом месте. И я уверен, что многие последователи каратэ, руководствуются духовными

---

[144] Интервью Ж.Г. Сон с Виталием Паком. 5 января 2018 г.

основами и высокими стремлениями. А стремления придают уверенность в делах, развивают разум и тело.

## ◎ Шин Олег Алексеевич[145]

Родился в 14 июня 1951г. в Ташаузской области Туркменской ССР, жил в Каракалпакии Узбекской ССР.

Российский спортсмен, мастер спорта СССР, тренер каратэ с 1976г.; серебряный призер международного турнира по каратэ (Англия 1991 г.); 6-й дан – тхэквондо; 3-й дан – каратэ высшая категория; председатель аттестационной комиссии тхэквондо; президент Федерации тхэквондо России (1995–2006).

1972–1974 – служил в рядах Советской армии.

В 1979г. окончил Московский институт инженеров землеустройства, в 2001г. – Московский институт физической культуры.

За долгие годы был приобретен опыт по проведению тренировок и постановки техники, а также выработки морально-волевых качеств спортсменов. Им воспитаны сотни спортсменов в каратэ и тхэквондо. Среди учеников

---

145) Интервью Ж.Г. Сон с Олегом Шином. 8 января 2018 г.

О.А. Шина чемпионы Европы, России, мастера спорта и кандидаты в мастера.

В настоящее время – тренер по тхэквондо спортивно-профессионального клуба «Раменки» в г. Москва.

### ■ Из воспоминаний Шина Олега

Занятия каратэ привели к тому, что через какое-то время учёба в институте была практически заброшена, все своё время я стал отдавать тренировкам, с тех пор, так и продолжаю тренировать и тренироваться. Тренером я начал работать с сентября 1976г. К нам пришли из милиции и попросили организовать тренировки для сотрудников Первомайского отделения г.Москвы. Несмотря на то, что федерации каратэ ещё не существовало, а в милиции откуда-то узнали о наших тренировках и решили, что сотрудникам милиции будет полезно научиться приемам каратэ. Меня отправили туда проводить тренировки. У меня был красный пояс. Обладатель красного пояса в те времена имел право тренировать.[146]

---

146) Там же.

# ◎ Хан Виктор Геннадьевич[147]

Родился в 1959г., вице-президент Федерации каратэ России (ФКР), российский спортсмен, мастер спорта СССР по каратэ, чемпион СССР по каратэ (1983), 7-й дан (WKF).

После окончания школы в 1977г. Виктор приехал в Москву с надеждой поступить в МГУ, закончить его и сделать карьеру. Но пришлось зарабатывать на жизнь. В Москве в то время был большой ажиотаж вокруг каратэ. Первым тренером Виктора стал Ким Ин Хо, проводивший занятия по каратэ нелегально.

С 1979г. Виктор Хан начал тренироваться каратэ у Виталия Пака, победителя Первого чемпионата Москвы.

С 1980г. Хан участвует в различных первенствах, этот год ознаменовался первой значительной победой – он стал серебряным призёром Чемпионата ВЦСПС. В течение нескольких лет, начиная с 1982г., Виктору пришлось выступать за сборную Туркменской ССР, в это же время он поступает в Туркменский государственный институт физической культуры. В 1983г. сбылась мечта: выступить за московскую сборную. Участие в чемпионате СССР было

---

147)  Интервью Ж.Г. Сон с Виктором Ханом 4 января 2018 г.

успешным – Виктор Хан стал чемпионом Советского Союза. Этот турнир стал заключительным до введения запрета на каратэ в СССР в 1984 г.[148]

Пережив нелегкое время подпольных тренировок, в 1989г., в преддверии снятия запрета, Виктор Хан при поддержке своего друга Вениамина Пака, трёхкратного чемпиона СССР по каратэ, основывает Спортивно-профессиональный клуб (СПК) «Раменки». В этот же год ещё одна победа в спортивной карьере Виктора Хана – он стал чемпионом СССР в категории до 80 кг и в абсолютной весовой категории. Это всесоюзное первенство, ставшее первым после отмены запрета на каратэ, одновременно считалось отборочным соревнованием перед дебютным выездом сборной СССР на чемпионат мира по каратэ, проходивший в Мексике в 1990г. Виктор Хан возглавил сборную. Однако участие наших спортсменов в международном турнире не увенчалось победой, но дало опыт, который в дальнейшем привел к успеху российских спортсменов.

До 1993г. Виктор Хан принимал активное участие в соревнованиях, с 1990 по 2001г. был вице-президентом Всероссийского союза каратэ. В 1994–1997гг. проходил курсы

---

[148] Вице-президент Общероссийской спортивной общественной организации «Федерация каратэ России». URL: http://ruswkf.ru/personal/han-viktor-gennadevich/ (2018.01.15)

подготовки для руководителей в Академии народного хозяйства при Президенте РФ.

В настоящее время Виктор Хан возглавляет РОО «Союз каратэ-до», а также продолжает руководить Спортивно-профессиональным клубом «Раменки», который успешно существует 29 лет. «Раменки» сегодня – это более 1000 спортсменов, занимающихся как непосредственно в клубе, так и в его филиалах (более 20). Клуб предлагает широкие возможности для тренировок не только по каратэ, но и по другим видам спорта. Свыше 100 спортсменов СПК «Раменки» принимают участие в первенствах различного уровня.[149]

### ■ Из воспоминаний Хана Виктора

В 1979г. сбылась моя мечта попасть к Виталию Паку (победитель первого чемпионата Москвы по каратэ и Всесоюзных соревнований). Занятия проходили в школьном зале возле станции метро «Первомайская». Тренировались два раза в неделю, поздно вечером, после девяти часов вечера. Приходилось ехать через всю Москву. У Виталия было очень много учеников и в спортзале мы стояли впритык.

Как ученик Виталия я получил право тренироваться в только что открытой Центральной школе каратэ (ДСО

---

[149] Там же.

«Труд) на Цветном бульваре. Но там можно было заниматься только по утрам, остальное время было занято. Приходилось прогуливать работу, искать всякие справки, но я каждое утро приходил на Цветной бульвар. Появлялся в зале раньше всех и уходил позже всех. Утром кто-нибудь из тренеров брал меня в группу. Закончишь заниматься, тут появляется Сергей Шаповалов (победитель первого чемпионата г.Москвы по каратэ), работаешь с ним. Последним, примерно к часу дня, приходил Юрий Леонтьев (победитель второго первенства по каратэ 1980г.). Ну, и когда уже все отзанимались, я уходил до следующего утра.[150]

## ◎ Цой Олег Алексеевич[151]

Обладатель 6-го дана Японской организации Каратэ-До Маруошикай (JKMO), мастер спорта СССР, вице-президент СПК «Раменки», главный тренер сборной России по каратэ 1996–2001гг., главный тренер СПК «Раменки» и РОО «Союз Каратэ-До», двукратный победитель турниров «Каратэ все звёзды СССР», чемпион Москвы 1991г., призёр

**150)** Свадковский В. Они были первые. URL: http://www.karateworld.ru/index1.php?id=2237 (2018.01.16)

**151)** Шин Д. Олег Цой. URL: http://www.arirang.ru/ (2018.01.16)

всесоюзных и международных турниров, призёр Кубка СССР 1991г., призёр Открытого чемпионата Дании 1991г., старший тренер сборной России по каратэ-до.

Олег родился в Чечне 17 декабря 1959г., жил с родителями в Кабардино-Балкарии, в г.Прохладный. С каратэ познакомился в 17 лет, начинал заниматься по учебникам школы Накаяма, изданным, между прочим, в Советском Союзе. В 1980-х гг., когда каратэ было запрещёно, занимался, подобно большинству спортсменов-каратистов подпольно.

Олег Цой отмечает, что в настоящее время каратэ-до переживает подъём, проходящие чемпионаты мира и Европы с каждым годом отличаются всё более высоким техническим уровнем, на международных соревнованиях не бывает слабых соперников. Все каратисты мира надеются на то, что вслед за тхэквондо, их любимый вид спорта станет олимпийским. Командные соревнования – самые интересные и весомые на чемпионатах.

В 1999г., юниорская команда России, возглавляемая Олегом Цоем на чемпионате мира в Софии, завоевала две золотые, серебряную и бронзовую медали. Сборная России, которую тренировал Олег Цой, завоёвывала призовые места на различных международных соревнованиях.

В своем клубе «Раменки» Олег работает более десяти лет. На чемпионате России в Новосибирске, раменские ребята взяли 7 медалей (из них – три золотые). Как старший тренер, Олег может гордиться тем, что с 1993г. его спортивный клуб ни разу не возвращался с чемпионата России без золотых медалей. За все время существования клуба «Раменки», основанного в 1989г., выпустили 15 мастеров спорта и четырех мастеров международного класса.

■ **Из воспоминаний Олега Цоя**

В то время, конечно, информации было очень мало и приходилось её выискивать. Помню первые видео в начале 1980-х, для меня это был целый кладезь знаний. Я занимался в центральной школе в январе 1981г. на Цветном бульваре у Виталия Пака, где впервые увидел известных на всю страну каратистов Шин Олега Алексеевича, Шаповалова Сергея, Мансура Шелковникова, Юру Ступенькова и многих других каратистов. Меня очень впечатляла техника Виталия Васильевича Пака: скорость удара, концентрация. Я тогда подумал: «Когда же и у меня так будет получаться?».[152]

С тех пор прошло 30 с лишним лет долгих тренировок, многое открылось по-другому, а сколько ещё впереди… Чем больше и чем глубже ты погружаешься в изучение каратэ, тем больше понимаешь, что предела нет, и главное – не надо торопиться. Надо более тщательно отрабатывать самые простые элементы, и тогда ты начинаешь испытывать

---

152) Шин Д. Олег Цой. URL: http://www.arirang.ru/ (2018.01.16)

новые ощущения, о которых говорили старые мастера, но которым ты по молодости не придавал особого значения, а ведь это и есть истинное каратэ![153]

## ◎ Кан Валерий (Вилорий) Алексеевич[154]

Родился в 1958г. в Узбекистане. Учился в Московском институте инженеров землеустройства. В 1975г. старшекурсники института Пак Виталий, Шин Олег и Рыбкин Владимир привели его в школу каратэ на Маяковку к А.Б. Штурмину, где начал заниматься в группе у сенсэя И. Спивака Затем в 1976г. перешёл в группу, где преподавал сэмпай Т. Касьянов, а в 1978г. – в Центральную школу каратэ, где преподавал сихан А.Б. Штурмин.

Призёр трёх чемпионатов Москвы – 1979, 1980 и 1981 и трёх чемпионатов СССР (Таллинн, Ленинград, Ташкент).

В настоящее время – мастер РСБИ, преподает в Центральной школе каратэ в Центре боевых искусств «Черёмушки».

---

153) Там же.
154) Рыбкин В. Центральная школа каратэ. Кн. 1. М., 2013. С.27.

## ◎ Кван Геннадий Сергеевич[155]

Родился 16 августа 1960г. в Узбекистане. С 1969г. занимался самбо, дзюдо и каратэ. Окончил Физкультурный институт (ныне – Российская государственная академия физической культуры) (1981). С 1982 г. – на военной службе в ЦСКА. Имеет черный пояс (5-й дан). Подготовил более 11 мастеров спорта международного класса по тхэквондо, победителей и призеров чемпионатов России, Европы и мира. Награждён орденом «За заслуги перед Отечеством».

Центральный спортивный клуб армии (ЦСКА) широко известен среди московских тхэквондистов. Они ассоциируют свои занятия этим видом спорта с тхэквондистом Геннадием Сергеевичем Кваном, мастером спорта международного класса, главный тренер Российской Армии по тхэквондо, главным тренером сборной команды России по тхэквондо в 1993–1997гг., многократным чемпионом Москвы по самбо, победителем чемпионатов вооруженных сил, чемпионата СССР, чемпион мира по самбо в Испании 1981г., подполковник ЦСКА.

---

155) Шин Д. Спорт и наши дети. URL: http://www.arirang.ru/archive/kd/15/14.htm (2018.01.16)

Кван Геннадий Сергеевич родился Узбекистане, в колхозе «Димитров» Ташкентской области. До восьми лет говорил исключительно на корейском языке. Когда Геннадию исполнилось семь лет, родители переехали в г.Заравшан Навоинской области – центр Узбекистана. С девяти лет стал заниматься самбо, дзюдо, каратэ. 18 лет в ЦСКА. С тхэквондо познакомился в 1989г.

Сейчас Геннадий Кван является одной из ключевых фигур в российском тхэквондо. Около десяти лет назад, когда только тхэквондо как новый вид спорта появился в России, Геннадий Кван стоял у его истоков.

Спортивный клуб тхэквондо в ЦСКА – детище Геннадия Квана. В декабре 1999г. он был основан Константином Хаткевичем (президент клуба), Геннадием Кваном и Владимиром Демченко (главный тренер Москвы по тхэквондо). В состав нового спортклуба вошел ранее существовавший автономно Спортивный центр Г. Квана. В замыслах создателей клуба – организация детской школы и юношеской школы олимпийского резерва по тхэквондо при ЦСКА. Кстати, к заслугам организаторов можно прибавить то, что в детской секции тхэквондо ЦСКА, в одном из немногих, если не единственном месте в Москве, тренируют бесплатно.

Геннадий Кван вырастил не одно поколение спортсменов. За полгода существования тхэквондо в ЦСКА у спортивного клуба появились победители международных юношеских турниров в Санкт-Петербурге, призеры чемпионатов России Вооруженных сил.

■ **Спортивные результаты :**

Кубок мира по самбо 1981 – 1 место

Чемпионат СССР по самбо 1987 – 3 место

Чемпионат СССР по самбо 1986 – 3 место

◎ **Новосибирск**

## Спортивно-профессиональный клуб "Успех"[156)]

Основан в 1989г. Паком Вениамином Александровичем: трёхкратным чемпионом СССР по каратэ, мастером спорта СССР, обладателем 7-го дана по каратэ (WKF), 8-го дана по каратэ (JKMO), 4-го дана по тхэквондо WTF, председателем комитета по культуре, образованию, науке, спорту и молодежной политике законодательного собрания Новосибирской области, председателем совета директоров Новосибирского городского общественного фонда поддержки социальных инициатив «Общее дело», президентом Новосибирской областной федерации каратэ, вице-президентом Всероссийской Федерации каратэ-до и главным тренером сборной России.

---

156) Спортивно-профессиональный клуб «Успех». URL: http://www. uspekh-karate.ru/content/karate/ (2018.01.16)

В январе 1989г. был открыт Физкультурно-спортивный центр «Успех», идея названия которого принадлежит супруге Вениамина Александровича – Ирине Сергеевне Пак. Сегодня «Успех» является центром развития каратэ в Сибири и на Дальнем Востоке. В 1998г. клуб объединил 9 регионов Сибирского федерального округа в Лигу каратэ Сибири и Дальнего Востока, в которую входит более 65 клубов.

Воспитанники клуба показывают высокие результаты на соревнованиях Всероссийского и международного уровня, входят в состав сборной России. Клуб «Успех» известен не только в России, но и за рубежом, и работа клуба повышает престиж Новосибирска как спортивной столицы Сибири.

Соревнования «Кубок Успеха»[157)]стали значимым событием в спортивной жизни России. Турнир родился в 1990-е годы в рамках СПК «Успех», дорос до уровня Сибирского федерального округа. Теперь это всероссийские соревнования, на которых выступают чемпионы мирового и европейского уровня. Сегодня это один из крупнейших и самых массовых клубов по каратэ в стране. Регулярно в турнирах принимают участие более 1500 спортсменов из 14 регионов и 25 городов России – от самых маленьких с 8 лет, до мастеров международного класса и звезд мирового спорта.

В клубе постоянно работают над повышением уровня подготовки спортсменов и тренеров, приглашая для проведения семинаров мастеров мирового каратэ. Каждый год президент японской ассоциации «Мариошикай каратэ-до», обладатель 8-го дана, Тошиацу Сасаки проводит показательные тренировки в клубе.

Высококвалифицированный коллектив тренеров клуба особое внимание уделяет духовному, нравственному и физическому развитию ребёнка. В условиях существующих проблем занятость детей каратэ становится социально значимой. Широкое вовлечение детей и подростков в занятия каратэ является хорошей

---

157) Там же.

основой для спортивного прогресса клуба.

Воспитанники и выпускники «Успеха» – это спортсмены, предприниматели, депутаты, представители медицины, образования, культуры, управленцы. В СПК «Успех» прилагают усилия не только для высших достижений, но и в целях становления и развития подрастающего поколения, в воспитание людей с активной жизненной позицией в современном обществе.

■ Спортивно-профессиональный клуб «Раменки» и спортивно-профессиональный клуб «Успех»

Клуб «Раменки» (Москва) и клуб «Успех» (Новосибирск) – оба клуба возникли ещё в советское время и являются основными центрами развития каратэ в Российской Федерации.

В 1995г. на чемпионате Европы по каратэ-до в г. Хельсинки (Финляндия) Вениамин Пак познакомился с известным японским мастером и тренером Сасаки Тошиацу, обладателем 7-го дана, и пригласил его в Россию. С тех пор «сенсей Сасаки» ежегодно, а иногда и чаще, приезжает в нашу страну, участвует в соревнованиях Всероссийской федерации каратэ-до (стиль шотокан), принимает экзамены на сдачу пояса. «Мы не просто единомышленники по спорту, – говорит Сасаки Тошиацу, – Хан Виктор, Цой Олег и

Пак Вениамин – это мои друзья. По крайней мере, я очень на это надеюсь». Российские спортсмены заявляют, что с приездом Тошиацу началась новая страница в истории каратэ-до в России. Поднят технический уровень, созданы спортивные школы в других регионах. Наиболее сильными на сегодняшний день являются школы каратэ-до Дагестана, Кабардино-Балкарии, Челябинска и других городов. Всего во Всероссийской федерации каратэ-до насчитывается около 60 клубов.

## ◎ Ким Нелли Владимировна[158)

Родилась 29 июля 1957г., выпускница Казахского государственного института физической культуры (Алма-Ата, 1978). Заслуженный мастер спорта (1976, спортивная гимнастика). Родилась в г.Шураб, Ленинабадская обл., Таджикская ССР.

Олимпийская чемпионка (1976 – многоборье, опорный прыжок, вольные упражнения, 1980 – многоборье, вольные упражнения). Серебряный призер олимпийских игр (1976 – многоборье). Чемпионка мира (1974, 1978, 1979 – многоборье.

**158)** Нелли Ким – биография, информация, личная жизнь. URL: https:// stuki-druki.com/authors/Kim-Nelli.php (2020.06.20)

1978 – опорный прыжок, вольные упражнения). Серебряный призёр (1978 – многоборье, 1979 – команда, бревно, вольные упражнения) и бронзовый (1974 – бревно, 1979 – опорный прыжок) призер чемпионатов мира. Чемпионка Европы (1975 – вольные упражнения, 1977 – опорный прыжок). Серебряный (1975 – многоборье, 1975, 1977 – бревно) и бронзовый (1975 – опорный прыжок, брусья, 1977 – многоборье, вольные упражнения) призер чемпионатов Европы.

Чемпионка СССР (1975, 1980 – многоборье, 1973, 1975 – брусья, 1975, 1976 – бревно, 1975, 1979 – вольные упражнения, 1976 – опорный прыжок). Серебряный (1974, 1975, 1978, 1979 – опорный прыжок, 1974, 1976, 1979 – брусья) и бронзовый (1974 – многоборье) призер чемпионатов СССР.

Серебряный (1979 – многоборье) и бронзовый (1979 – опорный прыжок, бревно) призёр Кубка мира. Обладательница Кубка СССР в многоборье (1976). Серебряный призёр Кубка СССР в многоборье (1974, 1975).

Тренеры – В. Байдин, заслуженный мастер спорта Н.П. Милигуло. В сборной команде СССР с 1973 по 1980г. Выступала за «Спартак» (Чимкент, Казахстан), ВС (Минск, с 1977). Завершила спортивную карьеру в 1980г.

Тренировала различные национальные сборные по спортивной гимнастике (Республика Корея, Италия, Белоруссия). Судья международной категории. Член технического комитета Европейского гимнастического союза (УЕЖ) от Белоруссии. С 2004г. – президент женского технического комитета Международной федерации гимнастики (FIG). Член исполкома FIG.

В 1999г. включена в Международный зал славы спортивной гимнастики. Награждена двумя орденами Трудового Красного Знамени.

В настоящее время в г.Миннеаполисе, штат Миннесота, США.

## ◎ Цзю Константин Борисович[159]

Боксер, спортсмен, абсолютный чемпион мира среди профессионалов.

Родился 19 сентября 1969г. в г. Серов, Свердловская область, Россия. Отец – Цзю Борис Тимофеевич работал на металлургическом заводе, а мать – Валентина Владимировна – медсестра. Фамилия Цзю досталась ему от прадеда Иннокентия, который был чистокровным корейцем, попавшим в Россию из Китая.

Костя был всегда очень активным и подвижным. С целью

159) Костя Цзю, биография, новости, фото. URL: https://uznayvse.ru/ znamenitosti/biografiya-kostya-czyu.html (2020.06.20)

направить молодую энергию ребенка в какое-то плодотворное русло отец в 1979г. привёл сына в секцию по боксу одной из местных ДЮСШ. Уже через шесть месяцев занятий в зале бойкий десятилетний мальчик начал побеждать на ринге ребят, старше его по возрасту. Через два года им начали интересоваться тренера национальной юниорской сборной СССР. Этот период можно назвать началом профессиональной спортивной биографии Кости Цзю, которая медленно, но уверенно стремилась ввысь.

Он выигрывал множество региональных и международных поединков и был призёром нескольких турниров. Фееричные победы чередовались с поражениями, но это только укрепляло дух парня. В 1985г. Цзю получил титул чемпиона РСФСР в собственной возрастной категории юношей.

В 1989г. парню удалось добиться серьезного успеха в главной возрастной группе. В это время он стал обладателем чемпионского пояса на турнире в СССР и с триумфом выступил на европейском чемпионате, где также взошел на высшую ступень пьедестала. Затем последовала длинная череда весомых побед.

В период 1990–1991г. талантливый боксер дважды подряд стал обладателем звания чемпиона Советского Союза, а также получил множество золотых медалей по результатам международных состязаний. В 1989г. на мировом чемпионате по боксу, который проходил в российской столице, Костя Цзю сумел занять третью призовую позицию в группе спортсменов в весовой категории до 60 кг.

Примерно спустя год чемпион собрал в свою копилку и золотые медали на известных Играх доброй воли в Сиэтле. 1991г. стал не менее впечатляющим и ярким в карьере спортсмена. Именно в то время Костя заработал золотые медали европейского и международного чемпионатов.

Серьезные выступления на разных соревнованиях привлекли немалый интерес тренера из Австралии Джонни Льюиса к спортсмену из Советского Союза, который в скором времени убедил боксера переехать на Зеленый континент. Спустя немного времени Цзю предложили официально стать гражданином Австралии, с чем он охотно согласился. После этого боксер начал выступать на регулярных выставочных противоборствах по всей планете.

В течение своей профессиональной карьеры боксер по прозвищу «Гром из Австралии» (Thunder from Down Under) считался одним из самых сильных спортсменов мира в собственной категории веса. Время от времени ему удавалось одерживать верх над такими не менее знаменитыми персонами как Хуан Лапорте, Джесси Лейха, Заб Джуда и другими. Эти яркие победы были предшественниками невероятной славы и мирового признания в боксерском мире. Цзю стал легендарной звездой в Австралии и России. В 1992г. уехал из России в Австралию.

В совокупности за всю карьеру Костя выходил на ринг 282 раза, одержав при этом 270 побед. Такой показатель был очень впечатляющим, и боксер был включен в Международный зал бойцовской славы летом 2011г.

В 2013 г. вернулся в Россию. После окончания профессиональной карьеры Костя Цзю стал тренером подрастающего поколения, для которых была разработана особая схема тренировок, позволявшая эффективно противостоять соперникам в ринге. Наиболее сильными учениками стали боксеры Д.А. Лебедев, А.В. Поветкин и Х.М. Аллахвердиев.

Одновременно он проводил мастер-классы для юных спортсменов. На свои финансы он открыл несколько спортшкол на территории России для расширения и популяризации спорта в стране.

В 2010г. Костя Цзю стал главой редакции электронного издания Fight Magazine, раскрывающего различные аспекты боевых единоборств. Люди узнали о ещё одном таланте именитого боксера. Вместе с тем Цзю нередко участвовал в различных телепередачах: «Костя Цзю. Быть первым», Dancing with the Stars, «Топ-модель по-австралийски» и прочих. В настоящее время спортсмен работает тренером в Москве.

# Заключение

Российские спортсмены корейского происхождения продолжают дело всей своей жизни. И сегодня в России популярны восточные единоборства – каратэ и тхэквондо. Несмотря на все трудности советского времени, на запреты и преследования этого вида спорта, советские корейцы остаются преданными бойцами, имеют огромный авторитет не только со стороны властей, но и справедливо завоеванное уважение народа.

Функционируют сотни спортивных школ и клубов, где профессиональные тренеры занимаются с детьми и взрослыми восточными единоборствами. По сути, каратэ и тхэквондо являются интернациональными видами спорта, здесь нет национальностей. Неоспорим факт, что спорт объединяет народы мира, воспитывает честных, благородных людей, патриотов своей страны.

Однако, к сожалению, можно констатировать, что

популярность этого вида спорта среди русскоязычных корейцев значительно снизилась, редко встретишь корейскую молодёжь в стенах спортивных клубов, уже редко встретишь чемпионов-корейцев в тхэквондо и в каратэ. Остается только надеяться, что корейская молодёжь в России вновь обратится к этим замечательным видам спорта и подарит нам новых чемпионов.

Завершая вторую часть книги о третьем поколении русскоязычных корейцев, можно с уверенностью утверждать, что корейцы в Европейской части России заняли достойные позиции в российском социуме.

Большинство из них продолжают традиционную профессию земледельцев, вносят свой вклад в агропромышленный комплекс России. Основными местами сельскохозяйственной деятельности корейцев являются Северный Кавказ, Волгоградская, Ростовская области, Ставропольский край и Дальний Восток. У российских корейцев и сегодня присутствует традиционный корейский дар единения с природой и землёй, на которой они живут. По нашему мнению, бережное отношение и любовь к земле – этот дар присущ только корейской нации.

150 лет проживания в многонациональном государстве, где основным языком является русский язык и русская культура, корейцы, подчиняясь основным законам страны проживания, утратил свой родной корейский язык и

национальные традиции.

В самые тяжелые годы политического и экономического кризисов россияне жили в постоянном психоэмоциональном стрессе. Приходилось самостоятельно решать проблемы экономического характера, зарабатывать на жизнь и пропитание. Многие корейцы вынуждены были поменять свою профессию, заниматься совершенно другим бизнесом, заново учиться и продвигаться по карьерной лестнице.

Корейцы, в Европейской части России, где проживают в основном люди с европейской внешностью, выделяются своей внешней непохожестью. Они чувствуют нередко себя «чужими», хотя родились и выросли в России. Всё детство и юность корейской молодёжи омрачалось тем фактом, что они не такие, как все. В Центральной Азии корейцы этого не ощущали, потому что внешне очень похожи на местных жителей. Главное отличие российского корейца от корейца Казахстана, Узбекистана, Киргизии и Таджикистана – это внутренний дискомфорт, наличие психоэмоциональной составляющей, что в России он не такой как все. Но несмотря на это, российские корейцы прекрасно владеют русским языком, пишут стихи, поют песни на родном русском языке, прекрасно коммуницируют с другими народами.

Важно отметить, что в последние годы наблюдается тенденция к возвращению утраченного, возрождению корейской культуры и языка. Значительно возросло корейское молодёжное движение в России. Корейская молодёжь активно интересуется своей культурой – культурой российских корейцев, историей переселения и проживания на русской земле, пытается решить проблемы самоидентификации и национального сознания.

Об этом будет написано в третьей части нашего исследования.

# Часть 3

## Будущее за молодым поколением

# Глава 1

# Социально-экономическая адаптация населения к переменам

Третья часть исследования истории и жизни русскоязычных корейцев в Центральной России посвящена корейской молодёжи. К молодому поколению русскоязычных корейцев мы отнесли поколение, рождённое в конце 1980-х годов и выросших в новых условиях России, после распада Союза ССР.

Пятое поколение русскоязычных корейцев характеризуется как адаптированное в российский социум, прекрасно владеющее русским и английским языками, в большинстве своем идентифицирует себя гражданами Российской Федерации, а по этническому признаку – корейцами.

В этой части исследования рассматривается социально-экономическая адаптация молодого поколения корейцев в трансформирующемся российском обществе в конце 1990-х–начале XXIв. В ходе кардинальных изменений создались принципиально новые условия для формирования моделей социально-экономического поведения.

Переходный характер современного российского общества после распада СССР вызвал к жизни очередную волну поисков национальной и этнической идентичности в качестве почвы в условиях нестабильной реальности.

Рыночная экономика поставила россиян, в том числе и корейское сообщество, в жёсткие условия выживания в рыночном пространстве, радикально изменив систему ценностей человека эпохи индустриальной стадии развития.

В этот период наблюдается активный рост эмиграции из России. Главной причиной эмиграции – поиск лучших условий жизни, личные и семейные причины (вступление в брак, переезд к детям или родителям), а также причиной отъезда многие россияне считают обострение криминогенной обстановки и межнациональных отношений.

Криминогенная обстановка в Москве и в больших городах России вызвала и эмиграцию русскоязычных корейцев. Уезжали в первую очередь финансово-обеспеченные корейцы, чтобы создать комфортные условия для воспитания детей, дать им достойное образование. Для этой части эмигрантов основными принимающими странами стали Канада, США и европейские государства.

В 2000-х годах из России и стран СНГ корейцы в поисках работы и лучших условий жизни избрали Республику Корея. За последние годы численность эмигрантов из России в Корею резко выросла.

Вопрос о том, в каких странах мира русскоязычные корейцы быстрее и менее болезненно адаптируются, в европейских или на своей исторической родине, является одним из важных аспектов изучения истории и идентичности корё сарам.

Социально-экономическая адаптация лежит в основе трансформации социальной структуры российского общества, характеризующаяся крайней неустойчивостью как на уровне процессов, происходящих внутри социальных групп и между ними, так и на уровне осознания личностью своего места в системе социальной иерархии.[160]

Процесс социально-экономической адаптации в 1990-х годах проходил сложно и с огромными трудностями, сталкивался с препятствиями объективного и субъективного

---

[160] Авраамова Е.М. Социально-экономическая адаптация населения к переменам в российском обществе -9·х годов. Автореферат дис… д.эконом.наук. М., ١٩٩٨ г.

характера. Происходит размывание традиционных групп населения и становление новых видов групповой интеграции по формам собственности, объёму и источникам доходов. Длительный процесс выработки эффективной политики государства, направленной на поддержку процесса адаптации, порождал кризисные ситуации в обществе.

Социально-экономический кризис в странах СНГ вызвал небывалый рост эмиграции из этих стран в Россию. Статистические данные РОССТАТа наглядно показывают, что число официально зарегистрированных корейцев в Центральных районах европейской части России значительно возросло к 2010г. Корейцы появились в Калининградской, Владимирской, Рязанской, Ивановской, Смоленской, Белгородской, Брянской, Воронежской, Липецкой областях, где раньше проживали максимум от трёх до десяти семей. Сравнивая статистические данные 1989 и 2010гг., в Центральной части европейской России численность русскоязычных корейцев увеличилась более чем вдвое. Большинство корейцев приехало из Узбекистана, Таджикистана и Киргизии. Основные сферы деятельности русскоязычных корейцев — это коммерция, сфера услуг, медицина, образование, сельское хозяйство.

## Корейцы в Центральной России, Санкт-Петербурге, Ленинградской и Калининградской областях

| | 1959 | 1989 | 2002 | 2010 |
|---|---|---|---|---|
| Москва, | 1526 | 3693 | 8630 | 9783 |
| Московская обл. | 453 | 1567 | 3232 | 5537 |
| Санкт-Петербург, | - | 2929 | 3908 | 4031 |
| Ленинградская обл. | - | 577 | 1030 | 1122 |
| Калининградская обл. | - | 153 | 651 | 731 |
| Владимирская обл. | - | 272 | 432 | 511 |
| Рязанская обл. | - | 174 | 373 | 667 |
| Ивановская обл. | - | 138 | 196 | 323 |
| Тульская обл. | 381 | 267 | 367 | 772 |
| Ярославская обл. | - | - | - | - |
| Костромская обл. | - | - | - | - |
| Нижегородская обл. | 151 | 233 | 743 | 984 |
| Марий Эл | - | - | - | - |
| Кировская обл. | - | - | - | - |
| Тверская обл. | - | - | - | - |
| Смоленская обл. | - | 81 | 240 | 325 |
| Калужская обл. | 122 | 240 | 402 | 638 |
| Орловская обл. | - | - | - | - |
| Курская обл. | - | - | - | - |
| Белгородская обл. | - | 116 | 405 | 513 |
| Брянская обл. | - | 52 | 113 | 126 |
| Воронежская обл. | - | 154 | 499 | 672 |
| Тамбовская обл. | - | - | - | - |
| Мордовия | - | - | - | - |
| Чувашия | - | - | - | - |
| Липецкая обл. | - | 174 | 286 | 297 |
| Новгородская обл. | 26 | 186 | 325 | 341 |
| Республика Татарстан | - | 392 | 664 | 862 |
| | 2659 | 11398 | 22496 | 28235 |

В приведенной таблице представлена численность официально зарегистрированных в этих регионах корейцев. В действительности их численность намного выше, не учтёнными остаются корейцы, приезжающие на сезонные работы, с временной регистрацией, не имеющие недвижимость и т.д. Если по последним статистическим данным за 2010г. считается, что в Российской Федерации проживает более 150 тыс. корейцев.

# 1. Морально-психологическое состояние российского общества. Ксенофобия в России

Долгое время властные структуры открыто не признавали существование в России не только фашистского молодёжного движения, но и наличия приверженцев идеи «white power» («власть белых») – скинхедов. Представители власти заявляли, что это дело рук «обыкновенных» хулиганов.

В России скинхеды появились в начале 1990-х годов. В 1992-м г. в Москве было около десятка скинхедов. Вели они себя тихо, в основном занимались самолюбованием и демонстрировали себя в центре города. Эти самые первые скины были чистым продуктом подросткового обезьянничества: они старательно подражали западным образцам. А о западных скинхедах они узнали из советских СМИ эпохи перестройки: в 1989–1991гг. было модно рассказывать об английских, немецких, а чуть позже – и о чешских скинхедах.[161]

Внутриполитические события сентября–октября 1993г. в России стали катализатором распространения этого течения. На рост числа московских скинхедов повлияла последующая ситуация в Москве, когда на улицах царил полицейский террор антикавказского характера. Ещё более сильное воздействие на рост численности скинхедов оказала Чеченская война.[162]

На расцвет движения скинхедов повлияли не только политические события. Два фактора создали базу для быстрого роста и утверждения «скинов» в молодёжной среде в России: экономический кризис и развал системы образования.

Но куда более серьёзным фактором оказалось то, что в России под предлогом «борьбы с тоталитаризмом» запретили воспитание! Министерство образования – под флагом «деидеологизации школы» – запретило в своих документах даже само слово «воспитание». Педагогика

**161)** Тарасов А. Наци-скины в современной России. Доклад для Московского бюро по правам человека. Дата обращения: 10.01.2019. http://scepsis.net/library/id_605.html

**162)** Там же.

была сведена к дидактике.[163]

Результатом явилась психологическая катастрофа: за десятилетие реформ в России выросло новое поколение – асоциальное[164] и аномичное.[165] Естественно, это сопровождалось взлётом детской и подростковой преступности, наркомании, токсикомании, алкоголизма, проституции, эпидемиями заболеваний, передающихся половым путем. Новое поколение молодёжи оказалось идеальным объектом для восприятия любых примитивных идеологий, основанных на насилии и индивидуализме – как просто уголовных, так и политически уголовных (ксенофобских, расистских, антисемитских).

Скинхеды в России – продукт не национальных, а социальных изменений. Это особенно хорошо видно из того факта, что банды скинхедов возникли именно в крупных и наиболее развитых городах – там, где особенно заметно возникшее за последние годы в России социальное

---

163) Там же.

164) Асоциальность – это поведение и поступки, не соответствующие нормам и правилам поведения людей в обществе, общественной морали.

165) Аномия – это состояние общества, в котором происходят разложение, дезинтеграция и распад определённой системы устоявшихся ценностей и норм, ранее поддерживавшей традиционный общественный порядок, по причине ее несоответствия новым сформулированным и принятым государством идеалам. Необходимое условие возникновения аномии в обществе — расхождение между потребностями и интересами части его членов и возможностями их удовлетворения.

расслоение.

С 1994–1998гг. численность и организованность бритоголовых резко возросла в несколько десятков раз. В Москве и Санкт-Петербурге появляются крупные группировки до сотни участников. В одной только Москве в 1998 г. насчитывалось около 20 объединений. Каждый день их жертвами становились десятки «инородцев».

В Москве, Санкт-Петербурге и других крупных городах 20 апреля (день рождения Гитлера) школьников, студентов, иностранцев восточной национальности предупреждали о нежелательности выходить на улицу, именно в этот день «скинхеды» планировали свои «особые операции».

Тем не менее в Российском законодательстве были соответствующие законы о противодействии экстремизму и деятельности фашистских организаций:

1. Федеральный закон от 19 мая 1995г. №80-ФЗ «Об увековечении Победы советского народа в Великой Отечественной войне 1941–1945гг.»[166], 6-я статья которого говорит о том, что «Российская Федерация берет на себя обязательство принимать все необходимые меры по предотвращению создания и деятельности фашистских организаций и движений

---

166) Информационно-правовой портал «Гарант». Дата обращения: 10.01.2019. http://base.garant.ru/1518946/

на своей территории».

2. Закон Москвы от 15 января 1997г. №1 «Об административной ответственности за изготовление, распространение и демонстрацию нацистской символики на территории города Москвы»[167], в котором говорится, что «под демонстрацией нацистской символики понимается ее публичное выставление, показ, ношение, вывешивание, изображение, воспроизведение на страницах печатных изданий или в фото-, кино- и видеоматериалах, тиражирование и другие действия, делающие ее восприятие доступным».

Однако эти законы в реальной жизни не имели ни силы, ни власти над обществом. После нескольких крупных противоправных акций, произошедших в 2001–2002г., про бритоголовых и скин-движение пишут практически все российские газеты. Ситуация стала выправляться с приходом к власти В.В. Путина. В апреле 2002г. Президент России Владимир Путин внес на рассмотрение Госдумы проект закона «О противодействии экстремистской

---

167) Московская городская дума. Дата обращения: 15.01.2019. https:// duma.mos.ru/ru/37/news/novosti/moskovskaya-gorodskaya-duma-prinyala-v-tselom-zakon-goroda-moskvyi-o-vnesenii-izmeneniy-v-zakon-goroda-moskvyi-ot-15-yanvarya-1997-goda-1-ob-administrativnoy-otvetstvennosti-za-izgotovlenie-rasprostraneni

деятельности»[168] и поправки в законодательные акты, которые потребуются в связи с принятием этого закона.

На этом основании генеральный прокурор России В. Устинов подписал приказ об усилении надзора за исполнением законов против проявлений фашизма и экстремизма. В. Устинов потребовал от своих подчинённых безотлагательно давать правовую оценку каждому факту проявлений фашизма, в полной мере осуществлять предоставленные законом полномочия для прекращения деятельности партий, объединений, пропагандирующих идеи насилия, национальной, расовой розни. Заниматься подобными преступлениями, заверил генпрокурор, будут самые квалифицированные следователи, а поддерживать в судах обвинения – лично начальники управлений генпрокуратуры, прокуроры субъектов федерации, городские, районные, военные прокуроры.[169]

В марте 2004г. на оперативном совещании руководителей ФСБ и МВД впервые силовые структуры признали существование в России правоэкстремистских и фашистских молодёжных группировок. Министр внутренних дел РФ Рашид Нургалиев признался, что «России сегодня угрожает не отдельно взятая подростковая

---

[168] Законодательная инициатива президента // Российские корейцы, № 5 (26), май 2002.

[169] Там же.

преступность, а крайние проявления экстремизма в молодёжной среде. Существующее в России движение скинхедов в своей массе не имеет общего руководства и не структурировано. Однако, когда члены группировок попадают под влияние сильного лидера, они становятся легко управляемыми. Этим людям далеко за двадцать, и каждый из них, как правило, имеет богатое уголовное прошлое. Под их руководством появляются самые настоящие правоэкстремистские, фашистские группировки. И поэтому борьба с ними должна вестись силами всех правоохранительных органов при активной поддержке самых широких слоёв населения. Сегодня никакие антиэкстремистские, также как и антитеррористические, меры не могут быть излишними или избыточными».[170]

В начале 2000-х гг. никто из официальных лиц открыто не признавал существование в России не только фашистского молодёжного движения, но и самого наличия приверженцев идеи «white power» («власть белых») – скинхедов. Даже после погромов в Ясеневе[171] и Царицыне[172] начальник ГУВД

---

170) Спирин Ю., Роткевич Е. МВД объявляет войну скинхедам // Известия, 3 марта 2004 г.

171) Беликов С.В. Погром рынка у станции метро «Ясенево» // https://public.wikireading.ru/120079

172) Беликов С.В. Погром рынка в Царицыно // https://public.wikireading.ru/120080

Москвы Владимир Пронин упорно заявлял, что это дело рук «обыкновенных» футбольных хулиганов. Руководители питерского ГУВД после громких убийств на национальной почве также всегда утверждали, что они совершены из хулиганских побуждений. Именно поэтому заявление Р. Нургалиева стало сенсационным.[173] Глава МВД объявил, что борьба с экстремистскими проявлениями в молодёжной среде – одна из первоочередных задач МВД и ФСБ РФ.

В июле 2002г. вступил в действие Федеральный закон от 25 июля 2002г. №114-ФЗ «О противодействии экстремистской деятельности», однако время было упущено, потребовалось ещё несколько лет для наведения порядка по всей стране. Как и все граждане нерусской национальности корейцы также подвергались нападениям со стороны «скинхедов».

В 1990-х годах статистика о жертвах, подвергшихся нападению экстремистов не велась ни органами власти, ни СМИ. Ни те, ни другие не хотели признавать существование экстремистов и националистически настроенной молодёжи. Только с начала 2000-х годов российским гражданам через СМИ становятся известны факты о жертвах «скинхедов».

---

173)  Спирин Ю., Роткевич Е. Указ.соч.

# 2. Жертвы «скинхедов»

В этой части исследования представлена хроника событий за 2001–2006гг. Это далеко не весь список жертв «скинхедов». До сих пор не известны имена жертв, подвергшихся нападению безумствующих хулиганов до 2000-х годов, а также тех, кто из страха быть вновь избитыми, не заявляли в полицию.

**11 сентября 2001г.** в Химках группой «скинхедов» зверски избит возвращавшийся домой ученый с мировым именем Валентин Тхай.[174] Чудом выжив, он стал нетрудоспособным инвалидом 1-ой группы. Химкинский суд приговорил в декабре 2003г. одного из нападавших к одному году условно.

## ◎ Тхай Валентин Николаевич

родился в 1954г. в Узбекистане, доктор физико-математических наук, профессор, специалист в области теоретической и прикладной механики. В 1995г. защитил докторскую диссертацию на тему «Качественное исследование обратимых механических систем». Работал с

---

**174)** Мохель Р. Фашистов в России не только не ловят – их всячески отмазывают от тюрьмы // Московский комсомолец. 23 октября 2002; Российские корейцы. № 10(31), октябрь 2002; № 11(32), ноябрь 2002; № 12 (33), декабрь 2002; №1 (35), январь 2003; № 2 (35), февраль 2003; № 3 (36), март 2003; № 4 (37), № 5 (38), май 2003; №5 (39), июнь 2003; №6; № 4 (49), апрель 2004.

1997 по 2000 год профессором кафедры Математического моделирования на АВТФ (АВТИ) Московского энергетического института. В настоящее время – главный научный сотрудник Института проблем управления им. В.А. Трапезникова РАН. Член  Национального комитета по теоретической и прикладной механике с 2001 г. Автор многих научных работ.

**В декабре 2001г.** в Юго-западном округе зарубили топором доктора технических наук Геннадия Ефимочкина и вырезали всю его семью.

В январе 2002г. убили директора Института психологии РАН профессора Андрея Брушлинского.

В феврале 2002г. убили заведующего кафедрой микробиологии Российского государственного медицинского университета Валерия Коршунова.

В апреле 2002г. на Ленинградском проспекте подвергся избиению подростков заслуженный профессор МГУ им. Ломоносова 83-летний Михаил Пак.[175] Нападающие скрылись.

---

175) Шин Д. Беспредел // Ариран, № 4(10), апрель 2002.

# ◎ Пак Михаил Николаевич (1918–2009)

профессор-консультант Института стран Азии и Африки при МГУ им. М.В. Ломоносова, директор Международного центра корееведения МГУ; родился 21 июня 1918г. в с. Янчихе Приморского края; окончил исторический факультет Московского государственного института истории, философии и литературы в 1941г., доктор исторических наук, профессор; преподавал историю в средних школах, затем в Рязанском педагогическом институте; с 1949г. работает в МГУ; основные научные работы посвящены социально-экономическому и политическому развитию Кореи, а также проблемам востоковедной историографии; академик РАЕН (1994), академик-секретарь Отделения евразийских исследований РАЕН; заслуженный профессор МГУ; основал Московскую ассоциацию советских корейцев; первый президент Всесоюзной ассоциации корейцев; вице-президент Международного общества корееведения; лауреат Ломоносовской премии МГУ; удостоен национального ордена «Тонбэкчан» Республики Корея; награжден медалью им. П.Л. Капицы РАЕН, орденом Дружбы (2009).

1 апреля 2002г. в подмосковных Химках «скины» забили до смерти бейсбольной битой двух уроженцев Средней Азии.

7 апреля 2002г. в Москве группа американцев подвергалась нападению «скинхедов» на Красной площади и на Старом Арбате.

8–11 апреля 2002г. дипломатические представительства США, Японии и Филиппин получают по Интернету письма с угрозами «убивать всех попадающихся им на глаза иностранцев» в преддверии дня рождения Гитлера.

14 апреля 2002г. в Курске «скины» избили студента из Шри-Ланки.

15 апреля 2002г. в Краснодаре «скинами» осквернено армянское кладбище.

19–22 апреля 2002г. проведены по всей России операции «Вихрь-антиэкстремист» в связи с возможными выступлениями «скинов». Иностранные студенты освобождены от посещёния вузов.

20 апреля 2002г. в Ульяновске «скины» избили еврейского мальчика и исписали антисемитстскими лозунгами здание ульяновской еврейской общины «Шолом». Подросток госпитализирован с сотрясением головного мозга.

21 апреля 2002г. в Сургуте группа «скинов» забила до смерти уроженца Таджикистана и записала убийство на видеопленку.

26 апреля 2002г. прокуратура Москвы завершила следствие по делу о банде «скинов», убивших около десятка человек в подмосковных электричках. Банда была обезврежена в январе 2002г. В её состав входило восемь подростков в возрасте 14–18 лет.

17 августа 2003г. средь бела дня группой скинхедов на подходе к станции Лубянка прямо в вагоне метро жестоко избит студент Московской строительной академии кореец Олег Тхай.[176]

15 ноября 2003г. В электропоезде Москва-Фрязево зверски убит приезжий из Узбекистана кореец Ярослав Кан.[177] Владение приемами восточных единоборств не помогло ему противостоять восьми экстремистам, вооруженным «розочками» из-под разбитых бутылок. К ответственности привлечены 7 человек.

В ноябре 2003г. рядом с метро Чистые пруды в центре Москвы ножевые ранения в шею получил талантливый кинорежиссёр Владимир Кан, кореец по национальности.[178] Три дня хирурги Института Склифосовского боролись за его жизнь. Работник милиции, составлявший протокол о

---

176) На скамье подсудимых – скинхеды // Вести.Ru; Тхай Олег. Один на один я готов драться с любым //Российские корейцы. № 10 (43), октябрь 2003.

177) Он вел себя по-мужски. Еще одна жертва скинхедов // Российские корейцы. № 12(45), декабрь 2003.

178) Информационная хроника «Российские корейцы», № 3 (48), март 2004.

происшествии, сказал, что напавших найти практически невозможно.

1 марта 2004г. в Южном округе Москвы трое отморозков 14–16 лет зверски убили россиянина корейского происхождения Кима Станислава.[179]

Московское бюро по правам человека свидетельствует в ежегодном докладе о расизме, ксенофобии, антисемитизме и этнической дискриминации в России, что число убийств на почве национальной ненависти резко возросло.

В первой половине 2004г. было зарегистрировано 7 убийств, в первой половине 2005 – 10, в 2006 – уже 18. Более 160 человек были избиты (в первой половине 2004 – около 100, в 2005 – около 200). По данным московского бюро по правам человека, все чаще преступления националистов носят агрессивно-демонстративный характер и совершаются при большом стечении народа – на улице, в электричках, в метро. Больше всего преступлений было совершено в Москве – 5 убийств и около 50 пострадавших от насилия. Также в этом печальном списке лидируют Санкт-Петербург, Волжск, Волгоград, Воронежская область и др.[180]

После чувствительных ударов, нанесенных

---

179) Ким Георгий. Страшно за наших детей // Российские корейцы. № 4 (49), апрель 2004.

180) Ксенофобия в России: скинхеды и их жертвы. 13 сентября 2006 г. Электронный ресурс, дата обращения 12.01.2019: https://www. newsru.com/background/21aug2006/skiny.html

праворадикальному движению правоохранительными органами в последние годы, уличное насилие резко пошло на спад.

Новое поколение российской молодёжи, рождённое в конце 1990-х годов не знакомо с подобными проявлениями культурного национализма и ксенофобии на этнической почве. Это связано с усилением государственной власти, подъёмом экономического и культурного благосостояния населения. В настоящее время вырос уровень культуры межэтнических отношений, и морально-психологического комфорта россиян.

# Глава 2

# Корейская молодёжь в российском социуме

Поколение русскоязычных корейцев, родившееся после распада Советского Союза в 1990-х годах, росло и получало образование совершенно в других условиях. Это поколение, выросшее свободным. Безусловно, они несут в себе региональные различия, но в общей характеристике – это поколение грамотное в экономике и в социальной жизни, более прагматичное. Центр тяжести сейчас постепенно перемещается в сторону рационального мышления. Молодёжь интересуется Кореей, изучает свою историческую родину, осознаёт, что ей предстоит развивать и играть связующую роль между Россией и двумя Кореями.

Наше исследование показало, что корейскую молодёжь можно разделить на две возрастные категории: молодёжь 1990-х и молодёжь 2000-х годов.

Первое поколение подрастало в условиях ксенофобии, выяснения отношений среди подростков на почве национальной розни. Их родители в условиях рыночной экономики, искали способы зарабатывать деньги, у них не было времени заниматься воспитанием детей. Более успешные корейцы эмигрировали из России, многие отправляли детей учиться за рубеж, чтобы оградить их от этой опасности.

В последнее десятилетие в связи с изменениями в российском обществе, изменилось и мировоззрение корейской молодёжи, они прекрасно интегрированы в российский социум, большинство из них поступают в российские высшие учебные заведения, практически все владеют английским языком и успешно работают во всех сферах жизнедеятельности человека.

Современную корейскую молодёжь переполняет энергия, огромное желание учиться, осваивать новые области знаний. Практически все освоили компьютер и компьютерные технологии, изучают иностранные языки, без знания которых немыслимы перспективные работы и путешествия.

Стремительное время заставляет молодёжь быть более подвижным, сообразительным, дорожить каждой минутой. Многие работают, чтобы оплатить свою учебу, находят время ходить в театры, на выставки, веселиться в свободное время. Корейская молодёжь прекрасно понимает, что в условиях капитализма выживает сильнейший, а силу даёт знание.

Если сравнивать современную молодёжь с предыдущим поколением, то смело можно утверждать, что они умнее, глубже, грамотнее. Это поколение рождается с быстрым умом, и уже с детства они не мечтают, а знают, кем хотят стать: политологами, учеными, топ менеджерами, музыкантами. Эта молодёжь не имеет страха, у нее нет скованности идеологией, в которую были заточены предыдущие поколения русскоязычных корейцев. У них один принцип: задумал – совершил – получил результат!

Однако, как и в любом другом сообществе, есть и такая часть общества, которая живет по принципу: «деньги – ради денег». Родители, занятые работой, не уделяют должного внимания воспитанию детей. Когда дети нуждаются в родительской любви, они откупаются деньгами. Постепенно происходит отчуждение детей от родителей, основной связующей нитью между ними становятся деньги. В таких случаях у молодёжи развиваются вседозволенность, безнаказанность за совершенные поступки, твердая уверенность, в том, что все можно купить и продать. В этом случае теряется смысл передавать из поколения в поколение родовые черты, национальные традиции и устои, присущие каждой отдельно взятой семье.

# 1. Преемственность поколений

Человек как представитель своего рода становится полноценным участником и свидетелем всех происходящих событий только в том случае, если не потерял связь со своими корнями. Оторванное от своей эпохи и не осознающее себя поколение не передаст никакого наследия потомкам, что может привести только к упадку общества. Для сохранения вечных ценностей, жизненного опыта и уроков истории и существует принцип преемственности поколений.

Другими словами, преемственность поколений – это процесс передачи знаний, ценностей, мироощущения и традиций. Это передача того уровня культуры, развития и знаний, которого достигло старшее поколение, следующему – младшему. Благодаря этому потомки могут продолжить развитие общества с того момента, на котором остановились их предки, добавляя в течение жизни новые умения, знания, традиции и опыт к уже имеющемуся багажу. Для дальнейшего развития социума преемственность необходима, чтобы не потерять все, что было достигнуто.

Для русскоязычных корейцев несмотря на то, что в силу исторических реалий многие аспекты традиционной культуры были утеряны, в большинстве семей преемственность поколений сохраняется. Семейные династии встречаются среди политиков, врачей, учителей, ученых, военных, художников, артистов и т.д.

## Отец и сын – два депутата Государственной Думы Российской Федерации

◎ **Тен Юрий Михайлович (1951–2003)**

депутат Государственной Думы с 1993 по 2003г., предприниматель, генеральный директор АО «Труд».

Сын депутата Государственной Думы РФ Юрия Тена, скоропостижно скончавшегося в 2003г., Сергей Тен достойно несет государственную службу.

◎ Тен Сергей Юрьевич[181]

родился 25 августа 1976г., г.Иркутск, – депутат Государственной Думы Федерального Собрания Российской Федерации VII созыва по 95 одномандатному округу, член комитета ГД РФ по транспорту и строительству.

После окончания школы №47 в Иркутске Сергей Тен поступил в Московскую юридическую академию (МГЮА). В студенческие годы он неоднократно был командиром студенческих строительных отрядов, работающих на строительстве автомобильной дороги Чита – Хабаровск.

В 1999г. Сергей Тен получил диплом по специальности юриспруденция.

В 2003г. вступил в ВПП «Единая Россия».

В 2005г. успешно защитился по программе МВА в Академии народного хозяйства при Правительстве РФ (АНХ), специализация – «Управление персоналом».

2006–2009 – начальник штаба ИРО ВОО «Молодая гвардия Единой России».

Трудовую деятельность начал в 1994г. стажером юриста ЗАО «Труд». Проработал в этой должности до 1997г.

С 1999г. – заместитель генерального директора ЗАО «Труд», с 2003 по 2011г. возглавлял компанию.

2010 – декабрь 2011 – депутат законодательного Собрания

---

181) Сергей Тен. Биография. Дата обращения 10.01.2018. http://sergeyten. ru/biography/

Иркутской области. 2011 – сентябрь 2016 – депутат Государственной Думы Федерального Собрания Российской федерации VI созыва, заместитель председателя комитета по транспорту.

С января 2012г. входит в состав наблюдательного совета государственной компании «Российские автомобильные дороги» (ГК «Автодор»).

С 23 сентября 2011г. до февраля 2016г. являлся членом генерального совета партии. С 2010 по 2012 – координатор политических клубов по СФО. 27 января – 23 ноября 2012г. – секретарь регионального политического совета иркутского регионального отделения партии «Единая Россия». С 2012г. – Сергей Тен входит в состав постоянной комиссии межпарламентской ассамблеи ЕврАзЭС по экономической политике. С марта 2012г. – член наблюдательного совета НП «Центр развития государственно-частного партнерства».

С 2012 по 2015 – руководитель МКС по Сибирскому федеральному округу. 18 октября 2013г. – член бюро центрального совета общероссийской общественной организации «СоюзМаш России».

С мая по сентябрь 2014г. Сергей Тен входил в состав коллегии Минрегионразвития.

С июня 2014г. Сергей Тен утвержден в состав Референтных групп по оценке общественного обсуждения и экспертного сопровождения реализации плана деятельности

Министерства транспорта России на 2013–2018гг.

В январе 2015г. Сергей Тен стал руководителем «Транспортно-транзитный потенциал» проекта партии «Единая Россия» «Санкт-Петербург – морская столица России». Февраль 2015 – декабрь 2016 – руководитель МКС по Иркутской области, Бурятии и Забайкальскому краю.

В сентябре 2016г. повторно избран депутатом Государственной Думы Федерального Собрания Российской Федерации VII созыва по 95 одномандатному округу. С апреля 2017г. – руководитель Федерального партийного проекта ВПП «Единая Россия», «Безопасные дороги» на территории Иркутской области. С июня 2017г. – руководитель межфракционной рабочей группы «Байкал» ГД РФ. С сентября 2017г. – президент ассоциации «Цифровая эра транспорта».

Сергей Тен является членом попечительского совета благотворительного фонда им. Юрия Тена, членом правления землячества «Байкал». За благотворительную деятельность и милосердие фонд награждён орденом «Слава нации» международного фонда «Меценаты столетия». 27 февраля 2018г. Общественная палата Иркутской области наградила Сергея Тена медалью «За милосердие и благотворительность».

Сергей Тен женат, воспитывает двух сыновей и дочь.

# Семейный бизнес

◎ Татьяна Бакальчук (Ким)[182]

родилась 16 октября 1975г. в Подмосковье, окончила подмосковную среднюю школу в пос. Газопровод. С 1981 по 1992гг. училась в Московском государственном областном социально-гуманитарном институте, получила диплом преподавателя английского языка. Подрабатывала репетитором.[183]

Вторая российская женщина – миллиардер, генеральный директор интернет-магазина Wildberries (Дикие ягоды)

Российский онлайн-ритейлер Wildberries основан в 2004г. супругами Владиславом и Татьяной Бакальчук. Занимается продажами одежды, обуви, аксессуаров, косметических средств, детских игрушек, товаров для дома, книг, электроники. На сайте компании

**182)** Forbes сообщил о появлении в России второй женщины-миллиардера. Дата обращения 23.02.2019: https://www.vedomosti.ru/business/news/2019/02/21/794744-zhenschini-milliardera?utm_medium=Social&utm_campaign=echobox&utm_source=Facebook&fbclid=IwAR2lI72czDcMDxKTfS66HL764Sn5AmY13P7Xlg93GWjrIY_XTR5vjAEqyrA#_

**183)** Татьяна Бакальчук: уникальный интернет-предприниматель России // Дата обращения 12.01.2019: https://mainfin.ru/persona/tatana-bakalcuk

доступны более 1,5 млн товаров от 10,5 тыс. брендов. Суточная посещаемость сайта – около 2 млн человек. Среднее количество заказов – 120–150 тыс. в сутки. Компания имеет около 1 тыс. пунктов выдачи товаров. Wildberries работает также в Белоруссии, Казахстане и Киргизии. Головной офис компании находится в д. Мильково Московской области. По данным сервиса «Картотека.ру», ей же принадлежат 100% акций компании. Штат ритейлера – около 15 тыс. человек, автопарк – 150 машин. Выручка в 2017 – 69,1 млрд руб. (рост на 35% к 2016). Чистая прибыль за 2016 – 318 млн руб.

## ◎ Бакальчук Владислав Сергеевич[184]

 родился 24 февраля 1977г. в Люберцах (Московская область). В 1994–1997гг. учился в Московском энергетическом институте по специальности «радиофизика». Затем занимался бизнесом в сфере продаж компьютерной техники и предоставления доступа в Интернет. С 2004г. совместно с супругой Татьяной Бакальчук занимается интернет-ритейлом, является сооснователем

---

184) Не интересно продавать то, что произведено в Китае и завозится без налогов // Коммерсантъ. № 54. 20.02.2018. С. 10.

магазина Wildberries. По данным сервиса «Картотека.ру», Владислав Бакальчук является генеральным директором и владельцем сотрудничающей с «Вайлдберриз» компании «Атолл» (занимается розничной торговлей через Интернет, хранением, курьерской и транспортной доставкой). Ему также принадлежит 49% ООО «Юнионтел» – интернет-провайдера iFlat, предоставляющего услуги в Москве и Московской области.

По данным Forbes, компания оценивается в $600 млн, сама Татьяна Бакальчук признается, что оценивает ее примерно в 1, 2 млрд долл.

Из интервью Татьяны Бакальчук (Ким): В 2004г. у нас родился ребенок, дочке было примерно около месяца, и я хотела опять начать работать. Я пыталась вернуться к своей прежней деятельности, я преподавала, занималась репетиторством иностранных языков. У меня не получилось, потому что ребенок не позволял выстроить расписание. У меня было сильное желание сделать что-то такое, чем бы я могла заниматься, и плюс внутренняя потребность, потому что достаточно тяжело куда-то с ребенком пойти, что-то купить. На тот момент у нас бизнес не был ориентирован на мам с детьми.[185]

---

[185] Татьяна Бакальчук (WILDBERRIES): «Надо просто брать и делать». Дата обращения 10.-2.2019: https://retail-life.ru/tatjana-bakalchuk-wildberries-nado-prosto-brat-i-delat/?fbclid=IwAR2rgMEo0Fxrf44J7Ehc Oa4XEvA-Q0KQh5DTIVwyVz56HYQrHyFd7mVR0jo

Таким образом, весной 2004г. преподавательница английского языка Татьяна Бакальчук и ее муж, радиофизик Владислав Бакальчук решили основать интернет-магазин одежды. Начали они с заказа и перепродажи товаров из каталогов Otto и Quelle немецкого ритейлера Otto Group, который ранее сам пытался выйти на российский рынок. Но в России тогда не было культуры покупки товаров через интернет, да и почтовая система сильно отставала от западной. Первые партии одежды Бакальчук заказывала сама – и на общественном транспорте возила их в свою квартиру, которая одновременно стала складом.

Магазин получил название Wildberries – Бакальчук предпочитала одежду ярких цветов в противовес официальным черно-белым тонам. Осенью 2004г. супругам стал помогать занимавшийся вместе с Вячеславом Бакальчуком в тренажерном зале Сергей Ануфриев. Они втроем продолжают управлять Wildberries и сейчас.

В самом начале пути важны были не столько деньги, сколько поддержка семьи и труд и ещё раз труд. Муж и отец стали первыми помощниками Татьяны в ее первых шагах в бизнесе. С каждым годом бизнес рос и расширялся в масштабах всей России. В настоящее время в компании работает 15тыс. человек по всей стране, из них только 200–300 человек программистов.[186] По мнению Татьяны

---

186) Там же.

Бакальчук в России аналогов их компании нет. Есть зарубежные компании, у которых они учатся. Однако сильной стороной компании Wildberries был и остается – сервис и люди, которые работают в компании. В компанию приходят работать фанаты своего дела, они работают до 11–12 часов ночи, долгое время у них не было никаких отпусков и выходных. Основные качества сотрудников компании: совесть, честность, уважение, которые необходимо воспитывать с детства, считает руководитель Бакальчук.

Основная стратегия Татьяны заключается в бесплатной примерке одежды, которую клиенты заказывают онлайн. Столь востребованная услуга, несмотря на сегодняшнюю ее повсеместность, одной из первых была реализована именно порталом Wildberries. Татьяна поняла и другую особенность психологии своих клиентов, большинство которых составляют женщины. Доставка на дом дискомфортна покупательницам тем, что курьер главным образом – это мужчина, которого нужно впустить дом и оставить ожидать в другой комнате на время примерки. Особенно неудобна примерка заказанных вещей в условиях офиса. Так родилась идея пунктов самовывоза, более всего напоминающих магазины розничной торговли: в них также имеются просторные примерочные, где потенциальные покупатели могут без спешки рассмотреть и примерить одежду или обувь, а также спокойно принять решение о покупке. Такая бизнес-модель показала свою эффективность: сегодня порядка 40% клиентов предпочитают забрать заказ в пунктах самовывоза.

Сейчас в Wildberries более 1,5 млн товаров на сайте, свыше 10,5 тыс. брендов (из них 3,6 тыс. появились в 2017), посетителей около 2 млн человек ежедневно, они делают каждый день около 120–150 тыс. заказов, а в пиках доходит до 300 тыс. Конверсия больше 5% в день. Товарооборот составил в 2016 – 51 млрд руб., в 2017 – 69,1 млрд руб., это рост на 35% по всем рынкам и на 40% по России.[187]

## ◎ Семья Ким Вячеслава, генеральный директор компании ТМ «Chantemely»

**Компания** ТМ «Chantemely» была создана 2009г. и успешно развивается на рынке текстильной промышленности. Из интервью с главным дизайнером компании Ким Викторией стал известен нелегкий путь развития маленькой фирмы из пяти человек в ведущую компанию на российском рынке женского белья. История этой семьи интересна тем, что в компании работают члены семьи (сын Арсений) и ближайшие родственники супругов Ким Вячеслава (генеральный директор) и Виктории

---

[187] Не интересно продавать то, что произведено в Китае и завозится без налогов // Коммерсантъ. № 54. 20.02.2018. С. 10.

(главный дизайнер).

Катаклизмы 1990-х гг. вынудили их переехать из Узбекистана в Уссурийск на Дальнем Востоке. Жизнь на Дальнем Востоке в 1990-х была так тяжела, что Виктории приходилось торговать жареными семечками. Затем они стали ездить в Китай и продавать шубы и меха. Поиски и желание найти свое место на российском рынке привели к производству женского белья. Сегодня их компания ведущая на российском рынке, у неё свой бренд. Все заказы размещены на фабриках в Китае. Компания ТМ «Chantemely» сотрудничает с 20-ю представительствами в 18 городах России, Казахстана и Беларуси.

У Вячеслава и Виктории было огромное желание выйти на южнокорейский рынок. Они неоднократно ездили в Корею, предлагали взаимовыгодное сотрудничество, но так и не нашли партнеров. Более того, у них до сих пор остается горький осадок от общения с корейскими бизнесменами. В своем интервью Виктория откровенно призналась, что с китайскими партнерами работать намного легче и интереснее. Китайцы благосклонно относятся к ним как к русскоговорящим корейцам, несмотря на то, что они не говорят по-китайски. Китайцы открыты к сотрудничеству, идут на компромиссы и достойные партнеры.

С корейцами РК, признается Виктория, сложно вести

переговоры. Высокая степень недоверия к русскоязычным корейцам, не знающих корейского языка, вызывает у соотечественников из Кореи неприязнь, высокомерное отношение. Неоднократные попытки начать сотрудничество не увенчались успехом.

Виктория и Вячеслав отмечают преимущества своей национальности. В Китае их уважают как россиян с восточной внешностью, вызывающих доверие, а в России – прекрасно владея русским языком, будучи честными и открытыми российскими гражданами, с ними легко идут на контакт и долгосрочное сотрудничество.[188]

188) Интервью Ж.Г. Сон с Генеральным директором Компания ТМ «Chantemely» Ким Вячеславом и Главным дизайнером Викторией. 18.07.2018.

**Сотрудники компании** ТМ «Chantemely» любезно предоставили отчет объемов продаж с момента появления на российском рынке их компании. Менее чем за 10 лет компания увеличила свои продажи в 25 раз.

| | 2009 | 2011 | 2014 | 2015 | 2016 | 2017 | 2018 |
|---|---|---|---|---|---|---|---|
| Объем продаж в руб. | 2 765 850 | 3 984 921 | 49, 089 623 | 56, 896 835 | 79, 648 575 | 83, 121 549 | 70, 651 614 |
| Численность сотрудников | 5 | 7 | 8 | 9 | 12 | 16 | 15 |
| Площадь складских помещений, кв. м | 150 | 240 | 270 | 270 | 480 | 720 | 960 |

Преемственность поколений, работа членов семьи в одной сфере, на одном предприятии, в одном бизнесе не может принести вреда общему делу, наоборот, это сплачивает, консолидирует семейные отношения.

## ◎ Семья врачей Ли Дина

В Санкт-Петербурге пользуется широкой популярностью клиника восточной и остеопатической медицины «Амрита».[189] Возглавляет клинику главный врач, невролог, доктор восточной медицины Ли Дин. Известный и популярный доктор восточной медицины не только в Санкт-Петербурге, но и за его пределами.

Доктор Ли уже с подросткового возраста знал, что станет врачом. Его путь в медицину начинался с 8-го Ленинградского медицинского училища. В 1973г., получив диплом фельдшера он осознал, что должен продолжить усёбу и стать врачом высокого уровня.

Доктор Ли – один из тех личностей с большой буквы, которые не прекращают учиться и получать знания в течение всей жизни. За его плечами Первый Санкт-Петербургский государственный медицинский университет им. И.П. Павлова, Медицинская академия последипломного образования (МАПО), Краниосакральная терапия. Институт Апледжера – Россия, университет Кёнхи (Республика Корея). В его жизни огромную роль играет

---

[189] Милкина М., Агаркова Л. Иголки на кисти и стопы ставят с душой // Деловой Петербург. 30 мая 2006; Дюков С. Этот удивительный инструмент – руки // Комсомольская правда в СПб. № 8 (86/2413) 2008; «Амрита». Лечебные процедуры // Time Out. Петербург, январь – февраль 2012; Близкая энергия жизни // Деловой Петербург. 29.11.2012; Философия здоровья длиною в тысячи лет // Золотой жираф. Сентябрь 2014.

спорт. В молодости, как и все советские корейцы он серьёзно занимался карате. Чемпион СССР 1981г. В 1990-х гг. овладел корейским языком, которому с азов учился у известного корееведа Андрея Ланькова.

У доктора Ли большая дружная семья, сын и две дочери. Вся семья – высокопрофессиональные врачи, посвятившие свою жизнь этой прекрасной благородной профессии.

В клинике Ли Дина работает практически вся его семья. Две дочери Ли Ен Хи и Ли Сун Хи, закончившие медицинские вузы, в настоящее время являются его опорой и помощниками в семейном бизнесе.

Генеральный директор клиники – племянник Ли Дина – Ли Ю Сен, а супруга – Маргарита проводит занятия по лечебной физической культуре.[190]

190) История корейцев. Доктор Ли Дин. Интервью и съёски фильма // Электр. ресурс: дата просмотра 20.12.2018г. http://www.koreanclub. ru/history-koreans-dr-li-jin/

## ◎ Ли Дин (Олег Антонович)

Родился в 1956г. в Узбекистане, главный врач клиники Восточной медицины «Амрита».

Невролог-остеопат, акупунктурная косметология. Образование – Первый Ленинградский медицинский институт им. И.П. Павлова, лечебный факультет, 1979–1985гг. Специализации и курсы повышения квалификации: Изучение корейской народной медицины (проф. Пак Дя Чер, КНДР, 1983–1985). Интернатура по неврологии при Первом ЛМИ (1985–1986). Первичная специализация по рефлексотерапии (проф. Качан А.Т., МАПО, 1988). Специализация по мануальной терапии (Институт патологии позвоночника и суставов АМН Украины им. М.И. Ситенко. Харьков, 1989). Су-Джок терапия (проф. Пак Чжэ Ву. Республика Корея, 1992–2007). Цикл лекций: «НЛП инновации в психотерапии». (Д. Гриндер, США, 1997). Цикл лекции: «НЛП в семейной психотерапии». (Пьюселик., США, 1997). Курсы по семейной психотерапии (проф. Аткинсон М., Институт Эриксона, Ванкувер, Канада, 1998). Курсы спортивной психологии (проф. Горбунов Г.Д., 1998). Цикл по классической гомеопатии и фолль диагностике (доц. Песонина С.П., кафедра гомеопатии, Медицинская академия им. И. Мечникова, 2002). Цикл по биорезонансной терапии (Фоменко Н., кафедра гомеопатии, Медицинская академия им. И. Мечникова, 2003). Семинар по гомеосиниатрии (Вернер Фразе, Германия, 2003). Семинар по гомеосинергетической медицине и кинезиологии (Марчелло Монселато, Италия, 2010, 2012). Цикл «остеопатическое лечение заболеваний и повреждений опорно-двигательного аппарата» (проф. Скоромец А.А., доц. Ходжаева Л.Ю., Российская ассоциация мануальной медицины, 2006). Цикл по лимфодренажу (доц. Сафоничева Л.Г., Мапо, 2006). Кранио-сакральная терапия и соматоэмоциональный релиз, (институт Джона Э. Аппледжера, США, 2006–2007). Курсы остеопатии (доц. Ходжаевой Л.Ю., Мапо, 2007–2008). Остеопатия (фасциальный цикл, Роже Капоросси, Франция, 2008). Цикл: «Травма нервной ткани и желудочковая мотильность» (Бруно Чикли, Остеопатическая краниальная академия, США, 2009). Конституциональная акупунктура (проф. Чой Сенг Хунг, Университет восточной медицины, Сеул, Республика Корея, 2009). 2013 – Курс Embedding thread therapy (лечение мезонитями) у доктора Jongki Lee Chairman возглавляющего Корейское сообщество «Korean Bioengieering & Rejuvention Society». Получил право на преподавание Embedding thread therapy (лечение мезонитями) и thread lifting. 2013 – курс обучения в Korean medical institute of Plastical Aesthetics. Апрель 2013г. – курс Embedding thread therapy (методу тающих нитей) у профессора Ли Хен Чоль в Центре восточной и остепатической медицины «Амрита» в Санкт-Петербурге. Вице-президент глава Российского отделения Institute of Suit-design Plastical Aesthetics.

В 1992г. удостоен звания «Профессор суджок акупунктуры» международной академии суджок.

Член Международной ассоциации суджок акупунктуры с 1992г. Член Санкт-Петербургского общества гомеопатов и рефлексотерапевтов россии с 2002г. Член-корреспондент Международной академии акмеологических наук. Член регистра остеопатов России. Президент Балтийской ассоциации суджок терапии.

Кандидат в мастера спорта СССР по каратэ-до. Обладатель черного пояса по хапки-до. Обладатель черного пояса по каратэ-до. Вице чемпион СССР по каратэ-до (1981). Вице чемпион по ушу Международного фестиваля боевых искусств «Свободная Россия» СПБ, 1998г. в номинации «мягкие формы без оружия» стиль «ян». Автор 9 научных статей в области восстановительной медицины и философии.

## ◎ Ли Ен Хи (Светлана Олеговна)

родилась в Санкт-Петербурге в 1987г., гомеопат, терапевт, чемпион России по ушу среди юниоров.

Доктор восточной медицины, корейская эстетическая медицина. Образование: окончила Санкт-Петербургский государственный медицинский университет им. акад. И.П. Павлова, ординатуру по спортивной медицине и лечебной физкультуре, на базе кафедры физических методов лечения и спортивной медицины.

Курсы повышение квалификации и специализации:

С 2009–2011 работала в центре «Осанка» под руководством Дрожжиной Л.А. Март 2013 – Курс Embedding thread therapy (лечение мезонитями) у доктора Johnq Lee Chairman возглавляющего Корейское сообщество «Korean Bioengieering & Rejuvention Society». Март 2013 — курс обучения Embedding thread therapy (методу тающих нитей) в Korean Medical Institute of Plastical Aesthetics у профессора Ли Хен Чоля. Апрель 2013 г. продвинутый курс Embedding thread therapy (методу тающих нитей) у профессора Ли Хен Чоль в Центре восточной и остепатической медицины «Амрита» в Санкт-Петербурге. Окончила курсы по флоратерапии, фармакотерапии (Корниенко В.В., гомеосинергетической медицине (3 уровня Луиджи Марчелло Монселато), гомеопатической мезотерапии, иглорефлексотерапии, лечебному цигуну (мастер Лю Шу Хуэй). Окончила курсы по теории четырех конституциональных типов на факультете восточной медицины при университете Кёнхи Р.Корея.

## ◎ Ли Ю Сен (Эдуард Федорович, племянник Ли Дина)

Родился в 1982г. Невролог, доктор восточной медицины, остеопатии, корейской эстетической медицины. Член регистра остеопатов России.

Специальность: мануальный терапевт, невролог, педиатр

Образование: 2005 – окончил Санкт-Петербургскую педиатрическую медицинскую академию. 2007 – окончил ординатуру на кафедре нервных болезней СПбПМА. Первичная специализация по рефлексотерапии на кафедре восстановительной терапии СПбГПМА (2007). 1996–2003 обучение по Суджок терапии у профессора Ли Дина. 2008–2012 – прошел обучение в СПбМАПО в Институте остеопатической медицины (Французская школа остеопатии). 2006 – цикл по лимфодренажному массажу (доц. Сафоничева Л.Г., МАПО). 2009 – окончил курсы по теории четырёх конституциональных типов на факультете Восточной медицины Сеульского университета Кен Хи; 2010–2011 – семинары по гомеосинергетической медицине и кинезиологии (Марчелло Монселато, Италия). Март 2013 – курс Embedding thread therapy (лечение мезонитями) у доктора Johnq Lee Chairman возглавляющего Корейское сообщество «Korean Bioengieering & Rejuvention Society». Март 2013 – курс обучения Embedding thread therapy (методу тающих нитей) в Korean Medical Institute of Plastical Aesthetics у профессора Ли Хен Чоля. Апрель 2013 – продвинутый курс Embedding thread therapy (метод тающих нитей) у профессора Ли Хен Чоль в Центре восточной и остепатической медицины «Амрита» в Санкт-Петербурге.

## ◎ Ли Сун Хи (Татьяна Олеговна)

родилась в 1984 г. в Санкт-Петербурге. Доктор восточной, корейской эстетической медицины, флоратерапевт, врач общей практики.

Образование: окончила лечебный факультет Санкт-Петербургского Государственного университета им. акад. И.П. Павлова (2006). Интернатура по специальности –

терапия (2007). Клиническая ординатура по общей врачебной практике (семейной медицине) (2007 –2009). Специализация по функциональной диагностике (СПб ГМУ им. акад. И.П. Павлова).

Курсы повышения квалификации: Окончила курсы по гомеопатии и фармакопунктуре, по флоратерапии

гомеосинергетической медицине (Марчелло Монселлато, Италия).

Март 2013 – курс Embedding thread therapy (лечение мезонитями) у доктора Johnq Lee Chairman возглавляющего Корейское сообщество «Korean Bioengieering & Rejuvention Society». Март 2013 – курс обучения Embedding thread therapy (метод тающих нитей) в Korean Medical Institute of Plastical Aesthetics. Апрель 2013 – продвинутый курс Embedding thread therapy (по методу тающих нитей) в Центре восточной и остепатической медицины «Амрита» в Санкт-Петербурге.

## ◎ Чен Маргарита

супруга Ли Дина. Методист по лечебной физической культуре.

Окончила Новгородский университет им. Я. Мудрого, педагог (1986–1991).

Курсы повышения квалификации: Сертификационные курсы по лечебной физкультуре – курс проф. М.В.

Девятовой (1996), и курсы массажа
– проф. А.М. Тюрин, Академия физ.
культуры им. П.Ф. Лесгафта (1997),
Международные курсы спортивной
психологии – проф. Г.Д Горбунов,
И. Волков. (1998, «Игослав» Россия).
НЛП инновации в психотерапии
(США, 1997). НЛП в семейной
психотерапии (США, 1997). Курсы Остеопатии (МАПО,
2007–2008). Кранио-сакральная терапия и
соматоэмоциональный релиз, институт Джона Э.
Апплджера, США (2006–2007). Цикл по лимфодренажу
(МАПО, 2006). Остеопатия – фасциальный цикл (Франция,
2008). Суджок терапия – Пак Чжэ Ву (Ю. Корея, 1992–2007).

Занятия тай-чи-цюань и цигун стиль «ян» – мастер Чой
Ен Рак (1985–1987, Россия). Практика по системе ки-хаб
(1989–1991, Россия). Занятия по цигун «суставной
комплекс», «и динь динь» и ушу (тай-чи-цюань стиль
«чень»), у мастеров Лю Шу-Хуэй и Ши Дэ Цянь (Шаолинь,
Китай, 1996–1999).

Двукратный вице-чемпион по ушу международного
фестиваля боевых искусств «Свободная Россия» СПБ,
1998г. в номинации «мягкие формы без оружия» стиль
«ян» и «чень». Ведет группы здоровья и лечебной
физической культуры с 1986г.

## ◎ Ли Хан Сен (Антон Федорович, племянник Ли Дина)

 родился в 1984г. в Санкт-Петербурге, выпускник НИУ ВШЭ, 2006. Работает в клинике экономистом.

Русскоязычные корейцы получили в российских академических вузах медицинское образование и в то же время они прекрасно овладели восточной традиционной медициной. Врачи-специалисты в совершенстве знают уникальные западные целительские практики: остеопатию, краниосакральную терапию, психотерапию, флоратерапию и гомеопатию. Они профессионально владеют восточным мастерством иглотерапии, прижигания, суджок терапией, цигун и йогой.

«Амрита» объединила целостный подход к человеческому организму с позиции духовности, ментальности, эмоциональности и физической составляющей инвидуума, а также значимости энергии – чи, ки и прана – человека. В клинике «Амрита» прекрасно пребывают и созидают мудрость Востока и прагматизм Запада.

По мнению доктора Ли Дина, «эти знания, дополняя

друг друга, одновременно, подняли мировую медицинскую науку на новую ступень развития, заявив о себе во всех сферах медицинских и психологических знаний. И многолетний опыт доктора восточной медицины с европейским образованием подтверждает высокую эффективность и экологическую чистоту данного направления медицины третьего тысячелетия».[191]

## Семья Шина Дмитрия

◎ Дед – Шин Николай Николаевич (1914–1992)

В 1937г. окончил Свердловский институт советского строительства при ВЦИК РСФСР (ныне г.Екатеринбург)

---

[191] Ли Дин. Иглорефлексотерапия, мезонити, цигун в Санкт-Петербурге. Дата обращения: 15.01.2019. http://clinic-amrita.ru/o-klinike/li_din

## ◎ Отец – Шин Владимир Николаевич (1938–2013)

В 1964г. окончил Казахский государственный университет, филологический факультет (г.Алма-Ата). Журналист, фотограф.

## ◎ Шин Дмитрий Владимирович

Родился в Москве в 1977г. В 2001г. окончил Историко-архивный институт Российского государственного гуманитарного университета, факультет архивного дела, специальность – историк-архивист. Главный редактор сайта: ariran.ru

Автор-составитель книги «Корейцы на фронтах Великой Отечественной войны 1941–1945гг.» М.: ИВ РАН, 2011.

# Семья художника Кана Эмиля

## ◎ Кан Эмиль Михайлович

родился в 1954г. в Казахстане близ Аральского моря. Окончил Санкт-Петербургский государственный академический институт живописи, скульптуры и архитектуры им.И.Е. Репина (СПбГАИЖСА им.И.Е. Репина). Художник, фотограф, дизайнер по оформлению книг и альбомов. Работал в издательстве АРКА. Женат, имеет двух сыновей Фёдора и Арсения. Выросшие в семье художника, сыновья с детства росли в мире музыки и искусства. Свое будущее они связали с киноискусством, оба окончили Университет кино и телевидения и стали профессиональными операторами.

# ◎ Сын Кан Фёдор Эмильевич[192)]

родился 8 февраля 1987г. Продюсер.

Жанры: короткометражка, боевик, приключения.

Фёдор учился в хоровом училище им. М.И. Глинки, пел в хоре и много гастролировал по Европе, после училища поступил в Университет кино и телевидения на кафедру операторского мастерства. В юношестве активно занимался роликовым спортом.

В 2004г. вместе с братом попал на съёмочную площадку, с тех пор его жизнь связана с кино и медиа сферой в целом. В 2010г. стал профессионально заниматься производством музыкальных клипов и рекламных роликов.

В 2015г. создал STORM production, на базе которой по сегодняшний день снял более 50 рекламных роликов и клипов.

В 2016г. создал BUBBLE studios, где в качестве исполнительного продюсера снял «Майор Гром: выходной» (https://youtu.be/RLt65JxNsWI), а после него тизер «Майор Гром: чумной доктор» (https://youtu.be/ZQUxpQHY4eQ). В данное время готовится полнометражный фильм. Помимо

---

**192)** Фёдор Кан https://stormfilms.ru/ru/work/backstage/149

это в разработке находится несколько сериалов, а также ещё один полнометражный фильм.

В 2018г. расширил сферу деятельности, открыв креативное агентство. Женат.

## ◎ Сын Кан Арсений Эмильевич[193)]

родился 8 февраля 1987г., кинооператор. Учился в хоровом училище им.М.И. Глинки, затем поступил в Университет кино и телевидения на кафедру операторского мастерства. Снял более 50 рекламных роликов и клипов.

Жанры: боевик, приключения, короткометражка. Как оператор руководил процессом съемок фильма «Майор Гром» (2016), «Майор Гром: чумной доктор» (2019).

---

193) Арсений Кан. Дата обращения 12.01.2019: https://www.kinonews.ru/person_31326/arseniy-kan

# 2. Политика и экономика

## ◎ Цой Владимир Олегович[194]

Директор ГБУК ЛО «Выборгский объединенный музей-заповедник». Родился 15 декабря 1984г. в г.Кириши Ленинградской области. С 1990г. проживает в г.Выборг.

В 2006г. окончил с отличием факультет социологии СПбГУ. В 2012г. получил диплом магистра искусствоведения на историческом факультете СПбГУ. Работал менеджером по маркетингу ОАО «Выборгский судостроительный завод».

В марте 2007г. избран депутатом Законодательного собрания Ленинградской области 4-го созыва. В декабре 2011г. избран депутатом Законодательного собрания Ленинградской области 5-го созыва. В сентябре 2016г. избран депутатом Законодательного собрания Ленинградской области 6-го созыва по Выборгскому одномандатному избирательному округу №1. Заместитель председателя постоянной комиссии по экономике, собственности, инвестициям и промышленности

---

194) Цой Владимир Олегович. https://whoiswho.dp.ru/cart/person/1931135

Законодательного собрания Ленинградской области.

С октября 2015г. – директор ГБУК ЛО «Выборгский объединенный музей-заповедник». Благодаря Владимиру Олеговичу ведется активная и эффективная работа по сохранению объектов культурного наследия, идет реставрация знаковых объектов в Выборге и Выборгском районе. Расширены возможности реализации проектов туристической направленности.

Член партии «Единая Россия» и одноименной фракции в законодательном собрании. За активную общественно-политическую деятельность неоднократно поощрялся наградами и благодарностями разного уровня:

- Благодарность Законодательного собрания Ленинградской области за значительный вклад в создание и развитие законодательства Ленинградской области и активную общественно-политическую деятельность (2009).

- Почетная грамота губернатора Ленинградской области за большой вклад в экономическое и социальное развитие Ленинградской области (2011).

- Почетный диплом Законодательного собрания Ленинградской области за высокий профессионализм и активную работу в законодательном (представительном) органе государственной власти (2013).

- Знак отличия Ленинградской области «За вклад в развитие Ленинградской области» (2014)

Женат, трое детей.

# ◎ Пак Денис

Директор Департамента автомобильной промышленности и железнодорожного машиностроения Министерства промышленности и торговли РФ. Родился 2 марта 1981г. Образование: 2002 – СПбГУ, юрист.

Занимаемые должности:

С 2012 – директор Департамента государственного регулирования внутренней торговли Министерства промышленности и торговли РФ. 2011–2012 – советник министра юстиции РФ. 2010–2011 – помощник члена Совета Федерации. 2002–2009 – помощник депутата, руководитель аппарата Комитета по законодательству Законодательного собрания Санкт-Петербурга.

С 2017 – директор Департамента автомобильной промышленности и железнодорожного машиностроения Министерства промышленности и торговли РФ. Действительный государственный советник юстиции РФ 3 класса.

## ◎ Югай Вячеслав

Руководитель группы по Дальнему
Востоку. Адвокатское бюро «Егоров,
Пугинский, Афанасьев и партнеры».
В 2007г. Вячеслав с отличием окончил
Дальневосточный государственный
университет. В 2009г. он получил
степень LL.M. в University of Southern
California Gould School of Law.

В 2016–2017 работал в одной из ведущих американских
юридических фирм Wachtell, Lipton, Rosen & Katz, приняв
участие в сопровождении сделок на сумму более 4 млрд
долл. США. Является членом Адвокатской палаты г. Москвы.
Допущен к юридической практике в Англии и Уэльсе и в
штате Нью-Йорк (США).

Вячеслав Югай специализируется в сферах слияний и
поглощений и корпоративного права ведущим
международным рейтинговым агентством Chambers,
корпоративного права. Его профессиональный опыт
включает консультирование российских, иностранных и
международных корпораций по широкому кругу правовых
аспектов. Он также имеет опыт работы в сфере
недвижимости с частными клиентами и корпоративными
реструктуризациями.

За годы работы в бюро Вячеслав участвовал в таких проектах, как:

Консультирование государственной инвестиционно-строительной компании, базирующейся в ОАЭ, по созданию СП с российским государственным инвестиционным фондом в рамках реализации крупного энергетического инфраструктурного проекта в России.

Сопровождение сделки по приобретению консорциумом инвесторов пакета акций компании «Теле2 Россия».

Консультирование METRO GROUP по всем российским правовым аспектам продажи бизнеса Real в Восточной Европе группе Auchan за 1,1 млрд евро.

Консультирование Росимущество по продаже 10% акций Банка ВТБ путем частного размещения акций и глобальных депозитарных расписок среди инвесторов на сумму более 3 млрд долл. США.

Консультирование ОК РУСАЛ при рефинансировании долга компании по кредитному договору с ВЭБ на сумму более 4,5 млрд долл. США.

Консультирование компании, ведущей бизнес в сфере добычи минеральных ресурсов и энергетики в рамках приобретения ряда региональных геологоразведочных компаний.

Консультирование крупной производственной компании при рефинансировании долга в размере 500 млн долларов США.

Консультирование Группы ГАЗ в рамках рефинансирования синдицированного кредита в размере более 1,5 млрд долл. США.

Консультирование группы инвесторов при покупке регионального производителя продуктов питания.

Правовая поддержка продажи одной из крупнейших российских транспортных компаний.

Практики:

Слияния и поглощения и корпоративное право.

## ◎ Ким Дмитрий Матвеевич

Генеральный директор АО «Глобус-Телеком», заместитель директора макрорегионального филиала, директор по работе с корпоративным и государственным сегментом

Родился 13 сентября 1985г. В 2005г. окончил Московский государственный университет им.М.В. Ломоносова (МГУ), экономический факультет. В 2007 г. — Высшую школу бизнеса МГУ.

Карьеру начал в 2005г. в ОАО «Банк Зенит» в должности ведущего экономиста. В 2006–2007гг. работал главным аналитиком ОАО «Росгосстрах». С 2007г. принят на работу в ОАО «Национальные кабельные сети», где прошёл трудовой путь от начальника отдела аналитики до заместителя генерального директора.

В ноябре 2012г. назначен и. о. заместителя директора – коммерческого директора, затем заместителем директора – коммерческим директором макрорегионального филиала «Москва» «Ростелекома».

С 2015г. – директор по работе с корпоративным и государственным сегментами макрорегионального филиала «Центр» ПАО «Ростелеком».

с 1 ноября 2018г. он занимает пост генерального директора АО «Глобус-Телеком» (дочерняя компания «Ростелекома»).

## ◎ Тен Марк

Генеральный директор Sports.ru. 28 лет, родился во Владивостоке, Приморский край. В 2007г. окончил гимназию №1 во Владивостоке. Поступил в Московский государственный университет международных отношений (МГИМО). В 2013г. окончил бакалавриат искусств на факультете социологии. Школа

Product.degree. Офлайн курс с ведущими специалистами российских и международных компаний. С 2012г. работал в компании Adventum. С 2013г. работает на российском спортивном интернет-портале Sports.ru, который был основан в 1998 г. 22 апреля 2019 г. стал генеральным директором портала Sports.ru. Кроме этого, Марк Тен является куратором школы продакт-менеджеров мобильных приложения Product.degree, читает лекции в «Летней школе». Это свободный некоммерческий образовательный проект для тех, кто готов учиться и учить летом, живя в палатке и занимаясь в корпусах бывшего пионерлагеря. Школа проводится каждый год силами добровольцев, без приглашённых менеджеров. Организаторы и преподаватели не получают зарплат и гонораров. Участники ЛШ могут выступать в разных ролях: слушать лекции, вести семинары, устраивать факультативы, проводить исследования, помогать в организации лагеря — поэтому для них нет ограничений по возрасту, уровню образования или месту проживания. В 2016г. на проекте «Летняя Школа» для школьников, студентов и ученых свои двери открыли 30 мастерских. За четыре недели работы лагерь посетило около 1500 участников и преподавателей. Осенью 2016г. мастерские школы подготовили лекции и просветительские события специально для RESPUBLICA* University.

## ◎ Ким Женя

дизайнер одежды, модельер. Российский Forbes опубликовал ежегодный рейтинг «30 до 30». Молодых визионеров искали в 10 категориях: предприниматели, финансы и инвестиции, управление, спорт и киберспорт, наука и технологии, искусство, музыка и кино, социальные практики, мода и дизайн, новые медиа. Среди героев этого рейтинга – те, кто к 30 годам получил признание в профессиональном сообществе и стал известен не только на всероссийском и даже глобальном уровне. Рейтинг Forbes «30 до 30» – это не демонстрация доходов, в этом списке люди творческих профессий, благотворители и спортсмены.[195] В категорию «мода и дизайн» попала Ким Женя, талантливая модельер и дизайнер одежды. Она создала свою марку одежды «J.Kim».

28 лет, родилась в Ташкенте, Узбекистан. Молодой дизайнер корейского происхождения переехала из Узбекистана в Москву 18 лет назад. Перед тем как придумать

---

195) Женя Ким. Дата обращения 15.04.2019: https://www.forbes.ru/profile/zhenya-kim; https://www.forbes.ru/biznes/376377-30-samyh-perspektivnyh-rossiyan-molozhe-30-let-reyting-forbes; https://bazaar.ru/fashion/geroi/zhenya-kim-podstraivatsya-pod-obshchie-trendy-eto-smeshno/#part0

концепцию бренда, в основу которого легли мотивы азиатской культуры, она три года экспериментировала со спортивным и деловым стилями, пытаясь найти собственный. Стремление Ким показать красоту национального костюма сделало её заметной в fashion-индустрии.

Свою первую коллекцию одежды девушка создала в 2013г., будучи студенткой Московского колледжа декоративно-прикладного искусства им. Карла Фаберже. Коллекцию она сшила в Корее за 150 тыс. руб. Спонсировал производство друг семьи, который также пролоббировал её стажировку у Вячеслава Зайцева во время обучения в колледже. Получив небольшую поддержку на старте, дальше Женя Ким решила действовать самостоятельно: разработала небольшую коллекцию, продавала ее частным клиентам, а на заработанные деньги шила новую. Бренд J.Kim представлен в шоуруме indexflat, универмаге «Цветной» в Москве и в шоуруме Mainoun в Нью-Йорке. Среди её профессиональных достижений – номинация на Woolmark Prize, одну из престижных мировых премий в сфере моды.

Преимущество Жени перед многими молодыми дизайнерами – в её абсолютной, непоколебимой уверенности в выбранной изначально творческой линии и умении ловко балансировать между индивидуальностью и мейнстримом, не поддаваясь массовым трендам. Вместо того, чтобы двигаться в популярном нынче направлении streetwear, или делать удобоваримую для сознания большинства моду, Женя интерпретирует элементы национального корейского костюма, ездит за тканями в Узбекистан и не боится театральных дизайнерских жестов.[196]

## ◎ Ким Катя

бортпроводник компании «Аэрофлот».

Мы часто летаем российскими самолетами и очень редко встречаем бортпроводниц азиатской внешности. В компании «Аэрофлот» вот уже 2,5 года работает бортпроводников Катя Ким.[197]

28 лет, родилась в Узбекистане. В восемь лет переехала с семьёй в Россию и пошла в первый класс. Родители в поисках лучших условий для своих детей часто переезжали. Школу и университет Катя окончила в Красноярске, по образованию лингвист-переводчик. С детства родители целенаправленно занимались своими детьми и дали им

196) «Self-made» дизайнер Женя Ким, интервью для Harper's BAZAR, 2016. Дата обращения: 12.02.2019: https://bazaar.ru/fashion/geroi/zhenya-kim-podstraivatsya-pod-obshchie-trendy-eto-smeshno/#part0

197) Катя Ким – восточное лицо «Аэрофлота». Дата обращения: 12.02.2019: http://gazeta.korean.net/PERSONNEL/2786

нужный старт, чтобы они стали профессиональными специалистами.

В эту профессию Катя пришла осознанно, имея свои принципы и ценности. Она любит свободу, и для нее важно, что она имеет возможность передвижения в пространстве, общения с разными людьми и необходимую в этой профессии дисциплину. В свободное от работы время Катя изучает психологию и историю искусств, любит читать и путешествовать.

При отборе в эту профессию предъявляются особые требования: физические данные, необходимые для выполнения обязанностей, желание работать в сфере сервиса и владение английским языком. Ради своего полёта ты готов, считает Катя, преодолеть и долгий процесс трудоустройства, и различные преграды. Самое главное иметь свое достоинство, именно благодаря своей индивидуальности, Катя ощущает свою привлекательность, и этнические данные кореянки ей очень помогают. С другой стороны, этническое многообразие России предопределяет и повышает статус международной компании «Аэрофлот» как работодателя.

На вопрос: за что вы любите свою профессию? Катя ответила: «Дорога – это всегда какая-то история, проделав путь из одной точки в другую, ты меняешься, это ценно, и этим нужно жить. Я люблю свою профессию за возможность проявлять себя каждый день, проходить свой путь и сотрудничать с людьми, менять места, замечать мелочи. Такие моменты каждый человек копит в свою коллекцию, у бортпроводников эти коллекции большие! Например, как это бывает, первое впечатление складывается по внешнему виду. Однажды я достаточно поверхностно отнеслась к своему коллеге, моё внимание привлёк его идеальный образ, над которым он явно поработал. Однажды я увидела его в деле: он коротким общением с пассажирами решил конфликтную ситуацию. Я была в восторге: это счастье работать с профессионалами».[198]

Сегодня для Кати открыты все типы самолётов, поэтому и маршруты очень разнообразны: это и Юго-Восточная Азия, и просторы России, и Европа.

---

[198] Там же.

# 3. Наука и образование

◎ Ким Евгений

*лауреат премии губернатора Хабаровского края, аспирант.*

13 февраля 2019г., в День российской науки, в Доме официальных приёмов правительства края прошла торжественная церемония вручения заместителем председателя  правительства края по социальным вопросам Натальей Пудовкиной денежных премий в области науки и инноваций для молодых ученых.

Одним из лауреатов премии стал научный коллектив, в состав которого вошел Ким Евгений. Данный научный коллектив занимается разработкой комплексных легирующих добавок с редкоземельными металлами с целью повышения физико-механических и эксплуатационных свойств отливок из алюминиевых сплавов. Евгений докладывал о результатах данной научной работы на конференциях и семинарах АНТОК Данная тематика будет продолжена, возможно с международным участием.

## ◎ Ким Ксения Борисовна

кандидат химических наук, г. Воронеж

Родилась в 1991г. в г.Алмалык Ташкентской области, Узбекистан. В 2000г. семья переехала в Воронеж. В 2008г. окончила школу с серебряной медалью. В школе занималась каратэ, кандидат в мастера спорта.

В 2008г. поступила в Воронежский государственный университет инженерных технологий на факультет экологии и химической технологии, специальность «Инженерная защита окружающей среды». Активно занималась наукой и участвовала в различных конкурсах. Стала победителем всероссийского конкурса «Лифт в будущее». Включена в «Золотую книгу Воронежской области: лучшие учащиеся и студенты 2013». В 2013г. окончила вуз с отличием и осталась в аспирантуре на кафедре неорганической химии и химической технологии. В 2015–2016гг. являлась стипендиатом Правительства РФ.

В 2017г. защитила диссертацию на соискание ученой степени кандидата химических наук по теме «Электродиализ аммоний- и нитрат содержащих водных растворов».

С 2008г. по настоящее время работает на кафедре

неорганической химии и химической технологии. Сейчас – в должности старшего преподавателя. Продолжает заниматься наукой, участвовать в конференциях.

◎ **Эм Павел Павлович**[199]

кандидат географических наук

Родился в 1987г. в г.Партизанск, Приморский край, экономико-географ и кореевед, известный специалист в области социально-экономической географии Кореи и теоретической географии. Кандидат географических наук.

В 2010г. с отличием окончил географический факультет Дальневосточного государственного университета. В 2010г. поступил в аспирантуру Тихоокеанского института географии ДВО РАН, в 2011г. был переведен в Москву в аспирантуру при Институте географии РАН, которую окончил в 2013г.

В 2013г. на географическом факультете МГУ им.М.В. Ломоносова защитил диссертацию на соискание ученой степени кандидата географических наук по теме «Системы размытых центральных мест Корейского полуострова».

**199)** Эм Павел. Спасательная шлюпка для Кореи // Российские корейцы. №12 (185). Декабрь, 2018.

Научная карьера:

2011–2013 – младший научный сотрудник отдела социально-экономической географии Института географии РАН.

2013 – научный сотрудник отдела социально-экономической географии Института географии РАН.

2017–2018 – постдок центра корейских исследований Высшей школы социальных наук в г.Париж.

2018 – приглашенный исследователь Лейденского университета в Нидерландах.

В 2018г. занял 9 место в национальном рейтинге российских географов.

Автор около 40 научных работ, опубликованных в России и за рубежом. Наиболее значимые работы:

Эм П. П. Республика Корея. Второй демографический переход: особенности и результаты // Азия и Африка сегодня. 2019. №1. С. 38–45.

Эм П. П. Пространственное развитие урбанизации на Корейском полуострове: сравнение Юга и Севера. Владивосток: изд. дом ДВФУ, 2018. 208 с.

Em P. A Big City as an Independent Central Place System, a Case Study of Moscow // Regional Research of Russia. 2018. №2. P. 151–157.

Em P. The capital agglomeration of the Republic of Korea as a fuzzy central place system // Bulletin of Geography. 2016. №34.

Р. 7–16.

Эм П. П. Влияние развития метрополитена па качество жизни и равномерность размещения населения в столичной агломерации Республики Корея // Проблемы Дальнего Востока. 2015. №6. С. 71–82.

Эм П. П. Городские агломерации как системы размытых центральных мест (на примере стран Корейского полуострова). // Региональные исследования. 2014. №3. С. 115–125.

Эм П. П. Применение теории фракталов для изучения систем размытых центральных мест // Известия РАН. Серия географическая. 2014. №6. С. 7–16.

Эм П. П. Региональные особенности урбанизации в Республике Корея // Региональные исследования. 2012. №2. С. 120–133.

Эм П. П. Особенности развития урбанизации и системы расселения Республики Корея во второй половине XX– начале XXI вв. // Проблемы Дальнего Востока. 2012. №3. С. 93–103.

# 4. Ассоциация научно-технических обществ корейцев (АНТОК)

Ассоциация научно-технических обществ корейцев (АНТОК)[200] была создана в 1991г. для развития и укрепления корейского сообщества в России с целью популяризации науки и образования среди молодёжи, установления научных и профессиональных связей между научными сообществами корейцев, проживающих за рубежом. Ежегодные международные научно-практические конференции и семинары АНТОК собирают ученых, инженеров и специалистов со всех регионов России, Казахстана, Узбекистана и Республики Корея.

На конференциях АНТОК работа ведется как по естественно-техническим научным направлениям, таким как математика, физика, информационные технологии, механика, материаловедение, медицина и биотехнологии, энергетика, архитектура и строительство, так и по гуманитарным направлениям: психология, педагогика, экономика, маркетинг, дизайн.

Наиболее многочисленны молодёжные секции, в которых принимают участие студенты старших курсов, магистранты и аспиранты. Молодёжь составляет около

---

200) АНТОК // Дата обращения 14.01.2019: https://aksts.ru/about-aksts/general/

трети от общего количества участников конференций и их число с каждым годом неизменно растет.

Конференции АНТОК – хорошая возможность для молодых исследователей в дружелюбной атмосфере потренироваться в публичных выступлениях, представить результаты своих работ и пополнить список научных публикаций.

На конференции АНТОК

## ◎ Чо Гван Чун (Дмитрий)

кандидат технических наук, доцент Московского энергетического университета, руководитель АНТОК.

Родился в 1977г. на Сахалине. Окончил Московский энергетический университет, кандидат технических наук, доцент. Активно занимается общественной деятельностью в АНТОК.

Преподает в Московском энергетическом институте

(Технический университет), кафедра «Электрические станции». Заместитель заведующего кафедрой по научной работе, доцент. Лектор курсов: «Электрическая часть гидроэлектростанций», «Системы оперативного постоянного тока ПС».

Научно-исследовательская работа (НИР):

Разработка Национального стандарта (НС) «Короткие замыкания в электроустановках. Термины и определения».

Разработка НС «Короткие замыкания в электроустановках. Методы расчета в электроустановках переменного тока с напряжением до 1 кВ».

Разработка Стандарта организации (СО) ОАО «ФСК ЕЭС» «Требования к интегрированной системе оперативного постоянного тока ПС».

Разработка СО ОАО «ФСК ЕЭС» «Типовая программа и методика испытаний СОПТ ПС».

Разработка СО ОАО «ФСК ЕЭС» «Системы собственных нужд ПС. Типовые проектные решения».

Участие в экспертизе оборудования для СОПТ ПС, распределительных устройств среднего напряжения в рамках аттестации ОАО «ФСК ЕЭС».

Учебно-методическая работа:

Разработка мультимедийного курса лекций «Электрическая часть гидроэлектростанций».

Разработка методического пособия по СОПТ Учебноисследовательского испытательного центра (УИИЦ) кафедры: зарядные устройства GUTOR, инверторы GUTOR, щит постоянного тока GUTOR.

Стажировался в Германии, Швейцарии. Владеет английским языком.

◎ **Юн Светлана**

менеджер образовательных проектов. Исследовательский центр Samsung в Москве, член АНТОК. Успешно руководит Федеральной программой дополнительного образования «IT ШКОЛА SAMSUNG». В 2016г. получила награду «Премия Рунета 2016» в номинации «Наука и образование». Премия Рунета является общенациональной наградой в области высоких технологий и интернета. 13-я ежегодная церемония награждения «Премия Рунета 2016» состоялась 22 ноября в Москве. Светлана Юн является руководителем группы развития экосистем «Лаборатории бизнес решений» Исследовательского центра Samsung. До этого Светлана Юн – доцент, кандидат технических наук, возглавляла Институт дистанционного обучения Новосибирского государственного технического университета.

# 5. Культура и спорт

## ◎ Тян Андрей

музыкант, скрипач. Артист Симфонического оркестра Мариинского театра. Андрей Тян Приказом Министра обороны Российской Федерации от 31 мая 2016г. за №318 награждён медалью Министерства обороны Российской Федерации «За освобождение Пальмиры».[201]

### ▪ Краткая справка :

Медалью «За освобождение Пальмиры» награждаются военнослужащие Вооружённых Сил Российской Федерации и Сирийской Арабской Армии — непосредственные участники героического штурма и освобождения Пальмиры в период с 13 марта по 27 марта 2016г., а также организаторы и руководители боевых операций при освобождении этого сирийского города. Также медалью награждаются гражданские лица — за содействие в решении задач,

---

201) Наш соотечественник Андрей Тян награждён медалью «За освобождение Пальмиры». Дата доступа 10.12.2018: http://www. koreanclub.ru/our-compatriot-andrey-tyan-was-awarded-the-medal-for-the-liberation-of-palmyra/

возложенных на объединённую военную группировку при проведении военной операции по освобождению Пальмиры. За концерт, состоявшийся в освобождённой сирийской Пальмире 5 мая 2016г., были удостоены медалей дирижёр симфонического оркестра Мариинского театра Валерий Гергиев и его музыканты.

Музыканты Симфонического оркестра Мариинского театра под руководством маэстро Валерия Гергиева приняли свои награды из рук начальника управления культуры Министерства обороны России Антона Николаевича Губанкова. Он поблагодарил всех участников концерта, который состоялся 5 мая 2016г. в Сирийской Арабской Республике, а также передал им благодарность от министра обороны РФ Сергея Шойгу.

Одним из награждённых стал наш соотечественник, Андрей Тян. Это его первая такая награда за историческую акцию-концерт. По словам Антона Губанкова, все музыканты фактически были участниками антитеррористической операции, проводимой Россией за рубежом. Их вклад в борьбу стал очень важным и необходимым для освобождения Сирии, а также, поднятия боевого духа граждан этой страны.

**О спецоперации по секретной переброске «культурного десанта».** В условиях повышенной секретности (музыканты не распространяли информацию о поездке в горячую точку) прошла необходимая подготовка. Из-за особых условий, в поездку отобрали только мужчин. Несмотря на сложность и потенциальную опасность предстоящей культурной акции, музыканты доверились своему маэстро и заверениям обеспечения

безопасности со стороны Министерства обороны. Надо отметить, что безопасность наших музыкантов в течение всего пребывания в Сирии обеспечивали военнослужащие спецназа российской армии.

В конце церемонии награждения перед собравшимися гостями выступил Валерий Гергиев. Человек необычайной скромности и высочайшего таланта поблагодарил своих коллег, их членов семьи и знакомых, присутствовавших при награждении. Он рассказал, как переживал за своих подчинённых, как их встретили на военной базе, и поведал всем о том, что данный концерт стал историческим в биографии каждого музыканта. Многие музыканты в разных частях света хотели бы сыграть свою партию в Пальмире, но не знали, как это сделать. И только, благодаря

Министерству обороны РФ, состоялся самый нужный и самый «дорогой», во всех отношениях, гастрольный тур оркестра Мариинского театра. Вклад в развитие цивилизации человечества нельзя оценить никакими деньгами.

О поездке в Сирию Андрей узнал в день вылета. На военной базе музыкантов встретили военные и сразу перешли к инструктажу. Будучи гражданскими людьми, их тщательно проинформировали о том, что необходимо делать в случае непредвиденных обстоятельств. Каждому выдали бронежилет и каску и строго запретили их снимать в течение всего пути к Пальмире.

Путь оказался не быстрым. Они ехали колонной 6 часов. В сопровождении военного спецназа, бронетранспортёров и вертолётов поддержки. На большой скорости мчались к Пальмире. Остановок не делали в целях безопасности, хотя некоторым из нас не помешала бы краткая остановка, т.к. перед дорогой мы все напились воды. Это стало для нас уроком, и на обратном пути, перед отъездом, мы не стали пить много воды. Сам исторический концерт в разрушенной Пальмире транслировали по телевидению. Для всех музыкантов было честью сыграть в таком месте.

Из интервью Андрея Тяна: «Я рад, что наш вклад в сохранение мира и культурного наследия оценён государством. Это моя первая такая медаль. Находясь в непосредственной близости от эпицентра боевых действий, по-другому начинаешь смотреть на вещи. Видя собственными глазами те разрушения, что принесла война, в полной мере осознаёшь ценность жизни. Ведь там люди рискуют своей жизнью не ради медалей и наград, а ради сохранения мира».[202]

Амфитеатр, где проходил концерт вмещает около тысячи человек, на концерте оркестра Мариинского театра присутствовали не только местные жители, но и граждане других стран – гости из РФ, Сербии, Зимбабве, Перу и ЮАР.

**Валерий Гергиев**[203]: «В музыке, которая прозвучала сегодня, – наша душевная боль, негодование, протест против варварства и насилия, против нелюдей, уничтожавших бесценные памятники мировой культуры, устроивших здесь место массовых казней. Но в этой программе также есть и музыка, выражающая огромное чувство оптимизма и надежды. Наш концерт в истерзанной Пальмире – это призыв к миру и согласию, это обращение ко всем народам объединить усилия в борьбе со злом, с терроризмом».[204]

---

202) Там же.

203) Валерий Гергиев–советский и российский дирижёр. Художественный руководитель и генеральный директор Мариинского театра с 1988г. (Санкт-Петербург), главный дирижёр Мюнхенского филармонического оркестра, с 2007 по 2015гг. возглавлял Лондонский симфонический оркестр.

204) Там же.

## ◎ Ню Наталья

певица. Родилась 26 января 1979г. в Узбекистане, но всю жизнь росла и жила в городе на Неве – Санкт-Петербурге. С детства любила петь и танцевать. Будучи 3-х летним ребенком, как вспоминает её мама, всегда и везде не стеснялась этого делать. Дома выступала перед своими домашними. В детском саду музыкальный педагог тоже заметил особую музыкальность маленькой Наташи и посоветовал родителям отдать её в музыкальную школу. Так начинается её знакомство с миром профессиональной музыки. В школе педагог по сольфеджио улавливает в её голосе особые ноты и красоту тембра. Но о вокале всерьёз девочка пока не задумывается. Она окончила музыкальную школу по классу скрипки и поступила в музыкальное училище им. Мусоргского по классу альта.

В 2000г. оканчивает его. В том же году выходит замуж за скрипача, артиста Мариинского театра и погружается полностью в семью и воспитание трёх сыновей. Лишь спустя много лет, состоявшись как мама и жена, понимает, что пора воплощать своё желание и мечту петь и приносить людям немного счастья и любви. И в 2011г. решается принять участие в Международном конкурсе вокалистов «Гран При Санкт-Петербург», где завоевывает второе место в номинации «эстрадный вокал любитель».

◎ **Пак Юлия Александровна**[205]

певица, актриса. Родилась 2 июля 1988г. в Уссурийске. В 2010г. окончила Российскую академию театрального искусства (РАТИ-ГИТИС), актёрское мастерство (мастерская Ю.Б. Васильева). В 2011г. окончила Российскую академию музыки (РАМ) им. Гнесиных, эстрадно-джазовый вокал. В 2012г. работала в Камерном музыкальном театре «El Art».

Актриса Московского театра музыки и драмы под

---

**205)** Российские корейцы. № 5 (178). Май, 2018. С.8.

руководством Стаса Намина.[206]

Участница проекта «Голос-2» на Первом канале ТВ, команда Димы Билана. В течение 10 лет участница «Музыкального проекта Гоши Куценко», вокалистка собственной музыкальной группы «Музыкальный проект Юлии Пак». Актриса репертуарного театра Стаса Намина, театра Нации и театра Булгакова.

Театральные работы в Московском театре музыки и драмы под руководством Стаса Намина:

• Керубино, первый паж графа («Свадьба Фигаро»); Фаншетта, дочь Антонио («Свадьба Фигаро»); Джекки («Училка XXII века»); Петух («Бременские музыканты»); Толпа: апостолы, солдаты, нищие («Иисус Христос Суперзвезда»); Племя Любви («Волосы»); Соседка («В горах мое сердце»); Актеры («Жилец Вершин»). Мюзиклы: Принцесса «Обыкновенное чудо», реж. И. Поповски (2010 –2011); Суламифь «Суламифь – Forever» , реж И.Горюнова (2011); Золушка «Золушка», реж. Е. Мартынов (2011–2012); Иностранка «Венский бал», реж. Е.Мартынов (2011–2012); Портовая девушка «Остров сокровищ», реж. Нина Чусова (2013–2014); Стрелка «Белка и Стрелка», реж. Виктор Стрельченко (2013–2015); Ведьма Сьюки «Иствикские ведьмы», реж. Януш Юзефович (2013–2015).

---

[206] Пак Юлия. Дата обращения 15.01.2019: https://www.kino-teatr.ru/kino/acter/w/ros/381021/bio/

Камерный музыкальный театр «El Art»: Герда – музыкальный спектакль «Снежная королева»; Одарка – музыкальный спектакль «Ночь перед Рождеством».

Отец Юлии военный по профессии с детства привил любовь к музыке и пению. От природы хороший голос передался Юлии от отца и деда, который был дирижёром в военном оркестре в СССР. О своей внешности Юлия говорит следующее: «У меня немного нестандартная внешность из-за папиных и дедушкиных генов: папа наполовину кореец, а я уже на четверть. Дедушка – чистокровный кореец. Когда нахожусь среди русских, они относят меня к корейцам. Корейцы считают русской. В итоге сама не знаю, к какой нации себя причислить. Но у меня всё равно есть ощущение какой-то восточной культуры, хотя в семье её было мало: всё-таки мама русская, и папа всю жизнь прожил в России».[207] Главной положительной чертой своего характера Юлия считает трудолюбие. Её жизненный девиз: «Работать! Работать! Работать! Работать над собой и не останавливаться. Чем больше работаешь, тем больше получается!»[208]

---

**207)** Играющая певица Юлия Пак // Российские корейцы. № 5 (178). Май, 2018. С.8.

**208)** Там же.

## ◎ Ли Катя [209)]

певица, солистка группы «Фабрика». Родилась 7 декабря 1984г. в г.Тырныауз, Кабардино-Балкария. В роду у Кати намешано множество кровей: турецкая, польская, русская. Дед Кати – кореец, родился в Китае. В подростковом возрасте приехал в Сибирь на заработки. После конфликта между СССР и Китаем, границу закрыли, и мальчик остался в новой для него стране, где он быстро освоился.

Отец Кати Ли – мастер спорта по вольной борьбе. Мама – учительница в школе. Детство прошло в селе Верхний Куркужин в Кабардино-Балкарии. Их дом находился в тихом местечке между двух гор, и детям было где разгуляться⋯ Девочка обожала петь и мечтала увидеть себя в телевизоре. В школе стеснялась своей фамилии – её дразнили одноклассники. После уроков Катя летела на всех парусах в вокальную студию «Феникс», которая находилась в другом городе и где у неё были настоящие

---

**209)** Катя Ли: профиль звезды. Дата обращения 10.01.2019.: http://7days. ru/stars/bio/katya-li/#ixzz5oh1nK8l6

друзья. Она принимала участие в многочисленных вокальных конкурсах, на которых получала первые места, выступала на концертах.

После школы Катя поступила в Университет культуры и искусства. Несмотря на отсутствие музыкального образования, её взяли на эстрадно-джазовое отделение СПбГУКИ.

Параллельно с учёбой подрабатывала вокалисткой – в джаз-клубах, караоке-ресторане. Когда она была студенткой третьего курса СПбГУКИ, её заметили ребята из группы «Hi-Fi». Они пригласили её в Москву на прослушивание, вскоре она была утверждена на роль солистки, где проработала с мая 2005г. по февраль 2010г. В группе «Hi-Fi» Катя получила всё, о чём мечтала: известность, концерты, гастроли, телевидение···

Снялась в клипах группы «Hi-Fi»: «По следам» (реж. Эрик Чантурия, продюсер коллектива, 2006), «Право на счастье» (2007), «Седьмой лепесток» (реж. Евгений Курицын, 2008), «Мы не ангелы» (реж. Алан Бадоев, 2008), «Забытый сентябрь» (реж. Павел Есенин, 2009), «Статус «Любовь» (2010).

В начале 2010г. Катя приняла решение покинуть группу и начать сольную карьеру. Певица отработала очередной концерт, заявила об уходе и улетела в Америку. Вернувшись, поработать сольно ей так и не пришлось, так как приняла предложение от продюсера Игоря Матвиенко.

В мае 2010г. группу «Фабрика» оставила Сати Казанова, решившая заняться сольным творчеством. На её место и была приглашена Катя Ли. Девушка дала свое согласие, решив попеть в абсолютно новой стилистике – к тому же со своими будущими коллегами – Сашей Савельевой и Ириной Тоневой – была давно знакома. Несмотря на то, что Катя – человек бывалый, прежде чем выйти на сцену в составе «Фабрики», ей пришлось долго репетировать. Зато результат порадовал всех поклонников группы.

Снялась в клипах группы «Фабрика»: «Али-Баба» (в клипе снялся певец Араш, 2010), «Я тебя зацелую» (2010), «Остановки» (совместно с дуэтом «Venера», 2011), «Фильмы о любви» (реж. Алан Бадоев, 2012), «Она это я» (2012). «Золушка» (2012), «Не родись красивой» (2013).

Солистка группы «Фабрика» Катя Ли давно занимается изготовлением дизайнерской одежды, одевая и себя, и девушек из коллектива. Концертные костюмы для группы «Фабрика» сшиты по её эскизам.

Осенью 2011г. на Неделе моды в Москве Катя дебютировала в качестве дизайнера: девушка представила на суд зрителей платья собственного дизайна. А во время своей поездки в Лос-Анджелес получила предложение поработать от самой Дженис Дикинсон – ведущей шоу «Модельная школа ведьмы Дженис», та даже заказала артистке пару нарядов. В 2012г. создала свою коллекцию концептуальной одежды, а также одноименный бренд – K-LEE.

«Моя одежда для смелых, для тех, кто не прячет своё альтер-эго, – говорит Катя. – Дело в том, что «супергерой» – это моё второе «я», и все костюмы из коллекции были придуманы для меня. Но совет двух творческих людей – Стинга и Гезы Шона (парфюмера, создателя культовых ароматов Molecule) – показать одежду людям, вдохновил меня на создание этого перфоманса. Мои костюмы выполнены из высокопрочных, жаростойких и водонепроницаемых материалов, отвечают последним требованиям эргономики, при этом не стесняют движений и не вызывают аллергии. Аэродинамический профиль костюма минимизирует силу трения и компенсирует сопротивление потока. Ну, а для девушек особенно важно, что эти костюмы отвечают последним веяниям моды, что способствует образованию турбулентного потока мужчин».[210]

---

210) Солистка «Фабрики» представила коллекцию одежды K-Lee. Дата обращения 15.01.2019: https://yesmagazine.ru/fashion_news/Katya_Li_predstavila_svoyu_kollektsiyu_odegdy_K-LEE/

## ◎ Канн Эра[211]

певица, композитор, преподаватель вокала. Ирина Канн (творческий псевдоним – Эра Канн) родилась в Самарканде, жила в Саратове. В 1997г. поступила учиться в музыкальную школу по классу фортепиано. У Эры Канн глубокий, богатый тембрами голос.

Эра Канн стала лауреатом премии мэра Саратова, лауреатом премии губернатора Саратовской области. В Саратове познакомилась с пианистом Даниилом Крамером, – её крёстным отцом в музыке. Крамер прослушал её, дал ей советы как развиваться дальше и стал помогать советом и поддержкой.

С Даниилом Крамером девочка ездила на гастроли, и именно он дал ей совет взять имя матери – Эра. Канн окончила школу экстернатом, в Москву переехала в 2007г., поступила в Государственный музыкальный колледж эстрадного и джазового искусства.

Параллельно с учебой Канн продолжает принимать участие в музыкальных фестивалях «Джазовые голоса»,

211) Эра Канн. Биография. Дата обращения 10.10.2018. https://www.peoples.ru/art/music/pop/era_cann/

«Творчество молодых», «Джазовый фестиваль», «Дворянские сезоны», «Мелодии Бродвея», «Посланцы джаза». В 2009г. вместе с Даниилом Крамером и Академическим симфоническим оркестром Эра Канн выступала в Самарской государственной филармонии.

По окончании колледжа певица поступает в российскую академию музыки им. Гнесиных, а также создает джазовую группу «Crazy Band», с которой выступает по всей России до сих пор. Они давали концерты в московских залах театра «Золотое кольцо», дворца культуры при Доме архитекторов, клубе «JazzArtClub», в Доме журналистов и даже на джазовом теплоходе. Также принимали участие в саратовском фестивале «Jazz- Inter- Classic». Кроме того, Эра Канн сотрудничает со многими джазменами России. Наиболее известные из них Даниил Крамер, Сергей Манукян, Анатолий Кролл, Валерий Пономарев, Владислав Медяник и Олег Бутман.

На отборочном туре шоу «Х-фактор. Главная сцена» Эра Канн исполнила русскую фольклорную песню. Член жюри Жанна Рождественская обратила внимание на то, что девушке, которая по национальности чистокровная кореянка, удалось глубоко и прочувствованно спеть русский фольклор.

На прослушиваниях в шоу «Голос 4 сезон» (2015) Эра Канн исполнила Endangered Species и стала участницей проекта в составе команды рэпера Василия Басты.

## ◎ Пак Юрий

певец. 20 лет, родился во Владивостоке, живет в Москве. Родители – этнические корейцы. В возрасте 2,5 лет родители переехали в Москву. После окончания физико-математической школы поступил в Московский государственный технический университет им.Н.Э. Баумана (МГТУ им. Н.Э. Баумана).[212]

Любовь к музыке привила бабушка – кореянка с Сахалина. С нею Юра сделал первые шаги на любительской сцене, участвовал в разных музыкальных конкурсах. Именно бабушка в свое время записала его в музыкальную школу по классу саксофона. В первый раз Юра вышел на сцену, когда ему было четыре года, с того момента он хотел стать певцом и артистом. Если и существует в этом мире любовь с первого взгляда, то это любовь к сцене, считает молодой певец.[213] Он никогда не учился вокалу, всего лишь

---

212) «Голос» запел на корейском // Российские корейцы. № 11(184). Ноябрь, 2018. С. 7.

213) Юрий Пак. «Если и существует в этом мире любовь с первого взгляда, то это любовь к сцене». Дата обращения 25.12.2018: https://koryo-saram.ru/yurij-pak-esli-i-sushhestvuet-v-etom-mire-lyubov-s-

слушал музыку, воспроизводил ее, доверял своему слуху и душе.

Впервые на проекте Первого канала «Голос – 7: перезагрузка» была исполнена песня на корейском языке. Яркое выступление москвича Юрия Пака, который исполнил недавний мировой хит «Gangnam Style» в своей уникальной аранжировке, в интернет-канале YouTube набрало более 750 тысяч просмотров.

Из интервью журнала «ELLE Girl»: Знание языка, менталитета делают меня человеком мультинациональным, я могу быть интересен людям из разных стран. В творческой сфере для меня очень важна корейская культура – в России многие артисты нередко копируют западных артистов, так почему же кореец не в праве сделать то же с продуктами своей культуры?[214]

Корейская поп-культура, популярная во всем мире, привлекает Юру Пака не только как культура исторической родины, но тем, что может поделиться с русской поп-культурой своим музыкальным богатством, новым звучанием, опытом в менеджерской работе, подходом к музыкальной индустрии.[215]

---

pervogo-vzglyada-to-eto-lyubov-k-stsene/

214) Юрий Пак aka HARU: «K-pop – это не просто музыка». Дата обращения 15.01.2019: http://www.ellegirl.ru/articles/yuriy-pak-aka-haru-k-pop-eto-ne-prosto-muzyika/

215) Юрий Пак – первый в России айдол-виджей. Дата обращения

В настоящее время Юра Пак – первый в истории российского телевидения ведущий и певец на канале MTV.

## Спорт

◎ Хан Полина[216]

мастер спорта, чемпионка Европы по тхэквондо. Родилась в 1999г. в Ростове-на-Дону. Воспитанница СШОР №11 Ростова-на-Дону, Ростовский спортивный клуб «Грандмастер». Тренер – Артур Хан.

В 2017г. в Софии (Болгария) на чемпионате Европы по

---

21.12.2018: https://www.mtv.ru/news/park-yury-mtv-kpop-chart/

**216)** Полина Хан. URL: https://infosport.ru/person/thekvondo-vtf/han-polina-stanislavovna (2018.12.21)

тхэквондо по олимпийским весовым категориям завоевала золотую медаль в весовой категории до 67 кг. Это первое в истории ростовского тхэквондо золото чемпионата Европы. В 2017 году Полина Хан возглавила российский рейтинг лучших тхэквондистов среди женщин. Ростовчанка входит в число 16 лучших спортсменок Европы.

В ноябре 2018 г. Полина стала чемпионкой России в этой же весовой категории.

## ◎ Хегай-Мигунова[217)] Юлия

звезда ралли-рейдов. 29 лет, живет в Москве. Окончила МГИМО, юридический факультет, магистратуру НИУ ВШЭ по части рекламы, где читает курс по коммуникациям в спорте, параллельно сотрудничала с экспертным клубом «Валдай», возглавляла отдел коммуникаций в «Газпром – Русвело». Хобби – автоспорт.

Дочь заместителя председателя Всероссийской государственной телевизионной и радиовещательной

217) Золотов А. Куда несет Джулс. Российская гонщица стала звездой ралли-рейдов // Дата обращения 30.01.2019: https://www.forbes.ru/forbeslife/365021-kuda-neset-dzhuls-rossiyskaya-gonshchica-stala-zvezdoy-ralli-reydov

компании (ВГТРК) Сергея Хегая[218] и кинорежиссера Марины Мигуновой росла непоседливым ребенком, любила велосипеды и скутеры, но она мечтала стать банкиром и разбираться в финансах, как папа. Постепенно дочке наскучила мысль о банковской карьере, и она решила посвятить себя юриспруденции.

До 18 лет Джулс (Юлия) каталась на скутерах–мопедах, а поступив на юридический в МГИМО, попросила отца о мотоцикле. Белый байк Yamaha, белый комбинезон и шлем

---

218) Хегай Сергей Антонович, заместитель генерального директора Федерального государственного унитарного предприятия «Всероссийская государственная телевизионная и радиовещательная компания». Указом Президента РФ от 27.06.2007г. №815 награжден Орденом Дружбы за большой вклад в развитие отечественного телевидения и многолетнюю плодотворную работу.

– так она рассекала по Москве. Мотоцикл подарили в июне 2007г., а в сентябре Юля попала в серьёзную аварию – перелом ноги в семи местах. Отец никогда не комментировал поступки дочери и уж тем более случавшиеся с ней происшествия. А с мамой-режиссёром связан судьбоносный момент: незадолго до аварии она пригласила дочь сниматься в фильме «Сайд-степ» (2008). Одна из героинь – девушка, по сюжету попадающая в аварию на мотоцикле. «Всё случилось как в кино, у меня было ровно столько повреждений и швов, сколько в фильме», – улыбается Юля, рассказывая эту историю. (Швов было восемь, и именно после фильма к ней приклеилось прозвище Джулс).[219]

Отец, конечно, отобрал мотоцикл, но было поздно. Джулс нашла способ раздобыть деньги и тайком от родителей купила новый – на этот раз Suzuki. И снова попала в аварию. Настолько тяжёлую, что неясно, как она восстановилась и занялась спортом на профессиональном уровне. «Я лежала в реанимации: коллапс лёгких, разрыв печени, разрывы всего-всего, а у меня ещё и четвертая отрицательная группа крови». Глядя сейчас на Джулс, не сразу веришь, что она собрана по частям и что были моменты, когда, приходя в сознание после операций, думала, что лучше бы уже не очнуться никогда. «20 лет мне исполнилось как раз в

---

219) Там же.

больнице», – вспоминает Джулс. Все это не помешало ей встать на ноги, отбросить костыли, начать приседать со штангой и бегать ежедневные кроссы по 10 км.

И тем не менее хрупкая с виду Юлия Мигунова-Хегай вновь садится за руль Land Cruiser-200 и едет по дюнам, грязи и прочему бездорожью. Ей 29 лет, близкие зовут ее Джулс, она дебютировала в ралли в 2016, а в 2018 решилась проехать все этапы Кубка мира. В 2018 Джулс занимает третью строчку мирового рейтинга Кубка мира, то есть может дать фору куче опытных пилотов мужского пола. К Кубку мира она уже готовилась основательно. То есть начала за три месяца до старта: «Я тренировалась на гоночном карте, но упорно, по сто кругов, в дождь, в холод».

Кубок мира 2018 стартовал в феврале, он состоит из 11 этапов по всему миру, каждый этап длился от двух до семи дней, его длина – 600–1000 км. Такие маршруты сильно скрадывают запас прочности. Джулс смотрит на это спокойно: «Да, осталось ещё шесть этапов кубка. А потом надо договориться с партнерами на €200 000, чтобы заявиться на главное ралли: я не успокоюсь, пока не проеду «Дакар».[220]

Юля является квинтэссенцией образа современной российской девушки, стремящейся к экстриму, приключениям, свободе и победам.

---

220) Там же.

# ◎ Цой Дмитрий[221]

Шахматист. Родился в 2004г. в Москве. Многократный чемпион Москвы и России во всех дисциплинах по шахматам (классика, рапид, блиц), вице-чемпион Европы 2018г. по классическим шахматам (Рига, Латвия), чемпион мира 2018г. по быстрым шахматам.

В 9 лет Дима стал бронзовым призером чемпионата мира по классическим шахматам. В течение семи лет входит в состав юношеской сборной России. Его цель стать втор (после Алексей Кима) корейцем, носителем наивысшего

---

221) Шахматы. Цой Дмитрий // Российские корейцы. № 3 (188). Март, 2019. С. 12; Матч-турнир поколений «Щелкунчик» // Дата обращения: 21.01.2019. http://ruchess.ru/championship/detail/2015/match_turn_tschelkunchik/

звания в шахматах – международный гроссмейстер.

В 2017г. выполнил норматив мастера спорта ФИДЕ (Международная шахматная федерация).

# Глава 3

# Корейские молодёжные организации

## 1. Кризис этнической идентичности

Сопровождавший постсоветскую Россию масштабный общественный кризис ознаменовался ломкой и трансформацией прежних идентификационных основ, поиском и выстраиванием новых моделей самовосприятия. Они стали фундаментом политических и экономических институтов, коммуникаций, государственных атрибутов и символов. Сложный процесс становления новой государственности своеобразно и противоречиво отражается в сознании людей.

В условиях радикальных социальных преобразований и часто сопутствующей им нестабильности общества возникает кризис идентичности. Его можно определить как особую ситуацию массового сознания (и, естественно, сознания отдельного индивида), когда большинство социальных категорий, посредством которых человек определяет себя и свое место в обществе, кажутся утратившими свои границы и свою ценность.[222]

Во второй половине нашего столетия усилились процессы, характеризующиеся всплеском осознания своей этнической идентичности – принадлежности к определённому этносу, «этнической общности».

Рост этнической идентичности рассматривается как одна из основных черт развития человечества во второй половине XX века. Интерес к своим корням у отдельных людей и целых народов проявляется в самых разных формах: от попытки реанимировать старинные обычаи, утерянный язык, национальные традиции, фольклор и т.д. до стремления создать или восстановить свою национальную государственность.

Почему же происходит кризис национальной идентичности, ведущий к пробуждению сознания народа? Каковы психологические причины роста этнической идентичности, почему именно этнические общности часто оказываются аварийными группами поддержки в ситуации острой социальной нестабильности?

---

[222] Андреева Г.М. Психология социального познания / Г.М. Андреева. М., 2004. С. 187.

Социологические школы объясняют рост этнической идентичности:

а) реакцией отставших в развитии народов на этнокультурное разделение труда, порождающее экономическую и технологическую экспансию народов более развитых;

б) мировой социальной конкуренцией, в результате которой усиливается внутриэтническое взаимодействие, несмотря на унификацию материальной и духовной культуры;

в) повышением влияния больших социальных групп в экономике и политике и облегчением процессов их сплочения благодаря средствам массовой коммуникации.

Человеку всегда необходимо ощущать себя частью «мы», и этнос – не единственная группа в осознании принадлежности, к которой человек ищет опору в жизни. Среди таких групп можно назвать партии, церковные организации, общественные организации и т.д.

Многие люди «погружаются» в разные субкультуры, но для большинства в период слома социальной системы необходимо «зацепиться» за что-то более стабильное. Как и в других странах, переживающих эпоху острой социальной нестабильности, в России такими группами оказались межпоколенные общности – семья и этнос.

Социальная идентификация и социальная дифференциации, если использовать категориальную сетку

Г. Тэджфела и Дж. Тернера[223] строятся на процессе категоризации «мы» и «они». Или, по меткому высказыванию Б.Ф. Поршнева, – «всякое противопоставление объединяет, всякое объединение противопоставляет, мера противопоставления есть мера объединения».

Единый процесс идентификации приводит к формированию социальной идентичности, которая – есть результат процесса сравнения «своей» группы с другими социальными объектами. Именно в поисках позитивной социальной идентичности индивид или группа стремятся самоопределяться, обособляться от других, утвердить свою автономность.

Важной причиной роста этнической идентичности является интенсификация межэтнических контактов, как непосредственных (трудовая миграция, перемещение миллионов эмигрантов и беженцев, туризм), так и опосредованных современными средствами массовой коммуникации. Повторяющиеся контакты актуализируют этническую идентичность, так как только через сравнение можно наиболее чётко воспринять свою «русскость», «еврейство», «корейскость» и т.п. как нечто особое.

Психологические причины роста этнической

---

**223)** Tajfel H., Turner J. C. An integrative theory of intergroup conflict // The social psychology of intergroup relations / Ed. W. G. Austin, S. Worchel. – Monterey, CA: Brooks-Cole, 1979. P. 33–48.

идентичности едины для всего человечества, но особую значимость этнос приобретает в эпоху радикальных социальных преобразований, приводящих к социальной нестабильности. В этих условиях этнос часто выступает в качестве аварийной группы поддержки.

Межэтническая среда даёт индивиду или группе больше возможностей для приобретения знаний об особенностях своей и других этнических групп, формирует коммуникативные навыки. Отсутствие опыта межэтнического общения обуславливает меньший интерес к собственной этничности. У индивидов, живущих в условиях, сильно отличающихся по своим этническим признакам культуры, этническая идентичность наиболее сильно выражена, а у индивидов, живущих среди группы близкой в культурном отношении, осознание собственной этничности не становится жизненно важной проблемой.

В России корейцы проживают дисперсно во всех регионах. Поневоле своей внешностью они выделяются и в определённой мере испытывают морально-психологический дискомфорт. Даже представители смешанных семей часто сталкиваются с вопросами, связанными с этничностью. Для решения этой проблемы необходимо поднимать уровень воспитания и культуры на более высокий уровень самосознания и этнического сознания всех граждан России.

# 2. Корейские молодёжные организации

Причины кризиса идентичности у корейской молодёжи заключаются в том, что большинство из них проживает в больших городах сравнительно недавно. Менталитеты у людей, родившихся в Узбекистане, Киргизии, российских регионах и у людей в больших мегаполисах, таких как Москва, Санкт-Петербург и других, сильно отличаются. Между ними сложно выстраиваются коммуникации, которые имеют порой негативные формы.

Процесс самоидентификации корейской молодёжи проявляется в позитивной социальной идентичности. В последнее десятилетие русскоязычная молодёжь объединяется в группы, создаёт корейские общественные молодёжные организации, организовывает масштабные фестивали корейской культуры.

Молодёжь ставит конкретные задачи, которые необходимо решать национально-культурным автономиям и общественным организациям.

Руководитель Волгоградской молодёжной организации «Миринэ» Игорь Ким сформулировал основные критерии национальной идентификации, которые должны быть рабочей повесткой общественных национально-культурных объединений:

1. Фундамент в разработке уставных стратегических целей и задач, над которыми нужно работать общественникам, чтобы действительно сохранять корейскую культуру, историю, традиции и обычаи у новых поколений корё сарам. В России проживают уже 4 поколения, с каждым поколением вопрос становится всё острее.

2. Причины трудовой миграции корё сарам на историческую Родину в XXI веке. Конечно, на 99% причина понятна – это экономический вопрос. Но есть большая часть корейцев, которые проживают в своей стране, имеют хорошую стабильную работу и перспективы развития, которые не хотят переезжать в Республику Корея, т.к. в своей стране они чувствуют себя комфортно. Однако у граждан Республики Корея сложился стереотип, что корё сарам могут работать только на заводах – гастарбайтерами в Корее и больше ни на что не способны (потому что других условий для 99% трудовых мигрантов в Корее нет), хотя многие оставшиеся корё сарам в России довольно успешны в своих областях. Из-за этого происходит недопонимание между корё сарам и корейцами из РК.

3. История успеха корейцев разных поколений в разные

периоды: Российская империя, СССР, современная Россия. Возможно, какая-то непрерывно актуализирующая база знаний, находящаяся в публичном доступе.

4. Причины развития и популяризации программ Республики Корея, нацеленных на соотечественников за рубежом. Тут их может быть достаточно много. Начиная от хантинга талантливых специалистов, заканчивая формированием лояльности у успешных корейцев для лоббирования интересов РК в странах их проживания.

В этой главе представлены самостоятельные молодёжные корейские общественные организации, созданные в Волгограде, Саратове, Москве, Санкт-Петербурге. Здесь молодёжь в общении друг с другом самоутверждается в том, что они российские корейцы со своей особенной идентичностью. Также в настоящее время наблюдается повышенный интерес к истории корё сарам и Кореи. При этих общественных организациях созданы курсы корейского языка, тхэквондо, корейские традиционные танцы и K-pop, возрождаются утраченные национальные традиции.

◎ Волгоградский корейский центр «Миринэ» (미리내)

региональная общественная организация существует с 2012г.

• Миссия. Сохраняя культуру, традиции и историю своего народа, мы стремимся к самореализации и развитию, содействуем укреплению мира и согласия между различными национальностями Волгоградского региона, воспитываем в себе высокие нравственные качества и активную гражданскую позицию.

• Кто мы? Мы молодые, активные и неравнодушные! Мы ищем общения и ярких эмоций. Мы мечтаем, много работаем и стремимся. Мы разные, но нас многое объединяет. Тёплые дружеские отношения и увлечённый интерес к корейской культуре!

Мы гордимся особой уникальной атмосферой, которая сохраняется в коллективе со дня его основания. Очень приятно, что к нам тянутся искренние хорошие люди!

## ◎ Ким Игорь

руководитель корейской молодёжной организации «Миринэ». Родился в 1991г. в Волгограде. В 2016г. окончил Волгоградский государственный университет факультет экономика и управление народным хозяйством. Специальность: математические методы в экономике. В 2012г. создал молодёжную корейскую общественную организацию «Миринэ».

2011 – Youth Government of Volgograd City

2012 – руководитель региональной некоммерческой организации корейцев «МИРИНЭ» по настоящее время.

2012 – федеральная компания «Federal Company MYBOX/»

2013 – студенческий научный клуб при Институте менеджмента и региональной экономики (Волгоградский государственный университет).

2017 – компания «Federal Company MYBOX. Москва

◎ Саратовский корейский центр «Тонмакколь» (동막골)

Общественная организация образована в мае 2016г.

Мы – жители Саратова и Саратовской области, объединенные интересом к корейской культуре и желанием заниматься общественной деятельностью для достижения наших совместных целей.

■ **Наши цели:**

1. Сохранение и популяризация культуры, традиций и истории корейского народа.

2. Организация общественных культурных, социальных, спортивных и образовательных проектов и программ.

3. Укрепление мира, дружбы и согласия между представителями различных национальностей Саратовской области.

4. Развитие социально-культурных связей и сотрудничества между жителями Саратовской области и жителями Республики Корея и Корейской Народно-Демократической Республики.

5. Развитие инициативности, ответственности, культуры, высокой морали и нравственности, активной гражданской позиции у членов организации.

Мы – независимая общественная организация вне политики, религии и коммерческих интересов. Мы открыты для равноправного сотрудничества с любыми организациями, деятельность которых способствует достижению наших целей.

Мы разные люди, но нас многое объединяет. Неравнодушие, дружелюбие, стремление к саморазвитию и любовь к корейской культуре. Если тебе все это по душе – добро пожаловать в Тонмакколь!

## ◎ Ким Андрей-Сергей

руководитель Саратовского корейского центра «Тонмакколь».

Ким Андрей-Сергей родился в 1986г. в Ургенче Хорезмской области, Узбекистан. Окончил Саратовский государственный университет, факультет компьютерных наук и информационных технологий. Специальность: компьютерная безопасность.

Работает программистом в Саратове в компании ЕРАМ – крупнейший поставщик услуг в области разработки программного обеспечения и решений на территории России, стран СНГ, Центральной и Восточной Европы.

В мае 2016г. группа корейцев под руководством Андрея-Сергея создала Саратовский корейский центр «Тонмакколь».

## ◎ Молодёжное движение корейцев Москвы (МДКМ)

Общественная организация, создана в 2017 г.

Молодёжное движение корейцев Москвы – общественное и независимое добровольное объединение граждан, созданное на основе общности их интересов и защиты прав для реализации общих целей.

Организация осуществляет свою деятельность на

принципах равноправия своих членов, законности, гласности, добровольности, самоуправления. Цели и виды деятельности МДКМ:

• Основными целями МДКМ являются: объединение этнических корейцев, а также молодёжи других национальностей, интересующихся корейской культурой, для содействия защите их прав и законных интересов и содействию дружбы, взаимопонимания и взаимодействию между молодёжью России, стран СНГ и других государств-участников евразийского пространства; создание единой и мощной сети, способствующей развитию и самоидентификации корё сарам; сохранение и передача традиции.

• Содействие повышению интереса к корейской культуре в Москве и на территории России в целом.

• Содействие развитию и укреплению межнациональных и межэтнических отношений, к интеграционным процессам в евразийском регионе и их поддержанию.

• Содействие социальному становлению, культурному патриотическому и духовно-нравственному развитию молодёжи, максимальному раскрытию потенциала молодёжи в интересах развития общества, реализации общественно полезных инициатив, формированию у подрастающего поколения осознанной потребности в образовании, занятиях физической культуры, спортом и трудовой деятельностью.

• Профилактика проявлений нацизма, антисемитизма, ксенофобий и других форм экстремизма, дискриминации на основании языка, географического и этнического происхождения, пола, национальности, материального положения, идеологических и религиозных убеждений.

## ◎ Пай Павел

руководитель МДКМ. Родился в 1995г. в г.Янгиюль, Ташкентской области, Узбекистан. С 2008г. живет в Москве. Окончил МГУ им. М.В. Ломоносова, геологический факультет по специальность литология и морская геология. С 2017–2019 – магистратура в МГУ, специальность нефтегазовая седиментация. 2018–2020 – магистратура на факультете Высшая школа инновационного бизнеса МГУ, менеджмент.

В 2017г. создаёт молодёжное движение корейцев Москвы.

## ◎ Молодёжное движение корейцев Санкт-Петербурга | SKY

Группа создана в 2018 г. Молодёжное движение корейцев Санкт-Петербурга SKY movement – проект инициативной группы молодёжи корейцев Санкт-Петербурга. Основная идея SKY заключается в объединении корейской молодёжи и её развитии во всех направлениях: культура, творчество, бизнес, спорт, искусство и др.

Развитие личности и реализация потенциала участников сообщества является важнейшей задачей SKY.

В основу взаимоотношений между участниками движения заложены принципы взаимоуважения, честности, открытости и взаимопонимания. Мы гордимся особой теплой атмосферой, которая присутствует в нашем коллективе, и всегда рады новым активным молодым людям!

Мы – самостоятельное общественное молодёжное движение, развивающее равноправное сотрудничество с другими организациями.

# 3. Объединение корейских бизнес-клубов (ОКБК)

Активность корейской молодёжи стран СНГ и России на международном уровне проявилась в 2016г. Идея создания площадки для корейских бизнесменов на пространстве СНГ зародилась давно. В 2016г. в доме дружбы города Алматы под эгидой Ассамблеи народа Казахстана состоялся Казахстанско-корейский форум сотрудничества. Форум стал диалоговой площадкой для казахстанских и южнокорейских бизнесменов, партнёров из других стран, для обсуждения вопросов привлечения инвестиций, развития благоприятной бизнес-среды, устранения административных барьеров, препятствующих качественному взаимодействию.

Интерес к данному форуму был проявлен и со стороны других стран СНГ и России в том числе. С этой целью 17 сентября 2016г.был созван координационный совет в Кыргызстане. Самым важным событием стало подписание меморандума о создании Объединения корейских бизнес-клубов (ОКБК). За «круглым столом» собрались лидеры, бизнесмены, представители деловых кругов из Кыргызстана, Казахстана, Узбекистана и Российской Федерации.

Следующая встреча корейских предпринимателей состоялась 18 ноября 2016г. в Ташкенте, на втором собрании координационного совета ОКБК.

■ Совет был представлен следующими клубами:

1) Деловой клуб Ассоциации корейцев Казахстана;
2) Клуб предпринимателей корейцев Узбекистана «Koryoin.uz»;
3) Бизнес-клуб «Бишкек форум» (Кыргызстан);
4) Союз предпринимателей «Прогресс» (Кыргызстан);
5) Кимчи-клуб СПб, бизнесмены (Россия).

В рамках «Бизнес-форума нового поколения корейцев СНГ 2017», который прошел 21–23 апреля 2017г., состоялось третье собрание объединения корейских бизнес-клубов. В его работе приняли участие более 200 представителей бизнес-сообществ, собственников предприятий, топ-менеджеров из России, Казахстана, Кыргызстана, Узбекистана и Украины.

Цель форума – организация постоянной коммуникационной и информационной площадки для взаимодействия зарубежных корейских предпринимателей с предпринимателями стран СНГ и России.

6-8 октября 2017г. в Кыргызской Республике состоялся региональный форум Объединения корейских бизнес-клубов СНГ, который подвел итоги деятельности организации за первый год ее существования. На мероприятие съехались представители пяти стран СНГ, в количестве более 70 участников, которые были представлены восемью Бизнес-клубами[224]:

1. Деловой клуб Ассоциации корейцев Казахстана;

2. Деловой клуб «Koryoin» (Узбекистан);

3. Бизнес клуб «Бишкек форум» (Кыргызстан);

4. Союз предпринимателей «Прогресс» (Кыргызстан);

5. Кимчи бизнес клуб (Санкт-Петербург);

6. Бизнес клуб «Сонбон» (Москва);

7. Деловой клуб Всеукраинской ассоциации корейцев;

8. Бизнес клуб «Вондон» (Приморский Край).


Своей миссией ОКБК считает: улучшение качества жизни корейцев путём личностного роста членов клубов.

■ **Цель** :

создать единую площадку высокопрофессиональных и высоконравственных бизнес лидеров СНГ для осуществления коммуникаций, дружеского общения, обмена деловой информацией, опытом работы, совместного сотрудничества, развития бизнеса и организации новых проектов.

■ **Задачи** :

1. Осуществление коммуникаций между корейскими бизнес-клубами СНГ.

---

**224)** Объединение корейских Бизнес-клубов (История» // Дата обращения 21.11.2018: https://okbk.club/history/

2. Создание условий для более эффективного взаимодействия с бизнес сообществами зарубежных стран.

3. Популяризация и развитие корейских бизнес-клубов в странах СНГ.

4. Взаимодействие и поддержка корейских общественных ассоциаций стран СНГ.

5. Инициирование и реализация перспективных проектов с международными фондами;

■ **Ценности:**

• Равноправие – все члены ОКБК равноправны, вне зависимости от возраста, статуса и финансового положения;

• Доверие – члены ОКБК доверяют друг другу. Взаимоотношения основаны на честности, прозрачности и уважении;

• Толерантность – члены ОКБК имеют право на свое мнение, и относятся с терпением и пониманием к каждому мнению;

• Социальная ответственность – ОКБК объединяет людей, которые учитывают интересы общества и страны, а также занимаются благотворительностью;

• Никакой политики – ОКБК и ее члены не вмешиваются в политику и религию;

- Соблюдение правил ОКБК – члены ОКБК обязаны соблюдать утвержденные правила организации.
- Непрерывное развитие и обучение.[225]

На регулярной основе проводятся международные бизнес форумы нового поколения корейцев. Второй (2018) и Третий (2019) форумы были проведены в Санкт-Петербурге. Третий бизнес форум нового поколения корейцев (2019) в свою программу включил следующие вопросы[226]:

- Экономическое сотрудничество и развитие отношений Россия–Республика Корея–СНГ–Китай;
- Инвестиционная привлекательность объединения корейских бизнес-клубов (ОКБК) как дружественной площадки для развития бизнеса;
- Различия в стратегическом планировании в зарубежных и российских компаниях;
- Управление персоналом и повышение эффективности работы компании;
- Банковские продукты как инструмент международного бизнеса;
- Франчайзинг: как оформить бизнес в успешную франшизу;

---

225) ОКБК // Дата обращения 22.01.2019: Сайт: https://okbk.club/mission/
226) Там же.

- Управление рисками и экономическая безопасность в сфере бизнеса;
- и многим другим темам, неразрывно связанным с глобальным развитием инвестиционных, торговых и внешнеэкономических отношений между корейскими предпринимателями, а также с общим развитием бизнеса, личностным ростом каждого участника форума.

У нового поколения корейской молодёжи планы и подходы в осуществлении поставленных целей задач амбициозные, с широким размахом. Остается надеяться, что новое поколение корейской молодёжи станет необходимым и достаточным мостом между странами СНГ, Республикой Корея и Китаем во внешнеэкономических и культурных отношениях.

Руководителями клубов являются: Кимчи бизнес-клуб. Санкт-Петербург – Лим Сергей Вячеславович; деловой клуб Ассоциации корейцев Казахстана. Алматы – Ким Вячеслав Семёнович; Кыргызско-корейский деловой клуб «Бишкек-форум». Бишкек – Ли Владимир Анатольевич; союз предпринимателей «Прогресс». Бишкек – Ним Олег Викторович; бизнес клуб «Сонбон». Москва – Ким Дмитрий Енгиевич; клуб Koryoin. Ташкент – Ким Вячеслав Александрович; деловой клуб всеукраинской ассоциации корейцев. Днепропетровск – Пак Петр Владимирович; президент ОКБК – Тю Константин Геннадьевич.

Одна из членов клуба Кимчи Вера Хван выразила общее мнение корейской молодёжи: «Учитывая множество факторов, можно смело говорить, что мы живём в новом и очень благоприятном для развития бизнеса времени. Нам, новому поколению корейских бизнесменов, уже не нужно выживать и вставать «на ноги», как это приходилось делать нашим родителям, бабушкам и дедушкам. Мы полны идей, мы готовы развиваться, мы готовы делиться информацией друг с другом, мы можем строить бизнес будущего, основываясь на вековом опыте наших предков и, обмениваясь этим опытом с нашими братьями и сестрами в других странах, создавать платформу для полноценного развития наших детей».[227)]

**227)** Ким А. Бизнес-форум нового поколения корейцев СНГ. 2017 // Дата обращения 21.01.2019: https://koryo-saram.ru/biznes-forum-novogo-pokoleniya-korejtsev-sng-2017-3-e-sobranie-obedineniya-korejskih-biznes-klubov/

# Заключение

В процессе сбора материала для данного проекта было много встреч, интервью, лекций об истории российских корейцев. Корейская молодёжь живо интересуется прошлым своих предков, своими корнями. Несмотря на то, что это уже 4-е и 5-е поколение корё сарам, они следуют конфуцианским традициям – уважению к старшим, почитанию родителей, трудолюбию, скромности.

Старшее поколение должно признаться, что недооценивает свою молодёжь, видимо, те же конфуцианские традиции не дают им взглянуть на молодёжь другими глазами. Они умнее старшего поколения, рациональны и прагматичны, самостоятельны. Чтобы молодёжь могла развиваться, им необходимо доверять, помогать не только материально, но и делиться опытом.

Мы приведем несколько отрывков из интервью с

молодыми учёными и лидерами молодёжных движений. Они высказались о своей идентичности, об исторической родине Корее, о себе как человеке корейской национальности.

## Павел Эм, кандидат географических наук:

«Мы получили российское образование, окончили российские высшие учебные заведения, можно сказать, прошли русскую школу жизни. Поэтому мы – 50% русские – 50% корейцы. В нашей жизни есть такой парадокс: мы чужие и здесь (в России), и там (в Корее). В Корее на нас смотрят немного свысока, а в России я слышал в свой адрес, что я китаец, несмотря на то, что я родился в этой стране, являюсь полноправным членом общества. Все-таки иногда я ощущаю, что я чужой как для корейцев, так и для россиян.

С одной стороны – это большой плюс, который постоянно стимулирует мое развитие. У нас есть такие преимущества, как корейское трудолюбие, и в то же время русская смекалка. ···Мы более рациональны, учились в русской школе жизни, поэтому быстро и гибко реагируем на жизненные обстоятельства в любой ситуации.

В современном южнокорейском обществе есть одна большая проблема – демография, а именно – старение и перспектива убыли населения. Демографические прогнозы на 2050г. показывают, что в Республике Корея сильно сократится как число, так и доля налогоплательщиков при увеличении доли стариков.

... Выровнять ситуацию со старением населения можно при помощи притока иностранцев, которые ещё не практикуют подобную модель воспроизводства населения. С этой точки зрения русскоязычные корейцы – это спасательная шлюпка для Кореи.

Мы этнически идентичны. Пока у Кореи есть финансовые возможности, она должна помогать корёинам учить язык и всячески поддерживать в процессе адаптации их в своё общество. За счёт нас они могут решить эту проблему.

Для наших корейцев главная причина – это незнание языка, поэтому многие могут устроиться только на низкооплачиваемую работу. Важно хорошо знать язык».[1]

## Чо Гван Чун (Цой Дмитрий), кандидат технических наук:

Как ни странно, но будучи уроженцем Южно-Сахалинска, Дмитрий с детства мало общался с корейцами, потому что семья жила в том районе города, где корейцев практически не было. Учась в Москве, у него тоже не было друзей-корейцев, но он постоянно ощущал отличия в домашнем укладе в корейских и русских семьях.

Учеба в Московском энергетическом институте была

---

1) Эм Павел. Спасательная шлюпка для Кореи // Российские корейцы. №12 (185). Декабрь, 2018.

периодом его изоляции от корейской культуры, если не считать регулярные поездки домой на каникулы. Это можно отнести к периоду до окончания аспирантуры в 2004г. Уже будучи аспирантом, Чо Гван Чун начинает взаимодействовать с общественной организацией Московское общество сахалинских корейцев.

Первые шаги на общественном поприще он делает в рядах земляков-москвичей, возглавив молодёжное направление общества. Организация молодёжных тусовок, встреч, выездов на природу и другие проводимые им мероприятия дали бесценный опыт административной работы. Там же он встретил свою будущую жену. Было интересно наблюдать живой и неподдельный интерес молодых корейцев к общению друг с другом. Их благодарность за такие встречи была его основным мотивом к продолжению и развитию этой работы.

Это был период, когда он, после долгого перерыва, наслаждался обществом таких же, как и он сам. В нём проснулось дремлющее чувство самоидентификации себя как корейца. Как-то раз ему задали вопрос о том, кем он себя больше ощущает, русским или корейцем. Русская ментальность, тесно связанная с родным русским языком, русскими друзьями и приправленная детским садом, школами и университетом однозначно превалирует. Россия для него единственная родина. Но корейская культура привитая, ему родителями в виде семейных традиций и обычаев, отношения к старшим и порядку в доме, дружбе и порядочности является неотъемлемой частью его сущности.[2]

## Неля Ким, член АНТОК :

«Сохранять традиции предков··· Традиции – сокровищница духовных ценностей. Можно дискутировать по поводу того, нужно ли их сохранять··· Желающих бросить камень в святое достаточно. Они могут сказать, что время движется вперед, новое время диктует новую мораль, свободу. Но когда пройдёшь все этапы возраста: от молодости, всё подвергающей сомнению, до зрелости, философски осмысливающей бытие, понимаешь, насколько мудры и ценны традиции. Духовные ценности народа культивируются на национальной почве, но бывает так, что в местах компактного проживания людей одной национальности вне родины к традициям относятся особенно бережно.

## Павел Пай, руководитель МДКМ :

«Почему именно корейская, а не просто молодёжная организация?

---

[2] Чо Гван Чун. Заметки о себе. Архив Ж.Г. Сон. Сентябрь 2018.

Ответ прост: только свой (кореец) человек поймет, что такое нунчи (눈치) и зачем оно нам.

Мы не закрытая организация, которая принимает только российских корейцев, мы принимаем всех, кто интересуется нашей историей, культурой и традициями.

Просто со своими проще работать и общаться, менталитет дает о своем знать. Конечно, корейцы со своими заморочками, а иногда их можно назвать даже проблемами такие как гордость, бесполезные и необоснованные "понты". Но корейцы трудолюбивые, усидчивые, умеют достигать желаемого и весьма образованный и умный народ. И дабы все положительные моменты сложить воедино и направить в нужное русло, мы создали площадку МДКМ».[3]

## Андрей-Сергей Ким, руководитель Саратовского корейского центра «Тонмакколь»

«У нас традиционная семья и воспитывали меня наглядным примером. Асянди (돌), сватовство, свадьба по-корейски (결혼식)), хангаби (환갑), похороны (장례식), поминки (제사) – все это проходило перед глазами, как у многих корейцев. Я – атеист, но к корейским традициям испытываю что-то сродни религиозному чувству, когда что-то надо сделать просто потому, что надо без всяких обоснований.

---

3)  Пай Павел. Заметки о себе. Архив Ж.Г. Сон. 2018.

Например, каждый год на Чхусок и Хансик мы ходим на кладбище совершить положенные ритуалы. Я искренне считаю, что это необходимо, хотя и некоторые корейцы в самой Корее их не соблюдают, не говоря уже о зарубежных. Вроде бы зачем, если ты не веришь в загробную жизнь? А вот надо и всё тут. Если никак не получается быть у могилы в этот день – сделай столик с подношениями дома, не поленись, поклонись».[4]

Молодёжь в России самая разная, они родились и выросли после распада СССР. Им не знакомы длинные очереди за едой в начале 1990-х гг., их поколение не сталкивалось со скинхедами 2000-х гг. Это поколение выросло в эпоху реальной глобализации.

До этого глобализм существовал, но его углубление значительно сдерживало противостояние двух систем, их биполярную конфронтацию (капитализм и коммунизм). Теперь же мир всё больше стал превращаться в единую информационную, экономическую, политическую систему. В экономической сфере появилась возможность создавать совместные компании на международном уровне. Корейцы на постсоветском пространстве пришли к тому, что, объединившись, с одной стороны, для бизнеса открываются широкие возможности и перспективы, а с другой – это путь

---

[4] Андрей-Сергей Ким. О себе и современниках. Архив Ж.Г. Сон. 2018.

к объединению корейцев из разных стран. Инициатива создания единого экономического пространства для корейцев из разных стран исходила от бизнесменов Республики Корея. Эта идея быстро разошлась по странам СНГ и России и была поддержана молодыми корейцами – бизнесменами. В связи с этими событиями мы вышли за географические рамки нашего исследования, считая важным осветить этот феномен объединения корейцев с исторической родиной – Республикой Корея.

Выход из кризиса этнической идентичности корейская молодёжь на постсоветском пространстве нашла самостоятельно, обратившись к истории и культуре предков; большой интерес к утраченному корейскому языку укрепляет их самосознание и менталитет корейского человека. Во многих семьях сохраняются преемственность поколений и национальных традиций, уважение к старшим, стремление к учёбе и успешной карьере. Можно утверждать, что идентичность корейцев обогащается в контактах с представителями Южной Кореи.

Сегодня быть русскоязычным корейцем престижно, для них открыты двери любой компании, предприятия и организации с удовольствием принимают их на работу. Российские корейцы своим трудолюбием, гибкостью характера, рациональностью, законопослушанием, быстрым реагированием на жизненные обстоятельства в любой ситуации заслужили уважение российского общества. Молодёжь гордится своей историей, своими предками и тем, что они русские корейцы.